KB017418

평생 공부력은
초5에
결정된다

평생 공부력은
초5에
결정된다

박명선 지음

서사원

초등학교 5학년은 잘못이 없습니다

"재수 없어. 지가 뭔데 이래라 저래라야."

24살에 교사가 되고 처음 담임을 맡은 초등학교 5학년 아이에게 들은 말입니다. 첫 제자에게 들은 말치고는 그리 곱지 않은 이야기이지요. 한 학년에 3학급이 전부인 작은 초등학교에서 1학년 때부터 함께 자라난 아이들에게 중간에 투입된 새 선생님은 낯선 이방인이었습니다. 아이들을 위해 무엇이든 할 수 있다는 자신감으로 교직에 섰지만, 한 달도 되지 않아 저는 첫 제자들이었던 5학년 아이들에게 K.O 패를 당하고 말았습니다.

매시간 수업 준비도 힘들고 아이들도 너무 힘들었습니다. 남자아이들은 인근 놀이터에 낙서로 욕을 써놓아 학교로 자주 항의가 들어오게 했고, 여자아이들은 무리를 지어 자주 싸웠는데 그때마다 어떻게 중재해야 하는지 몰라 우왕좌왕했습니다. 그 와중에 부모님의 이혼으로 마음이 아픈 아이는 수업 중에 엎드려 자기만 했고 다른 아이들은 교실에서 겉도는 그 아이를 따돌리고 모둠 활동에 끼워주지 않았습니다. 제가 개입하려고 하면 "왜요? 왜 그래야 하는데요?"라는 아이들의 반응에 항상 당황했습니다.

——— 평생 공부력은 초5에 결정된다

그러던 중 아이들이 만든 온라인 반 카페에 몇몇 아이가 누군가를 비방하는 글들을 올려 교실 내에 험악한 분위기를 만들고 있음을 알게 되었고, 그 비방하는 인물 중에는 저도 있었습니다. 그 아이로부터 저런 내용의 이야기를 들었습니다. 큰 충격을 받은 저는 그 뒤 아이들을 볼 때마다 어떻게 대처하고 어떻게 행동해야 할지 몰랐습니다. 제 마음을 아이들이 몰라주어 서운하고 힘들었습니다. 한 달쯤 꾹꾹 눌렀던 설움과 힘듦이 터져 학교 화장실에서 울었던 기억이 아직도 선명합니다. 첫 담임으로서 잘 마무리했던 한 해였지만, 마음속 깊은 곳에는 아직도 그때의 상처가 있습니다.

　그래서 되도록 초등학교 5학년 담임은 맡고 싶지 않다는 생각이 간절했습니다. 힘들고 속상한 마음이 항상 같이 떠올랐거든요. 그러나 저의 바람과는 별개로 우연인지 필연인지 자꾸 5학년 담임을 맡는 상황이 벌어졌습니다. 다시 곰곰이 생각해 보니 올해 16년 차인 저의 교육 경력에서 절반 이상을 5학년 아이들과 함께 보냈습니다. 정말 인연인가 봅니다. 처음에는 피하고만 싶었고 무서웠던 5학년 아이들이 이제는 가장 선호하고 사랑스러운 아이들이 되었고 자칭 '초등학교 5학년 전문 담임 선생님'이 되었습니다.

　초등학교 5학년 담임을 자주 맡아 아이들과 함께 연구 활동을 진행하다 보니 5학년이 초등학교에서 변화의 중심에 있는 학년임을 알게 되었습니다. 부모님들께서는 아이가 처음 초등학교에 입학하는 1학년 때 아이의 학교생활과 수업 적응을 가장 관심 있어 하고 염려하시지만, 실제로 아이에게 가장 많은 변화가 일어나는 학년은 초등학교 5학년입니다. 2차 성징에서 오는 신체적인 변화, 4학년에서 5학년으로 진학하며 학년 군의 변화로 나타나는 공부 과목 및 분량의 변화, 교우 관계 및 부모님과의 관계 등에서도 아이는 서서히 변화를 맞이하게 됩니다.

　"엄마가 뭘 알아?"라며 방문을 쾅 닫고 방으로 들어가 버리는 아이의 낯선 뒷모습에 서운한 느낌이 들고 불안한 마음이 생기기도 합니다. 지금까지는 수업 진도와 교과 내용을 잘 따라갔지만, 점점 학업을 버거워하는 아이를 보며 어떻게 도와야 하는지 고민도 많습니다.

초등학교 5학년 학부모님과 수년 동안 학부모 상담을 진행하면서 부모님들이 가장 많이 궁금해하시고 고민하시는 내용을 책에 담고자 노력하였습니다. 제가 5학년 아이들을 처음 만났을 때 느꼈던, 어찌해야 할지 모르던 마음을 저 역시 아이를 키우는 엄마로서, 5학년 담임을 맡아 12살 아이들을 10여 년 동안 쭉 살펴본 교사로서 이야기해 보고 싶었습니다.

아이의 변화를 맞닥뜨릴 때 부모님이 힘을 주어야 하는 부분이 무엇인지, 힘을 빼고 기다려주어야 하는 부분이 무엇인지 알고 있는 것만으로도 그 변화를 겪어내야 하는 마음이 훨씬 수월해지지 않을까요? 제가 처음 초등학교 5학년 아이들을 만났을 때는 당황했던 사실들도 이쯤 되면 나타나는 아이들의 행동 변화가 왜 그런 것인지 혹은 어떻게 대처해야 하는지에 관한 경험치가 쌓이면서 당황하지 않고 좀 더 수월하게 넘어갈 수 있었던 것처럼 말이죠.

책은 크게 세 부분으로 구성되어 있습니다. 'Chapter 1.'과 'Chapter 2.'에서는 초등학교 5학년 아이들을 이해할 기본 배경 지식을 이야기했습니다. 학교생활의 변화와 왜 5학년에서 이런 변화들이 나타나는지에 관한 이야기로 구성하였습니다. 읽으면서 다소 어렵거나 지루할 수도 있겠지만, 부모님들이 아이의 학교생활을 이해하기 위해서는 꼭 필요한 내용이라고 생각하여 우선 배정하였습니다. 그 중, 'Chapter 1.'에서는 코로나로 인해 달라진 온라인 학습 시대에서 자기 주도적인 학습 능력의 중요성 및 아이가 학습 습관을 잡는 방법을 제안하였습니다.

'Chapter 3.'과 'Chapter 4.'에서는 초등학교 5학년 아이들의 학습과 관련된 내용을 담았습니다. 현직 초등학교 교사 해피이선생 님이 쓰신 『초3보다 중요한 학년은 없습니다』(사람in | 2020.10.28.)라는 책에서는 아이들의 학습격차가 3학년에서 시작되어 5학년에 심화한다고 말합니다. 저 또한 같은 생각입니다. 그래서 이 책에서

는 아이들이 5학년 때 겪는 학습의 어려움을 해결하기 위해 과목별로 아이가 어떻게 공부하면 좋을지에 관한 구체적인 방법을 제시하였습니다. 또한 독서를 좋아하지 않는 아이에게 어떤 책을 어떻게 읽히면 좋을지, 독후 활동은 어떻게 해야 하는지에 관해서도 제가 경험한 내용을 적었습니다.

'Chapter 5.' 'Chapter 6.' 'Chapter 7.'에서는 초등학교 5학년 아이들의 생활 관련 부분에서 부모님들이 많이 고민하는 주제들을 다루었습니다. 바로 스마트폰, 친구 관계, 사춘기에 관한 이야기입니다. 아이에게 스마트폰을 언제 사주면 좋을지, 스마트폰을 사용할 때 가족끼리 어떤 규칙을 정하면 좋을지에 관한 이야기부터 아이가 맞이할 사춘기를 준비하기 위해 부모님이 알고 계셔야 할 내용을 자세히 담고자 노력하였습니다.

저는 올해도 초등학교에서 5학년 아이들과 만날 예정입니다. 그리고 제 큰아이가 드디어 초등학교 5학년이 되었습니다. 16년 전이나 지금이나 5학년 아이들을 만나면 아이들이 성장하고 변화하는 모습이 보입니다. "왜요?"라는 말 속에는 교사에 대한 반항이 아니라 아이의 논리적인 사고력이 자라나고 있음을 알 수 있습니다. 친구들과 다양한 갈등 상황이 생기는 모습을 볼 때는 아이들이 관계를 형성하는 방법을 새롭게 배우고 있음을 알 수 있습니다. 이 아이만 유독 힘든 것이 아니며 저 아이만 비뚤어지게 잘못 크고 있는 것이 아닙니다. 알기 때문에 보이는 것들입니다.

초등학교 5학년 아이들을 만난 저의 경험이 부모님들이 내 아이를 좀 더 이해하고 깊이 사랑할 수 있는 작은 열쇠가 되기를 기대합니다. 5학년은 잘못이 없습니다. 자라나고 있는 것입니다.

유튜브 채널을 운영하고 강연 등의 다양한 경로로 초등학생 자녀를 둔 부모님들과 소통하면서 부모들의 현실적인 고민을 더욱더 깊고 자세하게 알게 되었습니다. 매 학년 고민이 없을 수는 없겠지만, 그중에서도 유독 초등학교 5학년을 지나는 아이를 둔 부모님들의 고민은 이전과 비교했을 때 확연히 복잡하고 다양했습니다. 그러던 중 5학년 아이들에 관해 그 누구보다 깊이 있고 정확하며 따뜻한 정보를 담아내어 주실 만한 좋은 분을 만났고, 기다린 끝에 책으로 뵙는 기쁨을 누리게 되었네요.

초등학교 선생님들이 바라보는 초등학교 5학년은 어떨까요? 5학년 담임이 된다는 건 수업 시수가 늘고 아이들에게 가르쳐야 할 내용이 부쩍 많아져 수업에 대한 부담이 더해지는 건 물론이고요, 사춘기에 접어들어 한껏 예민해진 아이들 사이에서 마냥 평화로운 학급 분위기를 기대하기도 쉽지 않습니다. 아이와 청소년 그 어느 가운데 시기에서 순종도 반항도 아닌 애매한 눈빛으로 매사에 "왜 해야 하는데요?"를 달고 사는 우리의 5학년은 부모님에게도, 선생님에게도 많은 고민거리를 던져줍니다.

그런 의미에서 16년간 초등교사로 재직하며 그중 절반이 넘는 시간 동안 초등학교 5학년 담임을 맡아 아이들을 가르쳐 온 박명선 선생님의 이 책 『평생 공부력은 초5에 결정된다』는 초등 5학년 아이에 관해 부모님이 가진 거의 모든 고민에 대한 명쾌한 답이 될 것입니다. 아이가 4학년에서 5학년으로 진학을 앞두고 막연한 불안감이 드는 부모님, 현재 5학년을 보내는 아이와 점점 더 대화가 불편해지는 듯한 느낌을 받는 부모님, 본격적인 공부가 시작되는 5학년의 학습과 공부력에 관한 큰 그림을 그리며 유익한 정보를 얻기 원하는 부모님에게 최고의 안내서가 될 거라 확신합니다. 가장 사랑스러운 학년인 5학년 내 아이를 지지하고 격려하는 부모님이 되고 싶다면 이 책 『평생 공부력은 초5에 결정된다』를 꼭 읽어보세요.

이은경 (자녀교육전문가, 강연가, 교육 전문 유튜버)

| 차 례 |

프롤로그 초등학교 5학년은 잘못이 없습니다 • 004
추천사 • 008

· Chapter 1 ·

온라인 학습의 시대, 초등학교 5학년 아이 들여다보기

5학년 아이, 도대체 왜 이러는 걸까? • 016

불안한 부모, 바빠진 아이 • 021

온라인 수업으로 알게 된 내 아이의 자기 주도적 학습 능력 • 026

온라인 수업, 심화하는 학습격차 • 031

공부할 준비가 되어 있는지 마음 들여다보기 • 039

쏙쏙
정보 온라인 학습 시대, 스스로 공부 계획 세우기 • 046

· Chapter 2 ·

초등학교 5학년이 되면 달라지는 학교생활

5학년의 수업 시수, 수업 과목 • 050

5학년의 평가 방법, 평가 준비하기 • 055

학생건강 체력 평가(PAPS) • 062

영재교육과 기초 학력 부진 • 067

코로나19가 가져온 학교생활 변화 • 079

쏙쏙
정보 초등학교 5학년, 노트 정리 시작하는 방법 • 083

· Chapter 3 ·

과목별로 살펴보는 초등학교 5학년 공부 노하우

국어, 생각 표현하는 힘 기르기 · 086

영어, 어려운 글쓰기와 늘어나는 수업 · 096

수학, 수포자 발생 · 107

사회, 다양한 배경지식 쌓는 방법 · 120

과학, 탐구보고서 작성하는 요령 · 130

쏙쏙정보 숫자로 알아보는 대한민국 초등학교 5학년 사교육 현황 · 138

· Chapter 4 ·

달라져야 하는 초등학교 5학년 독서법

독해력, 읽지만 이해하지는 못해요 · 144

독서를 통해 어휘력, 한자 수준 높이기 · 154

책 편식하는 아이 돕는 방법 · 163

고전 인문 독서 읽기 시작하는 방법 · 168

쉽고 빠르게 독서록 숙제 마치는 비결 · 175

쏙쏙정보 초등학교 5학년이 열광하는 추천 도서 30 · 185

· Chapter 5 ·

복잡하고 어려워지는 초등학교 5학년 친구 관계

아이의 사회성, 5학년의 친구 관계 · 190

친구 관계에서 겪는 여러 가지 어려움 · 196

친구 관계에서 부모님이 도와주는 방법 · 204

왕따, 은따, 학교폭력, 언어폭력 대처 방법 · 210

사회성 기르는 방법 · 217

쏙쏙정보 초등학교 5학년, 진짜 친구 감별하기 · 223

· Chapter 6 ·

스마트폰과 사랑에 빠진 초등학교 5학년 구하기

아이에게 스마트폰 사주기 전, 고려할 3가지 · 226

과제, 학교 수업에 스마트폰 활용하는 경우 · 232

스마트폰 게임, 유튜브 시청 원칙 세우기 · 237

단체 카톡방에 빠진 내 아이 구하는 방법 · 245

SNS에서 시작되는 학교폭력, 기억해야 할 점 · 252

쏙쏙정보 아이 스마트폰 관리용 앱 목록 · 260

· Chapter 7 ·

초등학교 5학년 사춘기의 시작, 슬기롭게 함께하기

달라진 눈빛과 말투, 사춘기의 시작 · 264

5학년을 위한 친절하고 단호한 훈육의 원칙 · 269

외모에 대한 폭발적인 관심 조절하기 · 277

본격 성교육 시작하는 방법 · 282

갱년기와 사춘기의 만남 · 288

쏙쏙 정보 성교육 관련 영상 및 도서 추천 · 293

참고문헌 · 295

에필로그 가장 사랑스러운 나이, 초등학교 5학년 · 298

Chapter

1

온라인 학습의 시대,
초등학교 5학년
아이 들여다보기

5학년 아이, 도대체 왜 이러는 걸까?

몇 해 전, 아침부터 교실로 다급한 전화 한 통이 걸려 왔습니다. 급한 일인가 싶어 받아보니 아이가 늦잠을 자서 학교에 지각할 것 같다는 한 어머님의 전화였습니다. 다행히 큰일은 아니라 알겠다고 말씀드리는데, 전화 속 어머님의 목소리가 유독 무겁게 느껴졌습니다. 전화를 끊기 전 어머님께서 "선생님, 아이가 기분이 좋지 않은 것 같아요. 잘 살펴봐주세요"라고 말씀하셨습니다.

자세한 상황을 여쭈어보지는 않았지만, 아침에 아이에게 기분 좋지 않은 일이 생겼나보다 생각했습니다. 어머님께는 걱정하지 마시라고 안심시켜드리고 전화 통화를 마무리하였습니다. 그런데 학교에 조금 늦게 도착한 아이는 어머니의 예상과 다르게 즐겁게 그리고 아주 적극적으로 학교생활을 마치고 집으로 갔습니다.

며칠 뒤 어머님과 전화 통화를 하며 그날 아침 상황을 전해 듣게 되었습니다. 어머님께서 아이에게 아침에 날씨가 좀 추울 것 같으니 외투를 챙겨 입고 가라고 하셨답니다. 그런데 아이가 엄마가 건네준 옷이 마음에 들지 않는다고 실랑이를 하다가 등교 시간을 넘겼습니다. 결국 아이는 외투를 입지 않고 추운 겨울 날씨에 학교로 향했습니다. 어머님은 아무 옷이나 잘 입고 다니던 털털한 아이가 갑자기 왜 그러는지 황당하기도 하고, 추운 날 긴 팔 상의 하나만 입고 나가는 아이의 모습이 마치 나에게 반항하는 것 같아 마음이 복잡했다고 하셨습니다. 그 이야기를 듣고 참 놀랐습니다. 그 아이는 우리 반에서 가장 모범적이고 똑똑한 학생이었고, 그날도 학교에서 어머님의 걱정과 다르게 정말 즐겁게 지내고 갔기 때문입니다.

"선생님, 학교에서라도 잘 지내고 있다면 다행이네요. 그런데…… 정말 아이가 요즘 자꾸 바뀌어 가는 모습이 참 힘드네요. 아이는 이런 실랑이 이후에도 아무 일 없는 듯이 지내는데… 제가 받아들이기가 힘들어요."

아이 어머님의 이야기를 들으니 그 힘듦과 어려움이 가슴으로 전해져 제 마음도 편치 않았습니다. 아이들을 만나다 보면 한 아이 한 아이 귀하지 않은 아이가 없고 사랑스럽지 않은 아이가 없습니다. 장난꾸러기여도, 공부를 좀 못해도 아이들만이 가지고 있는 긍정적이고 사랑스러운 에너지가 있습니다.

그런데 부모님의 시선으로 자식을 보면 그렇지 않을 때가 많습니다. 다른 집 아이들은 다 잘하는 것 같은데 우리 아이는 잘 안 되는 것 같고 부족한 부분이 더 많이 보입니다. 더 잘해주고 싶은데 어떻게 해주어야 하는지 모르겠고, 이런 부족들이 나의 정보력 부족이나 행동 때문이라고 자책하거나 미안해하는 경우가 많습니다.

저 또한 마찬가지입니다. 아이를 가르치고 키우는 데 나만의 철학이 있다고 자부하다가도 어느 순간 무너져 '이 길이 맞나, 이 방법이 맞나' 고민하며 다른 사람들과 비교하고 있는 저를 발견합니다. 아이의 행동이 제 예상을 벗어나면 당황스럽고 또 걱정스러운 마음에 내 행동 하나하나를 점검하게 되는, 저 역시 그런 부모입니다. 아이를 키우는 데 있어 '쿨Cool한 부모'는 없습니다. 항상 고민하고 최선을 다하고 싶은 부모의 마음을 헤아리기에는 아이도 아직 어립니다. 그 마음을 잘 알기에 어머님과의 전화 통화로 마음이 참 복잡해졌습니다.

저는 초등학교 5학년 아이들을 좋아합니다. 초등학생은 아이의 변화를 1학년부터 6학년까지 1년 단위로 볼 수 있기에 학년마다 색깔이 있습니다. 5학년은 자기주도적으로 학급 내 일을 할 수 있으면서 학습하는 습관도 잡혀 있어 교사가 원하는 수업을 다양하게 시도해 볼 수 있는 좋은 학년입니다. 그런데 부모에게는 5학년 아이와 함께 잘 지내기가 쉽지 않은 일인가 봅니다. 5학년을 몇 해 꾸준히 맡다 보니 학부모 상담 때마다 위와 같은 어머님의 한숨 어린 이야기를 여럿 듣게 됩니다. 우리 아이가 바뀌고 있는 것에 관한 당황과 두려움이 묻어나는 한숨입니다.

"선생님, 우리 아이가 이러지 않았었는데요… 대체 왜 그럴까요?"

왜 초등학교 5학년일까요?

아이에게 왜 이런 변화가 일어나는 것일까요? 아이가 태어나고 성장해 7살이 되었을 때도 '미운 7살'이라고 하여 힘든 시기가 있었고 초등학교에 입학한 후에도 아이의 성장과 변화를 쭉 봐왔습니다. 그렇지만 부모에게는 유독 초등학교 5학년 즈음 변화하는 아이의 모습이 낯설고 불안하고 두려움도 생깁니다. 내가 잘 알고 있다고 생각했던 아이와 전혀 다른 모습으로 바뀌는 것에 대한 불안감일까요, '사춘기思春期, Period of Puberty'라는 단어가 주는 무시무시한 선입견 때문일까요.

실제로 아이는 이 시기에 많은 변화를 겪습니다. 스위스의 철학자이자 발달심리학자인 장 피아제Jean Piaget는 아동의 인지 발달단계를 다음 4단계, '감각운동기(0~2세)' '전조작기(2~7세)' '구체적 조작기(7~11세)' '형식적 조작기(11세 이후)'로 나누었습니다. 모든 아이는 이 단계에 따라 발달합니다. 이에 따르면 초등학교 1~4학년까지는 '구체적 조작기'에 해당하고 5학년부터 '형식적 조작기'라는 다른 발달단계에 들어갑니다.

'형식적 조작기'는 어른처럼 추상적인 사고, 논리적인 사고, 체계적인 사고가 가능해지는 시기입니다. 즉, 그동안 의문을 품지 않았던 것들에 관해 논리적인 생각을 시작하는 시기입니다. 피아제의 발달이론 외에도 많은 뇌 과학자가 시냅스의 밀도가 가장 높은 시기이자 두뇌 성장의 결정적 시기로 12세를 꼽았습니다.

이러한 뇌 발달단계에 맞추어 교육과정 역시 초등학교 5학년 교육과정과 4학년 교육과정은 그 양과 수준에서 차이가 큽니다. 현재 초등학교 교육과정은 2학년씩 블록처럼 묶여 운영하는 '학년 군' 체제입니다. '1~2학년' '3~4학년' '5~6학년'이 하나의 학년 군으로 이루어져 있습니다.

교육과정은 '3학년' '5학년' 이렇게 새로운 학년 군으로 이동할 때 계단을 한 칸 오르는 것과 같은 단계의 변화를 겪습니다. 많은 사람이 초등학교의 분수령이라고 이야기하는 4학년 교육과정은 오히려 3학년 교육과정 내용과 수준에서 큰 차이가 없습니다. 5학년 때야말로 급격히 달라진 교과 수준으로 많은 아이가 학습의 어려움을 호소하는 시기입니다.

또한 초등학교 5학년은 뇌 발달 측면과 교육과정의 변화 측면 이외에 '2차 성징'으로 대표되는 '사춘기'를 만나야 합니다. 이런 삼중고(①뇌 발달 ②교육과정 ③사춘기)를 잘 견뎌 나가야 하는 중요한 시기인데, 정작 아이의 학교생활에 관한 부모님의 관심은 현저히 낮아지기 시작합니다.

이는 학부모 상담에 오시는 부모님들의 숫자나 학부모 수업 공개에 참여하시는 부모님들의 숫자만 보아도 1~2학년의 학부모님과 큰 차이를 보입니다. 5학년쯤 되면 아이가 제법 컸으니 스스로 알아서 잘할 거라는 믿음과 더불어 학부모님도 아이의 초등학교 생활에 어느 정도 익숙해져 크게 걱정할 일이 없으리라는 생각 때문일 것입니다.

하지만 초등학교 5학년 아이는 새롭게 변화하고 있습니다. 몸도 마음도 처음 초등학교에 입학한 1학년 때보다 더 많은 변화를 경험하게 됩니다. 지금의 변화는 10대에게 앞으로 일어날 모든 변화의 출발점입니다. 부모님은 아이가 초등학교에 입학하기 위해 준비할 때보다 아이에게 더 관심을 두고 이해하며 도와주어야 합니다. 5학년은 학교생활이 어떻게 다른지, 그에 맞는 공부법은 무엇인지, 스마트폰 사용이나 교우 관계, 사춘기 등은 어떻게 도와주어야 하는지 부모님이 먼저 알고 아이에게 다가가야 합니다.

학부모 상담에서 변화하고 있는 아이 때문에 당황하고 속상하다고 말씀하시던 학부모님은 아이를 도와주고 싶은 마음은 있지만 어떻게 도와주어야 하는지 갈피를 잡지 못하셔서 더욱 답답해하셨을 것입니다.

혹시 지금 내 옆에 있는 아이가 참 낯설게 느껴지시나요? 변화하는 아이의 말과 행동에 상처받고 계시나요? 혹은 막연하게 아이의 변화가 두려우신가요? 지금 그러한 걱정과 불안으로 이 책을 읽고 계시다면 아이의 변화에 관심을 두는 훌륭한 부모님이십니다. 아이의 변화는 당황스럽지만 당연한 성장의 과정입니다. 우리 아이만 유별나게 그러는 것이 아닙니다. 그러니 걱정하지 마세요. 아이는 지금 잘 자라고 있는 겁니다.

불안한 부모,
바빠진 아이

한국교육개발원(KEDI, Korean Educational Development Institute)이 성인남녀 2,000명을 대상으로 진행한 '2018 교육 여론조사'에 따르면 자녀에게 사교육을 시키는 이유로 '(사교육을 안 시키면)심리적으로 불안하기 때문(26.6%)'이라는 답변이 가장 많았습니다. '남들보다 앞서 나가게 하려고(23.7%)' '학교 수업을 잘 따라가지 못해서(14.8%)' '학교 수업보다 더 높은 수준의 공부를 하게 하려고(14.4%)'란 답변이 그 뒤를 이었습니다.

학부모님의 불안감은 아이의 학년이 올라가는 1월, 2월이 되면 특히 높아집니다. 아이가 이제 새 학년에 올라간다고 생각하면 갑자기 마음이 급해집니다. '어떤 선생님을 만나게 될까?' '친한 친구들과 같은 반이 될까?' '5학년부터는 수업 내용도 어려워진다는데, 부족한 부분을 어떻게 채워줘야 할까?'와 같은 걱정도 있습니다. 그런데 이런 걱정은 친구네 아이의 영어 점수를 듣고, 수학 학원 선행 내용을 들으면 더욱 커집니다. 갑자기 내 아이가 아무 것도 하고 있지 않으면 남들보다 뒤처져 그 어느 것도 못할 것 같은 불안감마저 듭니다.

그 불안감은 학부모들이 모이는 온라인 카페에서도 드러납니다. 겨울방학 즈음 되면 온라인 맘카페 등에 '5학년 아이 수학 학원 보내야 할까요?' '방학 때 읽히면 좋은 책 추천해주세요!'와 같은 글이 쇄도하기 시작합니다. 아이의 현재 상황을 진단해 필요한 학원들을 열심히 알아보고, 학원의 OT~Orientation~와 레벨 테스트를 본 후 시간표를 짜는 것까지 머리 아픈 일정을 학부모님들은 아이의 새 학년 시작 이전에 하나의 숙제처럼 수행합니다.

아이의 교육에 쏟는 이러한 관심과 열정은 내 아이를 사랑하기 때문임을 부인할 수 없습니다. 사랑하지 않는 대상을 위해 내 시간과 돈을 쓰는 사람은 없으니까요. 그런데 그 걱정과 사랑의 중심에 혹시 아이가 제외되어 있지는 않은지 확인해 보시기 바랍니다. 내 아이를 위한 일이고, 내 아이에게 필요한 것을 주고 싶은 마음이지 않습니까. 그러니 사랑하는 대상도 이를 원하고 있는지 생각해 보셔야 합니다.

남편이 출장 다녀오면서 아내를 생각하는 마음에 사 온 선물이 내 마음에 들기 어려운 이유는 내가 원하는 것이 아니기 때문입니다. 남편은 부인을 사랑하는 마음으로 '이걸 선물하면 좋아하겠지? 내가 이렇게 능력 있고 다정한 남편이다!'라는 자부심으로 선물을 내밀지만, 정작 그게 마음에 들던가요?

몇 번의 시행착오 끝에 이제 남편이 출장을 간다면 정확한 브랜드와 품명을 콕 집어서 알려줍니다. 서로에게 그게 시행착오를 줄이고 만족도를 높이는 방법입니다. 부모와 자녀의 관계도 마찬가지 아닐까요? 내가 하는 사랑과 관심이 아이가 원하는 것이 아닐 수 있습니다.

> "선생님, 아이는 당연히 공부하기 싫다고 하죠. 그래도 저희 아이는 아직 제 말을 잘 들어서 부모가 해주는 대로 곧잘 따라 해요."

위와 같이 생각하시면 앞으로 아이와의 관계가 힘들어질 수 있습니다. 왜냐하면 초등학교 5학년이기 때문입니다. 5학년은 아이의 논리적인 사고능력이 발달하는 시기입니다. 아이는 처음에는 외부의 규칙과 환경에 적응하며 학교생활을 시작합니다. 공동체 내에서 규칙을 잘 습득하고 행동하는 아이가 학교에 잘 적응했다며 예쁨을 받는 아이가 됩니다. 그런데 5학년이 되면 잘 지키던 규칙과 부모님의 말씀에 의문을 품기 시작합니다.

"왜 해야 하지?" "아빠 엄마는 책 안 읽으면서 나는 왜 읽어?" "엄마 아빠는 공부 안 하면서 왜 나만 학원가라고 해?"라고 질문하기 시작하면 반항이 시작된 것이 아니라 아이의 뇌가 잘 자라나고 있다는 뜻입니다. 간혹 "저는 별로 안 시키고 싶은데, 우리 아이가 좋아해서요"라고 말씀하는 학부모도 있습니다. 아이가 스스로 공부하고 새로운 학원에 다니고 숙제를 해내는 것이 정말 좋아서 하는 것인지 혹은 이렇게 하는 것이 부모님께 인정받고 사랑받는 행동이라서, 부모님에게 좋은 아이가 되고 싶어서 하는 행동인지 살펴보셔야 합니다.

초등학교 5학년은 공부의 주도권이 부모님에게서 아이에게로 넘어가는 시기입니다. 부모님의 말씀대로 움직이던 아이가 이제는 아닙니다. 그리고 그래야 맞습니다. 그러므로 아이와의 협력이 중요합니다. "너는 아직 아이니까 아빠 엄마가 해줄게. 우리가 너에게 안 좋은 것을 해줄 리가 있겠니?"가 아니라 "네가 부족함을 느끼는 것이 무엇이 있니? 어떤 걸 도와줄까?"라고 아이와 협의하는 과정이 꼭 필요합니다. 부모에게는 작은 차이지만, 아이의 의사를 묻고 선택의 기회를 주는 게 아이에게는 큰 차이로 다가옵니다. 나의 결정권이 생기는 것이니까요.

그렇다면 아이가 "나는 아무것도 하기 싫은데? 학원 다 안 다니고 싶어!"라고 이야기한다면 부모님은 어떻게 해야 할까요? 마음속 깊은 곳에서 '욱' 하는 감정이 올라오실 겁니다. '여기서 쉬면 안 하느니만 못한데, 다른 아이들은 학습량을 더 늘린다는데 내 아이는 아예 안 한다고?'라는 생각과 함께 "역시 너와 협의하는 것은 무리였어. 그냥 잔말 말고 다녀!"라고 하실 수도 있습니다. 다시 불안한 마음이 올라오니까요. 그래서 아무것도 안 할 수는 없다는 기본 전제와 무언의 기준선을 두고 아이와 이야기를 합니다. 무엇이 부모를 그렇게 불안하게 만들까요? 왜 남들보다 뒤처지면 안 되고 끝까지 단거리 레이스처럼 달려야 할까요?

아이가 이렇게 이야기한다면 우선 그 마음을 읽어주시면 됩니다. "그동안 많이 힘들었구나. 너에게도 쉬는 시간이 필요하겠네"라는 말과 함께 아이의 현재 마음 상황을 읽어주고 공감해주는 것이 좋습니다. 어떤 점이 힘든지, 부모가 도와줄 수 있는 것은 없는지 묻다 보면 부모님과 아이는 좋은 협력자가 될 수 있습니다.

지금 가장 중요한 점은 아이와 한 팀이 되어 이제 본격적으로 시작되는 공부의 레이스를 잘 헤쳐나갈 방법을 찾아가는 것입니다. 이 레이스는 남과의 레이스가 아닌, 내 아이에게 가장 잘 맞고 내 아이만을 위한 레이스입니다. 이렇게 물어봤을 때 부모의 생각보다 아이들은 스스로 판단하고 결정할 만한 힘이 있습니다. 막무가내로 안 한다고 하지 않습니다. 그러니 아이에게도 선택하고 생각할 기회를 주셨으면 합니다.

저는 학교에서 점심시간에 한 명씩 돌아가며 아이와 함께 밥을 먹습니다. 같이 밥을 먹으면서 이야기하다 보면 전체로 보았을 때 보지 못한 아이의 새로운 점들을 발견할 때가 있습니다. 조용하고 말수 없는 A라는 아이와 밥을 먹으면서 사소한 잡담을 하다가 아이가 급격히 바빠진 초등학교 5학년 일정 때문에 힘들어하고 있음을 알 수 있었습니다. 학부모 상담 때 넌지시 아이의 부모님께 아이가 학원 때문에 수업 시간에 집중하는 것이 힘들 때가 있다고 말씀드렸습니다. 학부모님은 몰랐다며 아이와 이야기해 조정해보겠다고 하셨습니다.

항상 학부모 상담을 할 때 초등학교 6년 동안 아이가 수행해야 할 목표는 딱 두 가지, '독서'와 '자기 주도적 학습 능력의 정착'이라고 말씀드립니다. 그 부분에 중점을 두고 집에서도 교육해달라고 부탁드립니다. 모두 공감하며 고개를 끄덕이고 가시지만, 실제로 아이가 다니는 학원을 줄이는 분은 많지 않습니다. 오히려 논술을 시작했다고 하시더군요.

학원을 많이 다닌다고 아이가 더 잘하지는 않습니다. 주변의 다양한 사례를 통해서도 확인하실 수 있을 것입니다. 중학교 3학년 내용까지 선행했다지만, 막상 초등학교 해당 학년에 공부하는 단원에 관해서는 잘 이해하지 못하는 경우도 많습니다. 불안한 마음에 보내는 학원은 아이에게도 학부모님에게도 힘들기만 합니다.

학원의 개수는 아이에 관한 사랑의 표현이 아니라 부모가 가진 불안의 표현임을 잊지 말아주세요. 부모님이 나에 대해 불안해한다는 사실은 알게 모르게 아이에게도 전달됩니다. 그래서 아이 또한 작은 시련이나 변화에 대해 부모와 같이 불안해하기도 하고 쉽게 포기하기도 합니다. 그러니 불안감 대신 아이를 믿어주세요. 그것은 방임이 아닙니다. 부모로서 할 일을 하지 않는 것도 아닙니다. 부모님의 믿음만큼 아이도 실패하는 것에 대한 두려움과 불안 없이 새롭게 바뀌는 학년과 새로운 과제에 도전하게 될 것입니다.

온라인 수업으로 알게 된 내 아이의 자기 주도적 학습 능력

"안녕하세요, ○○○가 ○월 ○일 온라인 수업을 다 듣지 않아서 연락드렸습니다."

"○○의 수학 과목 평가가 미응시되어 연락드렸습니다."

코로나19로 교사의 학교 풍경은 매우 생소해졌습니다. 우선 오전 중에 e학습터 강의를 열어 놓고 오늘 할 일을 꼼꼼하게 공지하는 것으로 하루를 시작합니다. 이후 컴퓨터를 켜서 자가 점검이 되지 않은 학생이 있는지 살펴보고 지난 학습을 다 하지 않은 아이, 평가가 안 된 아이, 게시글로 활동사진을 올리지 않은 아이 등 과목마다 할 일이 되지 않은 아이들을 점검합니다. 이럴 때는 간혹 교사가 학습지 교사 또는 상담원이 된 것 같은 생각이 듭니다.

확인이 다 끝나면 e학습터의 쪽지 보내기 기능으로 학생들에게 먼저 안내합니다. "○○야, ○월 ○일 사회 과목 수업 진도율이 부족하더라. 조금 더 힘내서 해보자. 파이팅!"이라며 격려와 응원 그리고 부탁의 쪽지를 보냅니다. 그리고도 며칠 동안 수업 진행이 되지 않으면 이제 학부모님께 연락을 드립니다.

교사로서 이런 순간이 참 난감합니다. 저 또한 아이를 키우고 있는데, 아이의 담임 선생님에게 이런 전화를 받으면 괜히 제 잘못 같습니다. 아닌 줄 알면서도 제가 지적당하는 것 같아 낯부끄러워집니다. 아이 옆에서 꼼꼼하게 도와줄 수 있으면 그나마 낫습니다. 나도 일을 하고 있어 아이의 온라인 학습을 돌봐줄 상황이 되지 않는데 이런 독촉 전화를 받으면 가슴이 답답해집니다.

초등학교 5학년쯤 되면 아이는 학교에서 하는 긴급 돌봄에 가려고 하지도 않고, 조부모님의 도움을 받기에도 학습에는 한계가 있습니다. 그럼 보통은 부모님이 퇴근 후 집에 돌아와 아이에게 이야기합니다. 직장에서 일을 끝내고 온 것만으로도 힘든데 집으로 다시 출근하는 셈입니다. 부모도 아이가 알아서 숙제도, 할 일도 딱 해놨으면 좋겠지만, 그것은 늘 부모의 희망 사항일 뿐입니다. 다시 아이의 온라인 수업 때문에 실랑이를 벌이게 됩니다. 그런데 아이는 부모가 물어보면 다 했답니다. "○○야, 오늘 수업 다 들었어? 과제는 다 했고?"라고 물어보면 다했다고 하니 그런 줄 압니다. 하지만 다음 날, 또 담임 선생님의 연락을 받습니다.

아, 정말 한숨만 나오는 상황입니다. 제 아들 녀석 이야기입니다. 코로나19가 바이러스라서 무서운 게 아니었습니다. 알지 못했던 내 아이의 학습 태도 및 학습 능력을 조금도 꾸밈없이 낱낱이 드러나게 해서 더 무섭습니다. 학교에 다니는 동안은 항상 배우는 내용을 잘 따라 하고 성실하게 곧잘 해내길래 큰 어려움 없이 학교생활을 했었는데, 집에서 하는 온라인 수업은 왜 이렇게 구멍이 많을까요?

등교해서 수업하게 되면 교사와 반 친구들이라는 동료가 있습니다. 함께 하다 보니 내가 잘 수행하지 못하면 옆자리 친구가 하는 것을 보고 힌트를 얻어 할 수도 있습니다. 교사도 교실을 돌아다니다가 아이가 어려워하는 부분들을 금방 살피고 도와줄 수 있습니다. 곁눈질로 친구들의 행동을 보고 '지금 이걸 해야 하는구나?' '이렇게 하라는 말이구나!' 하고 배우는 것도 많습니다. 모둠 활동과 짝 활동을 통해 아이들 사이에서 배우는 것들이지요. 또래를 통한 학습이 아이들에게는 가장 효과적인 학습법이기 때문입니다.

초등학교 교육과정 안에서도 이런 이유로 많은 활동이 '모둠 친구들과 상의해보고' '짝과 함께 이야기해보는' 활동입니다. 또한 수업 시간인 40분 동안은 다른 활동을 하지 않고 자리에 앉아 수업에 집중하는 학습 태도도 배우고 연습하는 것입니다. 내가 맡은 일에 책임감을 느끼고 끝까지 해내는 것도 학교생활을 하며 배우는 것입니다.

그런데 온라인 수업에서는 이런 교사와 학생, 학생과 학생 사이의 소통과 협력이 원활하게 이루어지지 않습니다. 현재와 같이 '콘텐츠 활용 중심 온라인 수업'이나 '과제 수행 중심 온라인 수업'의 경우 아이가 공부하다가 모르는 것을 즉시 묻거나 교사가 상황을 파악하고 도와주는 데 한계가 있습니다. 실시간 쌍방향 수업을 한다고 해도 학생 사이의 소통이나 협력 학습이 이루어지기에는 한계가 많습니다.

온라인 수업은 아이가 공부하겠다는 의지를 갖고 혼자 자리에 앉아 화면에 나오는 영상을 보고 스스로 문제를 파악한 후 배움 공책을 정리하고 평가와 과제를 하는 '자기 주도적인 학습 능력의 완결판'이라고 할 수 있습니다. 교사가 제시한 학습 지침을 따라 순서대로 스스로 공부하고 익히는 방식입니다. 교사의 도움과 또래 친구들의 도움 그리고 학교생활이라는 환경 없이 영상과 나 사이의 공부가 이루어지는 것입니다.

이처럼 자학자습은 정말 이상적인 공부 형태이지만, 아직 아이들에게는 할 수 있는 준비가 되지 않았습니다. 막 아장아장 걷는 아이에게 이제 걸을 수 있게 되었으니 지금부터는 너 혼자 걸어야 한다고 이야기하는 것과 같습니다. 궁극적으로는 혼자 걸어야 하는 게 맞지만, 아이는 아직 연습이 더 필요하고 몇 번 더 넘어지게 될지도 모릅니다. 준비되지 않은 아이에게 온라인 수업을 갑자기 들이밀며 왜 안 되느냐고 묻는다면 아이도 참 답답한 노릇이겠죠.

어른들도 온라인으로 수강하는 요리 수업보다 직접 가서 몸으로 배우는 요리 수업을 더 잘 기억하고 집중해서 배우지 않나요? 온라인 강의는 그저 배경음악처럼 켜놓고 다른 일을 하거나 집중하지 못해서 요약 부분만 듣기도 하지 않나요?

그런데 문제는 학생들이 아직 준비되지 않은 상황인데도 우리는 지금 온라인 수업을 진행해야만 하는 상황이라는 점입니다. 유은혜 교육부 장관은 포스트 코로나 시대를 대비한 미래 교육의 방향에 관해 이야기하며 "감염병 상황이 끝나도 등교와 원격수업을 병행하는 '블렌디드 러닝'을 일반화할 것입니다"라고 하였습니다.

코로나19 이전의 삶과 이후의 삶에는 많은 변화가 있는데 특히 그중 교육 부분의 변화가 크게 다가옵니다. 이 변화는 일시적인 변화가 아니라 '포스트 코로나 시대의 미래 교육'이라는 이름으로 꾸준히 진행될 가능성이 큽니다. 교육부가 내놓은 미래 교육 방향이나 2022 교육과정 내용에 관한 현재 이야기들을 살펴보았을 때 이는 더욱더 확실해 보입니다. 그중 하나가 온라인 수업을 지속하거나 병행하는 수업 형태로의 변화입니다.

우리는 모두가 처음인 상황에서 새로운 기기로 온라인 수업을 준비하는 교사, 홀로 공부하는 것이 익숙지 않은 학생, 학교나 학원에 일임했던 아이의 교육 중 많은 부분을 떠안아야 했던 학부모의 노력으로 지금까지 견뎌왔습니다. 많은 시행착오와 어려움이 있었기 때문에 '견뎌왔다'라는 표현이 더 맞을 것 같습니다.

그리고 많은 아이가 아직도 온라인 수업을 힘들어함을 느낍니다. 하지만 앞으로의 교육 흐름이 학교에서 교사가 주도되어 이루어졌던 학습이 아닌 온라인을 통해 스스로 개별적인 수준에 맞추어 공부하는 학습, 즉 자기 주도적인 학습 능력에 중점이 맞추어져 있다면 이제 그 중요성을 알고 하나씩 준비해야 할 때입니다. 이것이 일시적인 현상에서 나온 혼란에서 멈추지 않고 앞으로도 지속할 교육의 변화이기 때문입니다.

자기 주도적 학습 능력(Self-Directed Learning)이란?

'초등학교 성적은 부모 성적, 중학교 성적은 학원 성적, 고등학교 성적이 아이 성적' 이라는 이야기를 들어보셨나요? 시간이 지날수록 아이의 학업 능력을 결정하는 것은 결국 아이 스스로 공부할 수 있는 능력입니다. 준비되지 않은 상황에서 맞닥뜨리게 되긴 하였으나 결국은 아이의 학습에 있어 꼭 갖추어야 할 능력은 '자기 주도적 학습 능력'입니다. 자기 주도적 학습 능력은 단지 좋은 대학을 가기 위해, 좋은 성적을 얻기 위해 필요한 것이 아닙니다. 미래 사회에는 학교에서 가르치는 것 이상의 많은 변화가 있을 것이고 학교 교육 이후에도 평생 배우며 살아가는 평생학습의 시대이기 때문입니다.

그렇다면 '자기 주도적 학습 능력'은 무엇을 말하는 것일까요? 독서실에서 조용히 혼자 공부하면 자기 주도적 학습 능력이 높다고 할 수 있는 것일까요?

자기 주도적 학습 능력이란 '학습자 스스로 주도권을 가지고 학습 목표를 설정하고 학습 전략을 사용하며 학습 결과를 스스로 평가하는 일련의 과정'을 이야기합니다. 즉, 아이 스스로 목표 설정, 학습 전략 설정, 결과 평가 및 피드백의 과정이 이루어지도록 하는 것을 말합니다. 이런 능력은 학교나 학원에서 주어진 과제를 해결하다 보면 생기는 능력이 아닙니다.

간단하게나마 'Chapter 1.'의 뒤쪽에 [쏙쏙 정보]로 초등학생의 학습계획표를 만들어보았습니다. 하나의 예시일 뿐이니, 아이가 스스로 적용해보고 자기에게 가장 잘 맞는 형태로 수정·변형하는 것이 중요합니다.

혹시 아이가 온라인 수업에서 눈에 띄게 수업 진행이 어렵고 해야 할 과제를 성실하게 챙기지 못한다면, 이는 단지 대면 수업에서 온라인 수업으로 수업 방법이 바뀌어서 나타나는 현상이 아닐 수도 있습니다. 그동안 내가 직접 보지는 않았지만, 아이의 학교생활 공부 습관도 비슷한 상황일 것입니다.

온라인 수업, 심화하는 학습격차

온라인 수업으로 인한 학습격차가 심해지고 있습니다. 한때는 시공간의 제약 없는 온라인 수업이 지역이나 사회 계층을 통합할 공평한 수업 방법이 될 수 있겠다는 긍정적인 희망을 품었습니다. 그래서 교실마다 스마트패드를 갖추고 아이들의 디지털 활용 능력을 향상하기 위한 노력을 하였습니다. 'EBS 온라인 강의'도 도시에 사는 아이나 농어촌에 사는 아이 모두에게 질 높은 강의를 들을 수 있게 하겠다는 취지에서 개설된 것입니다.

그런데 온라인 수업을 시작한 후 온라인 수업이 오히려 학생들의 학습격차를 심화시킨다는 이야기를 많이 듣게 됩니다. 최근 교사들을 대상으로 한 어느 설문에서는 약 80% 이상의 설문 대상 교사가 "현재 온라인 수업으로 학력격차가 심각해지고 있다"라고 대답했습니다. 특히 온라인 수업은 상위권 학생들의 몰락이 아니라 학교에서 수업을 열심히 듣고 가장 많은 분포를 차지하던 중위권 학생들을 몰락시켜 학생들의 성적을 더욱 양극화시키고 있습니다. 왜 온라인 수업으로 인한 학습격차가 발생할까요?

부모의 상황

학교가 아이들을 책임지던 시간 대부분이 부모에게로 넘어오면서 부모의 학력과 경제력이 오히려 아이들의 교육 격차에 더 큰 영향을 미치게 되었습니다. 특히 저학년 아이일수록 부모의 온라인 수업 관여도에 따라 학업성취 능력의 차이가 크게 납니다. 그동안 학교에서 6~8시간 정도 학생들의 생활과 수업을 맡았었는데, 이제는 가정에서 온라인 수업을 진행하다 보니 맞벌이 가정이나 저소득층 가정 등에서 아이에 대한 돌봄이 이루어지지 않고 아이가 방치되는 상황이 발생합니다.

긴급 돌봄을 운영한다지만 이것도 학교의 상황에 따라 초등학교 1~6학년을 모두 수용하기 어려워 저학년 위주로 운영되고 있습니다. 그래서 4~6학년의 경우 돌봄 공백이 발생할 수 있습니다. 저학년 긴급 돌봄 역시 온라인 수업 보조 강사를 긴급하게 채용하여 운영하지만, 그분들이 아이에게 영상을 틀어주는 것 이외에 학습 태도나 과제 수행 여부까지 꼼꼼하게 체크해 줄 수는 없는 상황입니다. 그래서 영상은 모두 100% 들었는데 교과서에는 필기한 내용이 하나도 적혀 있지 않고 과제 역시 하나도 제출이 되지 않는 경우가 많습니다.

교사의 부재

온라인 수업을 통해 그동안 학교에서 교사의 역할이 단순히 지식 전달자 그 이상이었음을 알 수 있습니다. 특히 학습 습관이 잘 잡혀 스스로 공부가 가능한 소수의 상위권 학생을 제외하고, 학교 수업에 공부의 많은 부분을 의지하고 배웠던 중위권 학생들과 기초 학력 부진 학생들에게 교사의 부재는 학습 결손에 큰 요인으로 작용합니다.

교과 '내용'을 전달할 다양한 콘텐츠는 많고 꾸준히 개발되고 있습니다. 그런데도 이런 학습격차가 발생하는 것은 학습에 있어 콘텐츠 이외에 내용을 전달하는 과정에서 아이의 수준에 맞는 조력자가 필요함을 의미합니다. 기초 학력이 부족한 아이들이나 학습 동기가 낮은 아이들의 경우 학교에서 대면 수업을 하다 보면 교사가 확인하고 즉각 개입할 수가 있습니다. 또한 수업 중 문제 행동을 보이는 학생에게는 그에 대한 제지가 가능합니다.

그러나 온라인 수업에서는 즉각적이고 학생의 수준에 맞는 개별적인 피드백을 하기에 어려운 점이 있습니다. 더욱 걱정되는 점은 교육과정의 내용은 그 학년에서 성취되지 않으면 그 이후 보충하기 어렵다는 것입니다. 수학과 같이 연계성이 뚜렷한 과목의 경우 지금의 결손이 앞으로의 꾸준한 결손으로 연결될 가능성이 큽니다.

디지털 격차가 곧 학습격차

디지털 격차도 학업 격차를 가져옵니다. 인터넷 환경이나 온라인 교육을 위한 모바일 기기의 소유 및 활용 능력에서 차이가 발생하고, 이러한 격차가 학습격차로 연결됩니다. 온라인 수업을 준비하는 교사도 쌍방향 수업을 준비하는데 카메라(캠)가 설치된 컴퓨터가 없고 와이파이가 설치되어 있지 않으며 수업 준비 프로그램이 한정되어 있다면 수업 준비에 제약이 있을 것입니다.

학생들 또한 마찬가지입니다. 학교에서 수업을 위해 스마트패드가 필요한 경우 배부하기는 하지만 조부모 가족, 특수아동, 다문화 가정과 같은 교육 취약계층에 대한 고려까지는 어렵습니다. 또한 디지털 기기 활용 능력의 차이도 학습 참여도에 영향을 미칩니다. 예를 들어, 초등학교 저학년 학생들과 함께 『국어』 수업에서 생각을 나누는 활동을 하기 위해 게시판에 '내 생각 적어보기' 활동을 제시하면 아이들에게는 자판으로 내 생각을 쓰는 것 자체가 어려운 일입니다.

온라인 수업, 이것만 챙겨주세요

온라인 수업으로 아이들의 학습격차가 발생하고 있음은 사실이나 다른 한편으로 생각해 본다면 스스로 공부하는 습관이 잡혀 있는 일부 학생에게는 공부하기 더없이 좋은 환경이라고 할 수 있습니다. 학교에서 공부할 때보다 시간적인 손실이 적어 실제 공부량이 늘어나고 본인이 부족한 부분을 보충할 계획을 세워 실천할 좋은 기회입니다.

현재 상황을 내 아이에게 위기로만 인식할 필요는 없습니다. 오히려 내 아이의 학습 습관을 파악하고 자기 주도적인 학습 능력을 정착할 좋은 기회로 바꿀 수 있습니다. 더군다나 초등학교 5학년은 공부량이 증가하는 시기이기도 하고 논리적·추상적 사고력이 향상하는 뇌 발달의 중요한 순간이기도 합니다. 지금 잘 잡아 놓은 자기 주도적인 학습 능력은 앞으로 아이가 중·고등학교 학업을 진행하는데 큰 자산이 될 것입니다.

결국, 공부는 혼자 얼마나 잘 할 수 있느냐의 문제이고 우리는 코로나19라는 타의로 이 기회를 맞이하게 되었으니 잘 활용할 필요가 있습니다. 부모님이 아이의 온라인 수업을 도와줄 몇 가지 방법을 안내합니다.

규칙적인 생활 습관 정하기

아이가 규칙적인 생활 습관을 갖도록 해주세요. 학생들은 그동안 아침 등교를 위해 일정한 시간에 일어나 아침밥을 먹고 가방을 챙겨 학교로 향하고, 일정한 시간에 하교하여 학원을 가거나 본인의 방과 후 활동을 규칙적으로 했습니다. 날마다 일과를 해내는 루틴이 가지는 힘이 있습니다. 그런데 학교로 등교하지 않고 밖에 나가는 것도 제한이 되니 이런 루틴이 무너져 방학과 같은 생활로 인식하고 생활하기도 합니다. 상담 차 학부모에게 전화하면 오전 11시가 되었는데 아직 일어나지도 않았거나 새벽 1~2시에 잠드는 아이도 많습니다.

· 아침에 일정한 시간에 기상하기
· 온라인 수업을 '시작하는 시간'과 '마치는 시간' 정하기
· 수업은 바른 자세로 듣기
· 밤에 일정한 시간에 취침하기

위와 같이 간단한 생활 습관 루틴을 설정해 일과를 정하는 것이 좋습니다. 예를 들면, '오전 8시 이전에 일어나 세수하고 간단히 아침밥을 먹고 오전 8시 30분부터는 온라인 수업을 시작해 오후 2시 이전에 수업을 마치고 저녁에는 10시 이전에 잠든다'와 같은 생활 습관이 형성되도록 하는 것입니다. 별것 아닌 듯한 이런 간단한 생활 루틴을 만드는 것은 생각보다 큰 힘을 발휘합니다. 그러니 아이가 '온라인 수업'을 하는 시간을 정확하게 공부하는 시간으로 인식하고, 꾸준히 같은 시간에 바른 자세로 공부할 수 있는 생활 습관을 갖도록 도와주세요.

아이가 스스로 생활 습관을 정하면 이것을 공부하는 책상 위나 잘 보이는 곳에 게시하는 것이 좋습니다. 만약 아이가 '밤 10시 이전에 잠들기'와 같은 규칙을 정했다면 부모님도 아이가 이 생활 습관을 지킬 수 있게 그 시간에 텔레비전을 함께 본다거나 함께 외출하는 일 등은 삼가셔야 합니다. 습관을 정하고 지켜나가는 힘이 <u>스스로 공부하는 힘</u>입니다.

아이의 온라인 수업 흐름 알기

부모는 아이가 하는 온라인 수업의 흐름을 알아야 합니다. 학교마다 온라인 수업을 진행하는 방법의 차이가 있습니다. '실시간 쌍방향 수업' '콘텐츠 활용 중심 수업(e학습터)' '과제 수행 중심 수업'을 진행하기도 하고, 이 수업 방법들이 혼합된 형태로 수업을 진행하기도 합니다. 우리 아이가 현재 진행하고 있는 온라인 수업이 어떤 형식으로 이루어지고 있는지 알고 그날 해야 할 과제가 무엇이 있는지 관심을 가지셔야 합니다.

그동안의 학교 수업에서는 학부모님이 직접 참여할 기회가 많지 않았습니다. 보통은 학교에서 이루어지는 활동들에 관한 이야기를 전해 듣거나 일 년에 한 번 있는 공개 수업을 통해 우리 아이의 공부하는 모습을 힐끗 보는 것이 전부였습니다.

물론 온라인 수업을 통해 아이가 공부하는 모습을 옆에서 지켜보고, 또 교사의 전달 사항 등을 중간에서 함께 해주셔야 할 부분들이 생기다 보니 부모님들이 버거워하시는 것도 사실입니다. 그러나 아이의 학습에 가장 관심이 많고 애정을 품고 있는 사람은 교사와 학부모가 아닐까요? 오히려 이 시간이 아이의 성장을 위해 함께 협력할 기회이자 부모님이 아이의 학교생활에 참여할 기회라고 생각합니다.

그러니 아이의 온라인 수업에 관해 좀 더 관심을 가지고 해야 할 과제나 준비해야 할 물품이 있는지 미리 살펴보시는 것이 좋습니다. 시간적인 여유가 되지 않으시면 주말에 학급 게시판을 통해 공지하는 주간학습을 보고 다음 주 준비사항이나 안내 사항이 무엇인지만이라도 확인해주시기 바랍니다.

생활시간 계획 & 오늘 할 일 목표 정하기

'생활시간 계획'과 '오늘 할 일의 목표'를 정합니다. 위 p.34의 '규칙적인 생활 습관 정하기'와 연결되는 부분인데요. 거기에 더해 오후에 해야 할 일과 자신의 하루 목표를 정하는 것으로, 자기 주도적 학습을 실제로 계획하고 실천하는 방법입니다.

계획을 세울 때는 아래와 같은 내용이 들어가면 좋습니다.

온라인 수업 + 독서 + 그날의 스스로 공부할 내용 + 글쓰기

이 시기에 가장 좋은 공부 방법은 독서입니다. 그동안 시간이 부족하여 소홀히 하였던 독서를 마음껏, 원 없이 할 수 있는 시간이며 이 독서는 앞으로의 공부에 든든한 버팀목이 될 것입니다. 제시된 계획 내용은 하나의 예시이고 모두 포함되는 것을 추천하지만, 실천이 어렵다면 '온라인 수업' '독서' '그날 스스로 공부할 내용(부족한 과목의 공부 보충 또는 날마다 공부할 내용)' '글쓰기'의 순으로 중요도를 매기고 계획을 세우기를 부탁드립니다. 처음 계획을 세울 때는 다음과 같은 기준으로 세워주세요.

1. 목표를 정한다.
2. 하루에 할 수 있는 양을 세분화하여 정한다.
3. 가능한 구체적으로 정한다.

예를 들어, '그날의 스스로 공부할 내용'에는 수학 문제집 2장, 영어책 읽기 30분, 독해력 문제집 1장 등과 같이 하루에 공부할 양을 구체적으로 정합니다. '독서'는 1~2시간 정도가 적당하고 한 번에 시간이 나지 않으면 오후 시간, 저녁 시간 등으로 시간을 쪼개 계획을 세울 수 있습니다.

계획을 세우고 실행하는 과정에서 너무 힘들거나 시간의 여유가 생기면 계획은 언제나 수정 변경하여 나에게 잘 맞는 하루 공부 계획을 완성하는 것이 좋습니다. 계획을 세우고 실천해 보며 문제점을 발견하고 다시 계획을 수정하는 과정이 아이 자신의 힘으로 공부하는 힘을 기르는 과정입니다.

이 실천의 과정에서 부모님은 아이를 꾸준히 격려하고 응원해 주시길 바랍니다. 아이가 노력하는 과정, 그리고 실천했을 때 문제점을 발견한 점, 계획을 수정하여 다시 목표를 세운 점 등을 꼼꼼하게 격려하고 응원해 주는 일이 필요합니다. 지금 아이가 스스로 학습을 위한 홀로서기를 배우는 중이니까요.

온라인 수업으로 또래 친구나 교사와의 소통은 줄어들었지만 부모님과의 직접적인 소통 시간은 부쩍 늘었습니다. 아이가 사춘기가 오기 전에, 본격적인 공부를 시작하기 전에 아이를 더 가까이서 살펴보고 이야기하면서 성장의 순간을 함께 할 수 있는 것이 오히려 다행인지도 모르겠습니다. 위기이시만 분명한 기회이기도 합니다.

공부할 준비가 되어 있는지 마음 들여다보기

진수는 조용하고 모범적인 학생이었습니다. 크게 친구들 앞에 나서지는 않지만 아이들과도 잘 어울렸습니다. 수업 시간에 자주 발표하거나 생각을 표현하지는 않았지만 모든 교과 수업을 성실하게 잘 따라오는 학생이었습니다. 사실, 이런 학생들에게는 세심한 눈길이 가지 않습니다. 스스로 잘하고 있다고 여겨 선생님의 손길이 필요한 다른 아이에게 더 관심을 쏟게 되는 것 같습니다. 잘 지내고 있다고 생각했기 때문에 같이 점심을 먹을 때도, 이야기를 나눌 때도 아이의 깊은 마음을 들여다보지 못했습니다.

그런데 여름 방학이 지나고 진수가 학교에 나오지 않기 시작했습니다. 어머님의 말씀으로는 방학 때 배가 자꾸 아프다고 했답니다. 그래서 내과에 가보았는데 병원에서는 별문제 없다고 하여 그냥 넘기셨습니다. 그런데도 진수는 자꾸 배가 아프다고 했고 어느 순간부터는 잘 먹지도 못했습니다. 음식을 넘기려면 목이 까슬까슬하고 아프다고 하여 밥도 제대로 먹을 수 없었고 어느 순간에는 물도 삼킬 수 없게 되었습니다. 이 모든 일은 1~2개월 동안 일어난 일이고 진수는 몸무게가 10kg 가까이 빠져 2학기 대부분을 병원에 입원해 지냈습니다.

부모님은 아이의 급격한 변화에 당황하며 이곳저곳의 병원을 다니셨고 아이가 마음이 매우 아팠음을 알게 되셨습니다. 초등학교 2~3학년 때 가정에서 생긴 여러 가지 문제로 아이가 상처를 받았는데, 꼭 눌러 담으며 참다가 어느 순간 터진 것입니다. 이후 아이는 개인 상담과 가족 상담 치료를 계속 병행했고 2학기 말 종업할 즈음 진수는 다시 조금씩 먹기 시작해 기력을 회복하여 아이들에게 인사를 하러 왔습니다. 저도 참 놀랐고 진수가 아프고 난 후에는 왜 알아차리지 못했을까 자책도 했습니다. 착한 아이라서, 모범적인 아이라서 상처받은 것을 말로 하지 못하고 마음속 어딘가에 넣어 두었던 모양입니다.

사람의 몸은 각 부분이 모두 연결된 유기적인 구조입니다. 마음이 불편하고 힘든 아이는 공부하는데 많은 에너지를 쏟을 수 없습니다. 내 마음을 돌보고 살피는 것이 먼저이기 때문입니다. 내 마음을 돌봐야 하는데 그렇지 못하고 공부에 집중한다고 하더라도 진수처럼 어느 순간 견디지 못하고 몸이 아픈 상황이 생기게 되는 것입니다.

미국의 뇌 과학자 폴 맥클린Paul D. MacLean 박사는 "우리의 뇌는 3층으로 된 집과 같다"라고 이야기합니다. 1층은 파충류의 뇌라고 불리는 뇌간이 있고 이는 '생명을 유지'하는 역할을 합니다. 2층은 포유류의 뇌라고 불리며 '감정과 기억'을 담당하는 변연계가 있습니다. 3층은 이성의 뇌라고 불리는 대뇌피질이 있는데 이는 위치에 따라 전두엽, 측두엽, 두정엽, 후두엽으로 나뉘고 이성뿐 아니라 '문제해결력' '창의력'을 담당합니다. 1층에서 2층, 3층으로 갈수록 고차원적인 두뇌 활동이 가능합니다. 이 3층 구조 사이에 뇌는 끊임없는 상호작용이 일어나며 유기적으로 작동해야 최적의 상태를 유지합니다.

그런데 위협이나 수치심, 불안과 같은 감정을 지속해서 느끼게 되면 3층 전두엽으로 가야 할 피가 1층인 뇌간으로 내려갑니다. 살아남는 것이 더 중요한 문제이기 때문입니다. 불안, 걱정, 화와 같은 감정의 문제에 집중하게 되면 전두엽이 작동되지 않고 전두엽의 역할인 집중, 기억, 문제해결력에 문제가 생기는 것입니다. 그러므로 공부 이전에 아이의 마음, 감정 상태를 먼저 살펴야 합니다.

매년 학교에서는 초등학교 1학년과 4학년, 중학교 1학년, 고등학교 1학년 학생들을 대상으로 '학생 정서 행동 특성 검사'를 진행합니다. 중학교와 고등학교에서는 학생 본인의 설문조사AMPQ-Ⅲ와 담임교사의 설문조사를 통해 함께 시행되는 반면, 초등학교에서 시행하는 학생 정서 행동 특성 검사CPSQ-Ⅱ는 학부모의 설문조사로만 이루어지기 때문에 객관적인 학생의 심리상태를 파악하기 어려울 수 있습니다. 아이의 같은 행동이라고 할지라도 어느 부모에게는 아이의 행동이 매우 문제 행동으로 비치기도 하고, 다른 부모에게는 아이의 행동이 아무 문제가 되지 않기도 하기 때문입니다.

그래서 중학교 1학년 때 진행하는 정서 행동 특성 검사 결과를 받아보고 그동안

심리검사 기관별 특징 알기

실시 기관	검사 영역	가격	기타
1388 청소년 사이버 상담센터	대인관계 성격/지능 진로/학업 중독/과의존 자녀양육	무료	좀 더 자세한 심리검사 결과를 원하면 거주지와 가까운 청소년 상담복지센터에서 검사 신청 후 해석 상담을 받을 수 있음. (한국청소년상담복지개발원 사이트에서 인근 상담복지센터 확인 가능)
한국가이던스	일반성격 검사 성격 강점 검사 자아 존중감 검사 학교생활 적응검사 스마트폰 중독 부모-자녀 의사 소통검사 등	무료 및 유료	다양한 종류의 무료 검사가 있고 일부 유료로 검사를 시행하는 것도 가능함.
림스연구소	LCSI 성격 검사 LCSI 학습 검사 (초5부터 가능) LCSI 진로 적성검사	유료 (약 7,000 원)	LCSI 성격검사(청소년용) 추천. 초3부터 중학생까지 권장. 139문항으로 7영역 특성 측정.

알지 못했던 아이의 마음 상태에 당황하거나 놀라는 부모도 계십니다. 아이가 초등학생일 때도 아이의 마음 상태를 살펴볼 수 있는 몇 가지 방법이 있습니다.

〈1388 청소년 사이버상담 센터〉는 여성가족부에서 주관하고 한국청소년상담복지개발원에서 위탁운영하고 있는 청소년과 부모 대상 전문 심리상담센터입니다. [홈페이지 → 상담실 → 웹 심리검사]에 가면 대인관계, 성격/지능, 진로/학업, 중독/과의존, 자녀 양육과 관련된 심리검사를 무료로 받을 수 있습니다.

검사 결과에 대한 해석 및 상담을 원하면 가까운 지역 청소년 상담복지센터에서 검사 신청 후 해석 상담을 받는 것도 가능합니다. 1388 청소년 사이버 상담센터는 심리검사 이외에도 청소년들의 다양한 고민 상담을 채팅과 게시판 등을 통해 365일 24시간 운영하고 있고 다양한 자녀 양육에 관련 정보도 얻을 수 있으므로 기억해 두시고 잘 활용하시면 좋습니다.

〈한국가이던스〉는 심리검사를 주로 하는 회사인데 홈페이지에 다양한 무료검사를 제시하고 있습니다. 무료검사의 종류가 많으니 간단하게 해보시길 추천합니다. 무료로 제시하는 검사의 경우 10~40문항 정도로 이루어져 있고 그중 관심 있는 부분에 대해 표준화된 검사지를 사용한 유료 검사를 하는 것도 가능합니다.

〈림스연구소〉에서 실시하는 LCSI Lim's Character Style Inventory는 성격 검사, 학습 검사, 진로 적성검사가 있고 청소년뿐만 아니라 일반 성인들도 대상으로 실시합니다. 몇 해 전 아이들과 LCSI 성격 검사를 해 보았는데 개인의 성향과 특성, 현재의 심리 상태를 잘 파악할 수 있었습니다. 내 아이를 조금 더 자세히 알고 싶다면 추천해 드립니다. 저는 학년 아이들 단체로 구매해서 1인당 7,000원의 금액으로 실시했었습니다. 다음 그래프는 그때 실시했던 아이 두 명의 결과표 중 일부입니다.

LCSI 성격 검사는 아이의 성격 특성을 ①도전성 ②사교성 ③수용성 ④신중성 ⑤안정성 ⑥자아개념 ⑦학구욕의 7가지 척도를 통해 그래프로 나타내고 결과지 뒷면은 이 결과 및 척도에 대한 설명이 나와 있습니다. 위 결과표 예시 두 개를 보

LCSI 결과표 예시

LCSI(Lim's Character Style Inventory) 프로파일
7가지 특성강도를 꺾음선으로 연결하여 개인의 성격(性格)을 하나의 이미지로 통합하여 파악할 수 있도록 하였습니다.

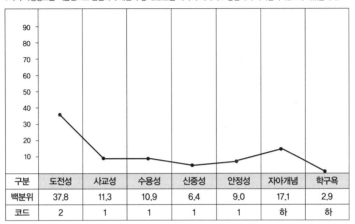

구분	도전성	사교성	수용성	신중성	안정성	자아개념	학구욕
백분위	37.8	11.3	10.9	6.4	9.0	17.1	2.9
코드	2	1	1	1	1	하	하

*점수의 높낮이는 성적이나 능력을 평가하는 것이 아니라 개인의 성격 패턴을 찾는 데 중요한 자료로 활용됩니다.

LCSI는 다섯 가지 주요척도와 두가지 보조척도로 이루어져 있다. 성격 특성은 여러 가지 자극 상황에 대해 예민하게 반응하기 때문에 환경 변화에 따라 그 강도가 달라진다. 따라서 개인이 처한 특수한 환경적 조건은 성격 그대로 반영되므로, 특성 점수에 근거한 LCSI프로파일을 해석할 때는 신중을 기해야 한다.

LCSI(Lim's Character Style Inventory) 프로파일
7가지 특성강도를 꺾음선으로 연결하여 개인의 성격(性格)을 하나의 이미지로 통합하여 파악할 수 있도록 하였습니다.

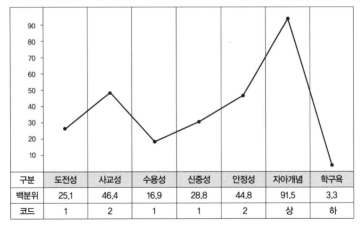

구분	도전성	사교성	수용성	신중성	안정성	자아개념	학구욕
백분위	25.1	46.4	16.9	28.8	44.8	91.5	3.3
코드	1	2	1	1	2	상	하

*점수의 높낮이는 성적이나 능력을 평가하는 것이 아니라 개인의 성격 패턴을 찾는 데 중요한 자료로 활용됩니다.

LCSI는 다섯 가지 주요척도와 두가지 보조척도로 이루어져 있다. 성격 특성은 여러 가지 자극 상황에 대해 예민하게 반응하기 때문에 환경 변화에 따라 그 강도가 달라진다. 따라서 개인이 처한 특수한 환경적 조건은 성격 그대로 반영되므로, 특성 점수에 근거한 LCSI프로파일을 해석할 때는 신중을 기해야 한다.

7척도 설명

도전성	목적달성에 대한 자신감과 역경에 대해 굽히지 않고 맞서는 강인한 속성을 측정하는 차원
사교성	다양한 사람들과 인간관계를 잘 맺고 우호적인 분위기를 만들어가는 친교적 속성을 측정하는 차원
수용성	타인을 이해하고 가까운 사람들에게 협조적으로 배려하려는 속성을 측정하는 차원
신중성	원칙과 목표에 대해 집중하고 체계적 사고를 통해 분석하는 치열한 속성을 측정하는 차원
안정성	긴장과 스트레스 상황에서 성격의 안정성을 유지할 수 있는가를 측정하는 차원
자아개념	자신에 대한 평가적 관점으로서 자기 자신에 대한 정서적 만족감의 정도를 측정하는 차원
학구욕	새로운 분야에 대한 지적호기심과 학습의욕을 반영하여 연상력을 활용한 지적 이해능력을 측정하는 차원

면 그래프 모양에 확연한 차이가 있음을 알 수 있습니다.

'점수의 높낮이는 성적이나 능력을 평가하는 것이 아니라 개인의 성격 패턴을 찾는 데 활용된다'라고 결과표 아래에 쓰여 있습니다. 그래프의 모양을 보는 것이 아이의 특성을 이해하는 데 도움이 됨은 사실이지만 전체적인 점수의 양도 중요합니다. 위쪽 아이는 결과지 뒤편에 '정서가 불안정하고 신경이 예민한 상태이며 피로증후군으로 인해 심리적으로 여러 가지 어려움을 겪고 있다'라고 나옵니다. 아래쪽 아이는 친구 관계나 학습에 어려움이 없이 즐겁게 학교생활을 하는 아이였습니다.

심리검사 한 번으로 아이에 관해 다 설명할 수는 없지만, 지금 아이가 겪고 있는 힘든 문제가 무엇인지 미리 알아차릴 수 있는 계기가 될 수 있다고 생각합니다.

위와 같은 심리검사는 일회성으로 실시하고 그치는 것이 아니라 6개월 정도의 시간을 두고 주기적으로 확인해 보며 아이의 마음 상태를 확인하는 것이 필요합니다. 아이의 현재 마음 상태에 따라 결과가 다르게 나오기 때문입니다. 같은 검사지로 정기적으로 검사하면 아이의 심리 상태 변화를 파악할 수 있습니다.

예를 들면, 지난번에는 자아개념과 학구욕이 높았었는데 이번 검사에서는 자아개념이 낮아지기도 합니다. 결과를 가지고 꾸준히 이야기하다 보면 현재 아이의 학교생활과 고민하는 부분들에 대해 부모님들도 구체적으로 접근할 수 있습니다. 정기적인 건강검진이 필요하듯 정기적인 마음 상태의 챙김도 중요합니다. 마음이 건강한 아이가 공부할 준비가 된 아이입니다.

온라인 학습 시대, 스스로 공부 계획 세우기

스스로 온라인 학습 계획 세우기 예시

점검 내용		잘 지켰나요? (잘함 / 보통 / 노력)
생활 습관 약속	• AM 8시 이전에 기상하기	◎ / ○ / △
	• 아침 식사 꼭 챙겨 먹기	◎ / ○ / △
	• AM 8시 30분에 공부할 준비 마치기 (그날 시간표 확인 후 준비물 책상 위에 두기)	◎ / ○ / △
	• PM 2시 이전에 온라인 수업 마치기	◎ / ○ / △
	• 수업 중에는 바른 자세로 수업 듣기	◎ / ○ / △
	• 수업 후 책상 정리하기	◎ / ○ / △
	• PM 10시 이전에 취침하기	◎ / ○ / △
	• 수업 이외에 '디지털기기' 사용 시간 지키기	◎ / ○ / △
온라인 수업	• 교과서에 활동 내용 적기	◎ / ○ / △
	• 배움 노트 적기	◎ / ○ / △
	• 오늘 제출할 과제가 있는지 확인하기	◎ / ○ / △
오늘의 집 공부	• 수학 연산 문제집 2쪽	◎ / ○ / △
	• 독해력 문제집 하루 분량 1장	◎ / ○ / △
	• 영어 학원 숙제	◎ / ○ / △
	• 영어책 읽기 30분	◎ / ○ / △
독서	• PM 3시부터 PM 5시까지 책 읽기 (책 제목:)	◎ / ○ / △
글쓰기	• 오늘 읽은 책 기록하기	◎ / ○ / △
	• 일기 쓰기	◎ / ○ / △
하루를 지내고	※ 오늘 스스로 계획하고 실천한 나를 칭찬합니다. 계획을 수행하는 데 어려웠던 점이 나 힘들었던 점을 적어보고 내일 계획에 반영하여 봅시다.	

* 유의점

1. 처음 계획을 세울 때는 부모님이 함께해주세요. '부족한 과목 공부'가 아니라 '수학 OO 문제집 76~79쪽'과 같이 구체적으로 적도록 안내해주세요.

2. 처음에는 아이가 가능한 만큼만 우선순위를 두고 계획을 정합니다.

3. 하루를 보낸 후 스스로 계획을 점검하고 수정하는 활동을 꼭 하도록 해주세요. 내 계획을 실천하고 스스로 수정 변경하는 것이 중요합니다.

4. 스스로 학습할 동기가 꾸준히 부여되도록 칭찬과 격려를 아끼지 말아 주세요. 아이는 지금 자기 주도적 공부 습관 들이기를 위한 걸음마 중입니다.

Chapter

·

2

초등학교 5학년이 되면
달라지는
학교생활

5학년의 수업 시수, 수업 과목

늘어나는 수업 시간과 학업량

'Chapter 1. 온라인 학습의 시대, 초등학교 5학년 아이 들여다보기'에서 이야기한 것처럼, 현재 초등학교 교육과정은 '1·2학년' '3·4학년' '5·6학년'의 '학년 군'으로 묶여 운영됩니다. 초등학교 4학년은 5학년으로 진급하면서 새로운 학년 군 체제에 들어갑니다. 여기서 몇 가지 큰 변화를 겪게 됩니다.

주간 수업 시수 증가

'주간 수업 시수'란 학교에서 한 주 동안 수업하는 시간을 이야기합니다. 오른쪽 '학년별 기준 이수 시수' 표를 보면 3·4학년의 주당 수업 시수는 26시간입니다. 수업 시간표로 생각하면 월요일에서 금요일까지 하루만 6교시 수업이고 나머지 4일은 5교시 수업입니다. 학교에 따라 차이는 있겠지만, 보통 1주일에 4일은 오후 1시 30분 즈음 하교하고, 하루는 오후 2시 20분 즈음 하교하는 일정입니다.

그런데 5·6학년의 주당 수업 시수는 29시간입니다. 1주일에 3시간밖에 증가하지 않은 듯하지만, 시간표를 보면 하루만 5교시 수업이고 나머지 4일은 6교시 수업을 합니다. 1주일에 3시간 수업 시수 증가는 1년 34주 기준으로 총 102시간의 수업 시수가 증가함을 뜻합니다. 초등학생 아이들은 이 차이를 크게 받아들입니다. 이제 막 초등학교 5학년이 된 3~4월에는 날마다 6교시 수업을 해야 하는 데 체력적으로 부담을 느끼고 힘들어하는 학생이 제법 많습니다.

점심 식사 이후에는 그나마 있던 집중력도 급격히 떨어지는데, 6교시 수업에서는 꾸벅꾸벅 조는 학생도 생겨납니다. 그래서 초등 교사들이 시간표를 작성할 때 6교시에는 『국어』 『수학』 『사회』와 같은 주요 과목들은 배제하고 몸을 움직여 직접 활동하는 내용이 많은 『체육』 『음악』 『미술』 등의 과목을 배치하는 이유도 이 때문입니다.

학년별 기준 이수 시수

구분	월	화	수	목	금	주간 수업 시수	연간 기준 시수
1학년	4	4	5	5	5	23	872
2학년	4	4	5	5	5	23	872
3학년	5	5	5	5	6	26	986
4학년	5	5	5	5	6	26	986
5학년	6	6	5	6	6	29	1,088
6학년	6	6	5	6	6	29	1,088

성취 기준 증가

교과마다 해당 학년 군에 도달해야 하는 성취 목표가 있습니다. 교사는 학생들이 성취 기준에 도달할 수 있도록 수업을 설계하고 매 성취 기준의 도달 여부를 평가합니다. 학년 군의 변동에 따라 과목의 성취 기준 수도 증가합니다. 초등학교 4학년 때 『사회』를 배우는 수업 시간 수와 5학년 때 『사회』를 배우는 수업 시간 수는

학년 군별 교과 성취 기준 수(2015 개정 교육과정 기준)

과목	3·4학년 군 성취 기준 수	5·6학년 군 성취 기준 수	증감
국어	26	31	+5
수학	48	50	+2
사회	24	48	+24
과학	57	56	−1
영어	22	23	+1

같아도 학생이 성취해야 하는 목표는 늘어나는 것입니다.

교과서 분량 증가

한 시간 동안 수업해야 하는 교과서의 양도 증가합니다. 특히 『국어』의 경우 교과서에 제시된 지문의 양과 단어의 어휘 수준이 초등학교 4학년과는 확연히 차이가 납니다. 교육과정에서 보면 학년 군의 변동으로 인한 것이지만, 학생들은 갑자기 많아지고 확연하게 어려워진 수업량과 수업 내용에 힘들어합니다.

『영어』수업 시수의 증가와 『실과』과목의 도입

초등학교 5학년이 4학년보다 수업 시간이 1주일에 3시간 더 늘어난 실질적인 이유는 『영어』수업 시간 수의 증가와 『실과』의 도입 때문입니다.

『영어』수업 시수 증가

초등학교 5학년이 되면 『영어』수업이 1주일에 2시간에서 3시간으로 확대됩니다. 초등학교 교육과정에서 3학년 때 처음 『영어』과목이 도입된 후 4학년까지는

주 2회 『영어』 수업을 합니다. 3·4학년 군 『영어』 수업 달성 목표는 '의사소통의 기초를 다지고 영어에 대한 흥미와 자신감 느끼기'입니다.

하지만 초등학교 5학년이 되면 『영어』 수업이 주 3회 편성되고 '스스로 영어학습을 할 방법을 습득하여 영어학습에 관한 자신감 가지기'에 달성 목표를 둡니다. 흥미와 자신감 위주의 영어교육에서 자신의 힘으로 영어학습을 할 방법을 습득하는 영어교육으로 목표가 향상되었습니다.

[2015 개정 영어과 교육과정]에 근거하면 3·4학년에서 사용할 수 있는 영어 어휘 수는 240개 낱말 내외이고, 5·6학년은 추가로 260개 낱말을 더 공부합니다. 한 문장의 길이는 3·4학년 군에서는 7개 낱말 이내이고, 5·6학년 군에서는 9개 낱말 이내입니다. 수업 시간이 늘어남과 동시에 단어의 양과 문장의 길이도 늘어나는 셈입니다.

『실과』 과목의 도입

새로운 과목 『실과』를 1주일에 2시간 수업합니다. 초등학교 5학년 교과서를 나누어줄 때 아이들이 제일 먼저 보이는 반응은 『실과』라는 새로운 과목에 대한 궁금증입니다. "선생님, 실과가 뭐예요?"라고 묻는 아이도 제법 많고 교과서 내용을 살펴보면 '만들기/키우기/꾸미기' 등의 활동도 많아 기대 역시 가장 큰 과목입니다.

『실과』는 말 그대로 '실생활에 필요한 다양한 활동을 할 수 있는 교과'입니다. [2015 개정 교육과정]에는 『실과』의 성격을 '실천적이고 창의적인 노작 활동을 통하여 일상생활에 필요한 지식, 기초생활 능력, 가치 판단력 등을 함양하여 스스로 생활을 개선할 수 있도록 한다'라고 정의하고 있습니다. 다음 페이지의 '초등학교 『실과』 교과서 단원명(동아)'의 『실과』 교과서 내용을 살펴보면 '성교육 관련 내용' '동물과 식물 키우는 관련 내용' '옷과 음식 관련 내용' '진로 관련 내용' '코딩 관련 내용' '발명 관련 내용' 등 다양한 영역의 내용이 포함되어 있습니다.

요즘 학부모님들이 가장 관심을 두고 있는 '코딩' 내용이 교육과정에 들어가 있는 과목은 『실과』가 유일합니다. 중학교 자유 학년제의 시작이라고 할 수 있는 진로 교육도 『실과』 수업에서 다루고 있고, 성교육과 관련된 내용을 배우는 것도 『실과』입니다.

초등학교 『실과』 교과서 단원명(동아)

5학년	6학년
1. 나의 성장과 발달	1. 나와 가족, 가정의 일
2. 식물과 동물	2. 생활 속 친환경 농업
3. 가정생활과 안전	3. 가정생활과 안전
4. 생활 속 자원관리	4. 프로그래밍과 소통
5. 수송과 생활	5. 발명과 로봇
6. 나의 발견과 미래	

단지 초등학교 4학년에서 5학년으로 한 학년 올라간 것뿐이라고 생각했는데, 막상 5학년이 되니 바뀌는 것이 제법 많습니다. 학업 시간과 학업량이 늘어나고 새로운 교과의 도입과 교과 내용의 심화로 아이들은 당황하고 힘들어합니다. 아이마다 체력과 집중력의 차이가 확연히 드러나고 학업 수준의 차이가 초등학교 5학년 때부터 벌어지기 시작하는 것도 이런 이유입니다. 이처럼 초등학교 5학년은 아이의 학교생활에서 새로운 변화가 많이 일어나는 학년입니다.

지금은 과정 중심의 수행평가

제가 초등학교에 다닐 때는 수업 활동이 끝난 후 그 결과를 확인하기 위해 대부분 평가가 학기 말 또는 학년 말에 시행되었습니다. 보통 우리가 '중간고사'나 '기말고사'라고 부르는 것들이었지요. 미리 평가 날짜와 평가 범위를 공지했기에 수업 시간에 조금 덜 열심히 했더라도 시험 기간에 열심히 공부하면 좋은 성적을 받을 수도 있었습니다.

하지만 이런 결과 중심의 평가에 변화가 필요하다고 생각하여 2017년부터 적용된 [2015 개정 교육과정]에서는 학생의 성장과 발달을 돕기 위해 '과정 중심의 수행평가'라는 개념이 도입되었습니다. '과정 중심의 수행평가'는 학기 말 혹은 학년 말에 따로 평가의 시간을 갖는 것이 아니라 수업하는 도중에 이루어지는 평가를 말합니다. '지식을 묻는 평가'와 더불어 '기능과 태도에 대한 평가'도 이때 같이 이루어집니다.

또한 아이들이 '기능을 습득하여 실제로 그것을 수행할 수 있는지'를 파악하기 위한 평가'도 이루어집니다. 따라서 수업 시간에 성실하게 공부하고 적극적으로 참여하는 아이가 평가를 잘 받을 수 있습니다. 그렇다면 아이가 언제, 어떤 평가를 받게 되는지 아는 방법은 없을까요?

평가 계획 미리 살펴보기_학교 알리미 서비스

평가 계획(성취 기준, 해당 평가 내용 및 평가 시기)은 '학교 알리미 서비스 홈페이지www. schoolinfo.go.kr' 혹은 '학교 알리미 앱'에서 확인할 수 있습니다. '학교 알리미'란 전국 초·중·고등학교 약 12,000개교가 교육부에서 정한 공시 기준에 따라 연 1회 이상 학생, 교원 현황, 학교폭력 발생 현황, 급식 상황, 학업 성취 등과 같은 학교의 주요 정보들을 공시하는 서비스입니다. '학교 알리미' 홈페이지에서 아이가 다니는 학교

출처 : 학교 알리미 서비스 홈페이지

이름을 검색하면 교과별 평가 계획을 확인할 수 있습니다.

평가 계획 확인하기

학교 알리미 → 학교 검색 → 학업 성취 사항 → 교과별(학년별) 평가 계획

'학교 알리미' 홈페이지 이외에 각 학교의 홈페이지 내 공지 사항에도 평가 계획을 공시하게 되어 있습니다. 부모님이 각 과목의 평가 내용과 평가 시기를 미리 알고 계시면 아이들이 평가를 준비하기가 훨씬 수월할 것입니다.

다양한 수행평가 자료를 볼 수 있는 곳 _ 학생 평가 지원 포털

'학생 평가 지원 포털https://stas.moe.go.kr'은 2017년부터 교육부에서 운영하는 사이트인데, 2020년 4월에 개설한 '학생부 종합지원 포털'과 연계하여 새롭게 개편되었습니다. 학생 평가의 계획 수립부터 성적 산출과 피드백 제공에 이르기까지 학생 평가 전반에 관한 다양한 자료를 제공합니다.

출처 : 학생 평가 지원 포털 홈페이지

일부 평가 자료는 교사 로그인을 해야 볼 수 있지만, 학교 내 학년별 성취 기준을 확인할 수 있고 과목별 수행평가 자료나 서술형·논술형 평가 문항들도 확인할 수 있습니다. 수행평가가 어떻게 진행되는지, 평가 유형별로 평가지와 채점 기준은 무엇인지 등을 미리 확인하면 현재 이루어지고 있는 아이의 학업 성취 평가에 관한 이해를 높일 수 있습니다.

수행평가해석하기

평가 계획과 수행평가 유형을 살펴보아도 아이에게 평가 준비를 어떻게 지도해야 할지 난감하실 수 있을 듯합니다. '성취 기준' '평가 영역' '평가 유형' 등의 단어가 생소하기도 하고 기존의 평가와 다른 방식들이 어색하게 느껴질 수도 있습니다. 이는 학교에 수행평가가 처음 도입되었을 때 교사에게도 마찬가지였으니까요.

[학생평가 지원 포털 → 초등 → 수행평가 도구 → 5·6학년 군 → 수학 → 수와 연산 영역]에 있는 초등학교 5학년 『수학』 1학기 2단원 '약수와 배수' 단원의 수행평가 내용(다음 페이지 표 참조)을 예시로 수행평가가 어떻게 수업 중에 진행되는지 살펴보겠습니다. 예시 자료를 통해 현재 이루어지는 평가의 특징을 살펴볼 수 있습니다.

수업 중 이루어지는 평가

수업 중에 지속해서 평가가 이루어집니다. 총 8번에 걸쳐 '약수와 배수 단원' 수업이 진행되는데, 개념을 설명하고 도입하는 3차시까지를 제외하고 4차시부터 8차시까지는 수행평가가 진행됩니다.

5학년 『수학』 1학기 2단원 '약수와 배수' 수행평가 예시

평가 유형	□ 서술·논술 □ 구술·발표 □ 토의·토론 □ 프로젝트 □ 실험·실습 ■ 포트폴리오 □ 기타
	■ 자기평가　　　　■ 동료평가　　　　■ 관찰 및 기록
수행평가 과제명	최대공약수와 최소공배수 이해하기
성취기준	[6수01-02] 약수, 공약수, 최대공약수의 의미를 알고 구할 수 있다. [6수01-03] 배수, 공배수, 최소공배수의 의미를 알고 구할 수 있다. [6수01-04] 약수와 배수의 관계를 이해한다.

수행평가 과제 1 약수와 배수 계단책 만들기 (4-5차시)	(포트폴리오) (→) 피드백	■ 의사소통 능력 약수, 공약수, 최대공약수의 개념 및 관계를 이해하고 잘 표현하고 있는지를 평가 ■ 태도 및 실천 능력 「약수와 배수 계단책 만들기」에 관심과 흥미를 가지고 적극적으로 참여 하고 있는지를 평가
수행평가 과제 2 「최대공약수와 최소공배수 구분하기」 놀이하기 (6-7차시)	(관찰평가, 자기평 가, 동료평가) (→) 피드백	■ 문제 해결 능력 문제 상황을 잘 파악하여 구하고자 하는 것을 정확히 구할 수 있는지를 평가 ■ 의사소통 능력 친구들과 수학 놀이를 한 결과를 설명하고 나타낼 수 있는지를 평가 ■ 태도 및 실천 능력 수학 놀이에 관심과 흥미를 가지고 참여하는지를 평가
수행평가 과제 3 최대공약수와 최소공배수 문제 상황 만들기 (8차시)	(관찰평가, 자기평 가, 동료평가) (→) 피드백	■ 문제 해결 능력 최대공약수와 최소공배수를 구할 수 있는 상황을 잘 이해하여 문제를 다양하게 만들고, 문제 상황을 잘 파악하여 구하고자 하는 것을 정확히 구할 수 있는지를 평가 ■ 창의·융합 능력 문제 풀이 과정을 이해하기 쉽도록 잘 나타낼 수 있는지를 평가 ■ 태도 및 실천 능력 수학 놀이에 관심과 흥미를 가지고 참여하는지를 평가

다양한 평가 방법

다양한 평가 방법이 활용됩니다. 앞 페이지에 제시된 수행평가 예시 자료를 보면 1단원에서 총 3번의 수행평가를 실시합니다. 수행평가 과제1은 '계단 책 만들기'로 포트폴리오를 작성하는 것입니다. 수행평가 과제2는 친구들과 최대공약수와 최소공배수를 구별하는 놀이를 하는 과정에서 교사의 관찰 평가와 자기 평가, 동료 평가의 방법을 활용합니다. 수행평가 과제3은 최대공약수와 최소공배수를 구할 수 있는 상황을 잘 이해하여 아이들이 스스로 문제를 만들어 보도록 합니다. 그 과정을 교사가 관찰하고 학생 스스로 평가하고 동료 평가를 진행합니다.

정의적 영역 평가

'잘 이해하고 있는가?' '이해한 바를 잘 표현할 수 있는가'와 더불어 '수학 놀이에 관심과 흥미를 느끼고 참여하는지'와 같은 정의적 영역에 관한 평가도 이루어집니다.

평가 준비의 첫걸음 – 평가 계획에서 성취 기준 확인하기

성취 기준 읽는 법 알아보기	
〈예시〉	[6수01-02] 약수, 공약수, 최대공약수의 의미를 알고 구할 수 있다.
6	5~6학년 군 중 뒤 학년을 코드로 넣음
수	수학 과목
01	수학 영역 중 1영역 연산을 의미
02	5~6학년 연산 영역에서 성취해야 할 목표 중 2번째

평가를 계획할 때 교사는 학생이 '성취 기준'에 도달했는지 확인할 수 있도록 계획합니다. 그러므로 가정에서 평가를 준비하기 위해서는 부모님이 성취 기준을 꼼

꼼하게 살펴보는 것이 중요합니다. '평가 준비의 첫 걸음'에 쓰인 예시 '[6수 01-02] 약수, 공약수, 최대공약수의 의미를 알고 구할 수 있다'라는 성취 기준을 보면 '6'은 '5·6학년 군'을 의미합니다. '수'는 과목명, '01'은 연산 영역을 의미하며 '02'는 연산 영역에서 성취해야 할 목표 중 2번째라는 의미입니다. 교사는 학생이 '약수, 공약수, 최대공약수의 의미를 알고 구할 수 있다'라는 목표에 도달했는지 확인할 수 있는 수행평가를 계획할 것입니다. 그러므로 이 성취 기준에 아이가 충분히 도달했는지 부모님이 살펴보는 것이 평가를 준비하는 하나의 방법입니다.

또한 현재 이루어지는 평가는 나 혼자 문제에 관한 답을 구하는 것이 아닙니다. '친구들과 함께 협력하여 놀이하고 의사소통하는 활동' '내가 알고 있는 것을 글이나 말로 잘 표현하는 활동' '즐겁게 적극적으로 참여하는 태도 등을 평가하는 활동'입니다. 그러므로 수업 시간에 친구들과의 활동에 집중하여 참여하고 내가 알고 있는 것을 글이나 말로 잘 표현할 수 있는 능력을 기르는 것도 아이가 평가를 준비하는 방법이 됩니다.

학생건강 체력 평가 (PAPS)

학생건강 체력 평가PAPS, Physical Activity Promotion System는 초등학교 4학년부터 고등학교 3학년까지 실시하는 체력검사인데 보통 '팝스'라고 합니다. 예전에 학교에서 시행하던 체력장을 대체하는 프로그램으로 학생의 건강 상태 및 체력 수준을 여러모로 측정하고 이후 결과를 개인에게 공지하여 체력을 향상할 수 있는 추가적인 운동 처방 프로그램을 안내합니다.

팝스는 매 학년 초 다음 페이지의 '학생건강 체력 평가 필수평가 요소'에 있는 체력 요소 5가지를 실시하는데, 각 체력 요소 안에 있는 활동 중 한 가지를 학교에서 선택하여 실시합니다. 각 체력 요소를 20점으로 환산하여 총 100점 만점으로 체력 수준을 평가합니다. 총합산 점수에 따라 신체 능력 지수를 5등급으로 나누는데 80~100점에 해당하는 1등급부터 0~19점에 해당하는 5등급까지입니다.

학교에서는 4~5등급과 비만 판정을 받은 학생들의 체력 향상을 위한 건강 체력 교실을 의무적으로 운영해야 합니다. 교내 스포츠클럽 참여, 체육 관련 동아리 참여, 무료 신체활동 프로그램(토요스포츠데이 등) 참여를 권장하기도 하며 방학을 이용한 건강 교실을 개최하기도 합니다. 주기적으로 4~5등급 학생들의 학생건강 체력

체력 요소				
심폐지구력	유연성	근력·근지구력	순발력	비만
1. 왕복 오래달리기 2. 오래달리기-걷기 3. 스텝 검사	4. 앉아 윗몸 앞으로 굽히기 5. 종합 유연성 검사	6-1. 팔굽혀펴기 (남) 6-2. 무릎 대고 팔굽혀 펴기(여) 7. 윗몸 말아 올리기 8. 악력	9. 50m 달리기 10. 제자리멀리뛰기	11. 체질량지수 (BMI)

출처 : 2019학생 체력 평가 내실화 방안, 매년 학년 초 실시

평가를 재실시하여 체력이 향상되도록 돕습니다.

학생건강 체력 평가 결과는 교육 정보시스템NEIS에 입력하므로 학부모 또는 학생이 언제든지 조회할 수 있습니다. 학생건강 체력 평가가 끝나고 나면 개인별로 결과를 출력하여 배부하는데 이때 본인의 체력 점수와 등급, 그리고 전년도와 비교했을 때 달라진 점, 부족한 체력 요소를 향상하기 위해 할 수 있는 운동 종류 등이 설명되어 있습니다.

학생건강 체력 평가 결과 확인하기

나이스 대국민 서비스(www.neis.go.kr) → 학부모 서비스 → 시도교육청 선택 → 학생건강 → paps

이제 막 초등학교 5학년이 된 3~4월 체육 시간에는 아이들이 팝스 연습에 한창입니다. 학생들이 각 체력 요소별 활동 내용을 충분히 익히고 연습할 시간을 준 후 체력 측정을 하거든요. 아이들은 갑자기 운동해야 하는 양이 늘어나고 힘도 드니 좋아하던 체육 시간도 별로 달가워하지 않습니다.

특히 심폐지구력 중 왕복 오래달리기 활동 같은 경우 15m 거리를 왕복으로 100회 이상 달려야 1등급을 받을 수 있으니 꾸준히 운동한 아이가 아닌 경우에는 참 힘들어합니다. 연습 초반에는 20회도 못한 채 가쁜 숨을 몰아쉬던 아이들이 한 달 정도 연습한 이후에는 50회 이상 달리기에 성공하고, 체력 평가를 하는 날에는 70회 정도 성공하고 뿌듯해합니다.

요즘 아이들이 체격은 커지는데 체력은 갈수록 떨어진다고 하는 기사들을 볼 때마다 아이들이 체력을 향상할 수 있게 운동할 수 있는 시간이 부족하다는 것을 다시 한번 느낍니다. 아이들이 한 달, 두 달 정도만 꾸준히 연습하고 운동하면 스스로도 성취감을 느끼며 체력이 향상되는 것을 경험할 수 있는데 말입니다.

그런데 팝스 측정을 유달리 힘들어하는 학생들이 한 반에 보통 3~5명 정도 됩니다. 어느 해에 초등학교 5학년 담임을 맡아 아이들의 순발력 항목을 측정하기 위해 50m 달리기를 연습하던 중이었습니다. 여자아이 중 2차 성징이 시작되고 가슴이 나오기 시작한 아이들은 달리기하는 것을 매우 꺼립니다. 더욱이, 그 아이는 평소 운동을 즐겨 하지 않아 50m 달리기가 매우 버거워 보였습니다. 끝까지 뛰어보자고 격려하고 다독였지만 다른 친구들과 차이가 많이 나는 50m 기록은 뛴다기보다는 걷는 걸음으로 나오는 기록이었습니다.

안쓰럽기도 하고 좀 더 열심히 뛰었으면 하는 답답한 마음으로 바라보고 있는데, 평소 이 아이와 친한 단짝 친구가 아이 옆으로 오더니 갑자기 같이 뛰기 시작했습니다. 아이는 친구의 속도에 맞추려고 본인의 50m 달리기 때보다 더 열심히 뛰고 있었습니다. 단짝 친구 덕분에 뛰는 걸 싫어하는 아이도 함께 뛰었습니다. 학교는 가끔 생각지도 못하게 아름다운 일들이 일어납니다. 누가 시키지 않았는데 부끄러워하는 친구를 위해서 옆에서 함께 뛰고 50m 끝에 도착하여 "잘했어, 지난번 기록보다 좋다!"라고 이야기하는 둘의 대화를 들으면서 저는 또 한 번 아이들에게 감동했습니다.

── 평생 공부력은 초5에 결정된다

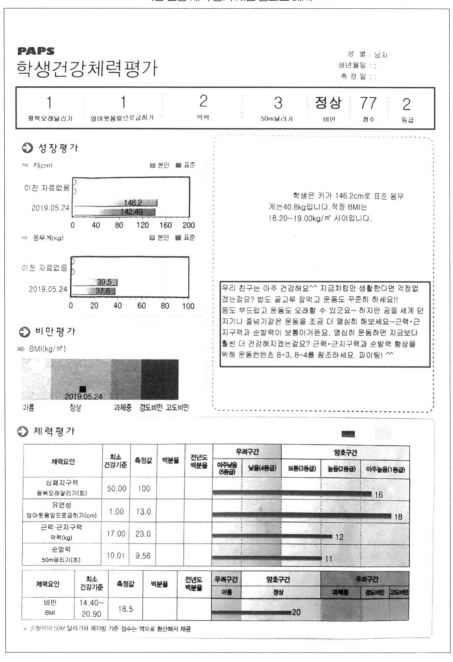

PAPS
학생건강체력평가

성 별 : 남자
생년월일 : :
측 정 일 : :

1	1	2	3	정상	77	2
왕복오래달리기	앉아윗몸앞으로굽히기	악력	50m달리기	비만	점수	등급

➡ 성 장 평 가

➤ 키(cm)　　　■ 본인 ■ 표준

이전 자료없음
2019.05.24 146.2 / 142.49

0　40　80　120　160　200

➤ 몸무게(kg)　　　■ 본인 ■ 표준

이전 자료없음
2019.05.24 39.5 / 37.6

0　20　40　60　80　100

학생은 키가 146.2cm로 표준 몸무게는 40.8kg입니다. 적정 BMI는 18.20~19.00kg/㎡ 사이입니다.

우리 친구는 아주 건강해요^^ 지금처럼만 생활한다면 걱정없겠는걸요? 밥도 골고루 잘먹고 운동도 꾸준히 하세요!! 몸도 부드럽고 운동도 오래할 수 있군요~ 하지만 공을 세게 던지거나 줄넘기같은 운동을 조금 더 열심히 해보세요~ 근력·근지구력과 순발력이 보통이거든요. 열심히 운동하면 지금보다 훨씬 더 건강해지는걸요? 근력·근지구력과 순발력 향상을 위해 운동컨텐츠 8-3, 8-4를 참조하세요. 파이팅! ^^

➡ 비 만 평 가

➤ BMI(kg/㎡)

2019.05.24

마름　정상　과체중　경도비만 고도비만

➡ 체 력 평 가

체력요인	최소 건강기준	측정값	백분율	전년도 백분율	우려구간 아주낮음(5등급)	낮음(4등급)	양호구간 보통(3등급)	높음(2등급)	아주높음(1등급)
심폐지구력 왕복오래달리기(회)	50.00	100							16
유연성 앉아윗몸앞으로굽히기(cm)	1.00	13.0							18
근력·근지구력 악력(kg)	17.00	23.0						12	
순발력 50m달리기(초)	10.01	9.56						11	

체력요인	최소 건강기준	측정값	백분율	전년도 백분율	우려구간 마름	양호구간 정상	우려구간 과체중	경도비만	고도비만
비만 BMI	14.40~ 20.90	18.5				20			

※ 순발력이 50M 달리기와 제지방 기준 점수는 역으로 환산해서 제공

초등학교 5학년이 된 아이가 p.65와 같은 팝스 결과표를 가지고 집으로 오면, 그 결과표 안에는 그동안 연습하며 흘렸을 많은 땀방울과 친구와 함께 성장하고 배운 흔적들이 묻어있을 것입니다. 부모님들은 말없이 아이의 머리를 한 번 쓰다듬어 주며 수고했다고 말해주세요. 이 안에 있는 결과표는 아이가 두 달 동안 땀방울을 흘리며 최선을 다한 결과입니다.

―― 평생 공부력은 초5에 결정된다

영재교육과 기초 학력 부진

모든 아이가 같은 속도로 성장하지 않고 같은 것에 흥미를 느끼지 않습니다. 각기 다른 씨앗이니까요. 초등학교 5학년쯤 되면 본인이 좋아하는 부분이 명확하게 생겨 그 아이의 능력에 맞는 교육이 필요할 수도 있고 혹은 조금 더디게 공부하는 아이를 위한 도움이 필요할 수도 있습니다. 학교에서 이루어지고 있는 영재교육과 기초 학력 부진 학생을 위한 시스템에 무엇이 있는지 살펴보도록 하겠습니다.

영재란?

우리 아이가 '영재'라고 생각해 보신 적이 있으신가요? 영재교육법에서는 영재를 '재능이 뛰어난 사람으로 타고난 잠재력을 계발하기 위하여 특별한 교육을 필요로 하는 자'라고 정의하고 있습니다. 특별한 교육을 필요로 하는 사람이기 때문에 헌법에 보장된 '능력에 따라 교육받을 권리'에 의해 그에 맞는 교육을 받을 수 있도록 나라에서는 다양한 영재 교육기관을 만들어 매년 영재 학생을 선발하고 있습니다.

미국의 영재학자 죠셉 렌줄리Joseph S. Renzulli는 영재의 특성을 '평균 이상의 지적 능력' '높은 과제 집착력' '높은 창의성'으로 정의하고 있습니다. 즉, 영재성은 지적 능력만으로 판별되는 것이 아니고 창의성과 정의적 특성이 합쳐진 개념입니다.

영재 교육기관의 종류

영재 교육기관은 크게 '영재학급' '영재교육원' '영재학교'가 있으며 초등학교 3학년부터 중학생까지 지원할 수 있습니다. 아래 '영재교육 주요 현황'을 살펴보면 영재교육 대상자 약 10만 명 중 절반 이상이 초등학생이고 영재 교육기관의 80% 이상이 영재학급임을 알 수 있습니다. 그리고 수학, 과학 그리고 수학·과학 통합 분야가 72%를 차지하고 있음도 알 수 있습니다.

영재학급은 단위학교 내에서 운영하는 것으로 보통 학년 초(2~4월) 학교에서 모집공고를 내서 운영합니다. 학교마다 선발기준 및 운영하는 커리큘럼에 차이가 있으니 작년 학교 공지 내용을 확인하고 준비하시면 도움이 될 것입니다.

영재교육원은 시·도교육청에서 운영하는 경우와 대학 부설에서 운영하는 경우

영재교육 주요 현황

영재교육대상자	영재교육기관	영재교육 분야	영재교육 담당교원
82,012명	**1,756기관**	**수·과학 38.5%**	**20,322명**
초 : 39,528	영재학교과학고 : 28	수학 12.0%	영재학교과학고 : 1,443
중 : 25,928	영재교육원 : 337	과학 14.9%	영재교육원 : 9,859
고 : 16,556	영재학급 : 1,391	그외 34.6%	영재학급 : 9,020

출차: GED 홈페이지

두 가지를 이야기하며, 영재학교는 과학고 5곳(서울, 경기, 광주, 대전, 대구)과 한국과학영재학교, 인천과학예술 영재학교, 세종과학예술 영재학교 등이 있습니다.

영재교육기관 안내

GED(https://ged.kedi.re.kr/) → 기관 → 영재교육기관 알리미 → 지역 선택 → 검색

영재교육원 지원 방법

영재교육에 관심 있는 학부모님은 우선 '영재교육 종합데이터베이스GED, Gifted Education Database'에 접속하시길 추천합니다. 한국교육개발원에서 개발·운영하고 있는 '대한민국 영재교육 정보 종합관리시스템'입니다. 영재의 특성을 파악할 수 있는 다양한 관찰 검사지를 제공하며 기관별 선발공고와 지원 응시 및 합격자 발표 등을 볼 수 있는 영재교육 통합 사이트입니다.

여기서 말씀드릴 영재 교육기관에 지원하는 방법은 '영재교육원' 지원 방법을 의미합니다. 영재학급 선발이 좀 더 쉽고 영재교육원의 수준이 더 높다고 생각해서 초등학생들이 많이 도전하고 학부모님의 관심도 가장 높은 교육기관입니다. 보통 9~12월 사이에 다음 해 영재교육 대상자 선발공고가 납니다. 그런데 지역교육청 영재교육원과 대학에서 모집하는 영재교육원의 지원 방법이 서로 다릅니다.

지역교육청 영재교육원

현재 영재선발은 '교사 관찰·추천제'에 기반을 두고 있습니다. 교사가 평소 관찰한 내용을 토대로 학생을 추천하도록 하는 것입니다. 그렇지만 학부모님께서 관심 있는 영재교육원의 모집 요강을 확인하고 영재교육 종합데이터베이스GED에서 온

라인 지원한 후 교사가 '관찰 체크리스트'와 '추천서'를 쓰기도 합니다. 영재교육 종합데이터베이스(GED)를 적용하는 영재교육대상자 선발 절차는 아래 단계와 같습니다.

〈1단계〉 학생, 학부모가 선발공고를 확인한 뒤 영재교육 종합데이터베이스GED 홈페이지에서 지원합니다. 보통 학교에서 가정통신문으로 지원 시기 및 절차를 안내합니다.

〈2단계〉 개인의 지원신청이 이루어지고 나면 담임 선생님이 영재교육 종합데이터베이스GED 홈페이지에서 해당 지원자의 명단을 확인하고 지원자에 대한 '영재행동 특성 검사 체크리스트'와 '창의적 인성 검사 체크리스트'를 작성합니다. 교사가 관찰한 것을 토대로 작성하는 체크리스트의 내용은 '수준 높은 어휘를 사용하는지' '독해력이 좋은지' '글쓰기 능력이 훌륭한지' '처음 보는 문제도 자신 있게 도전하는지' '새로운 방법으로 문제를 풀기 좋아하는지' '친구들과 잘 어울리는지'와 같은 것입니다.

저는 영재교육원 지원 학생의 관찰평가 체크리스트를 처음 작성할 때, 영재선발 시 교사의 관찰 포인트가 특정 과목에 한정되어 있지 않고 언어, 수학, 도전성, 인성, 리더십 등 다양한 분야에 넓게 걸쳐 있는 문항이어서 새롭다고 생각했습니다. 교사의 관찰 체크리스트 작성이 영재교육 종합데이터베이스GED에 입력된 후 학교 추천위원회를 통해 최종 추천 여부를 심의합니다.

〈3단계〉 2단계까지 했다면 학교에서의 역할은 끝났습니다. 아이가 지원한 영재교육원에서 공고한 날짜에 정해진 장소에 가서 '창의적인 문제해결력 평가'와 '면접 평가'를 한 후 최종 합격 여부를 결정합니다.

단계	추진 내용(기간)	응시 인원	기관(담당)
지원 단계	GED에서 지원 및 전형료 납부 (2021. 11. 15.~11.19. 18:00까지)	제한 없음	학생, 학부모
추천 단계	담임교사 추천(체크리스트 작성) (2021. 11. 15.~11.22.) 학교추천위원회 추천 (2021. 11. 23.~11.25.)	제한 없음	담임교사 학교추천위원회
GED 기관심사 단계	창의적 문제해결력 평가 및 면접 평가 (2021. 12. 11. 08:30~)	추천 인원 전원	영재교육원
최종 합격자 발표	일시: 2022. 2. 16. 18:00	제한 없음	영재교육원

출처 : 2021학년도 영재교육 대상자 선발 세부 추진계획, 서울특별시교육청

대학 부설 영재교육원

대학 부설 영재교육원은 영재교육 종합데이터베이스GED를 통한 지원을 하지 않습니다. 각 기관의 홈페이지를 통해 모집 요강과 선발 절차를 공지합니다. 관심 있는 대학 부설의 영재교육원이 있다면 미리 작년 모집 요강을 살펴보셔야 합니다. 각 대학 부설 영재교육원마다 모집요강 및 선발 절차가 조금씩 차이는 있지만, 크게는 '담임교사나 영재교육원 교사의 관찰추천서' '1차 창의적 문제해결력 검사' '2차 심층 면접' 형태를 주로 이루고 있습니다.

대학 부설 영재교육원에 지원하실 때 유의할 점이 있습니다. 우선, 지역 제한이 있으니 내가 사는 곳에서 갈 수 있는 영재교육원인지 먼저 확인하시고 준비하셔야 합니다. 그리고 또 하나 유의할 점은 대학 부설 영재교육원과 지역교육청 영재교육원은 중복지원을 할 수 없습니다. 대학 부설 영재교육원에 합격한 사람은 지역교육청 영재교육원 지원이 불가능합니다.

또한 대학 부설 영재교육원은 대학에서 운영하다 보니 교수님이 수업하고 지역

교육청 영재교육원은 그 지역 교사 중 강사를 선발하여 운영하는 점도 두 영재교육원의 차이라고 할 수 있습니다.

다음 페이지 '2021학년도 대학 부설 영재교육원 모집 요강 요약'은 서울 지역의 모집 요강입니다. 다른 지역의 대학 부설 영재교육원은 영재교육 종합데이터베이스GED 홈페이지에서 지역 검색 후 확인이 가능합니다.

영재교육원 지원 시 담임교사가 하는 관찰 체크리스트 문항을 통해 확인할 수 있듯이 영재교육원 수업은 선행학습이나 소수의 성적 우수 아이들을 위한 심화학습이 아닙니다. 특히 예술 영재의 경우 학교에서 담임교사가 지도하기 어려운 부분들에 관해 교육받을 기회를 제공하는 것입니다. 영재학급이나 영재교육원 수료 이력은 학생 생활기록부 해당 과목의 '세부능력 및 특기 사항란'에 기재하게 되어 있습니다. 그러나 이것의 기재 여부가 중학교나 고등학교에 이점으로 작용할 여지는 별로 없습니다. 해당 과목의 세부 능력 및 특기 사항란에는 '영재교육원에서 초등학교 과정 수학 영역 120시간을 이수함'과 같이 기록됩니다. 구체적인 영재교육원의 명칭은 기록되지 않습니다.

제가 이런 말씀을 드리는 이유는 영재교육원에 들어가기 위해 과외를 받거나 심화 학원에 다니며 준비할 필요가 없음을 알려드리고 싶기 때문입니다. 지적인 능력뿐만 아니라 정의적, 창의적인 능력이 복합된 영재 아이들은 어려운 과제에 흥미를 느끼고 과제 집착력을 가지고 몰두합니다.

영재교육원이 학교에서 주지 못하는 다양한 자극을 주는 새로운 기회인 건 맞지만, 간혹 학교와 다른 형태의 수업에 아이가 힘겨워하고 들인 시간과 노력에 비해 보상이 없다고 푸념하시는 부모님도 계십니다. 영재는 부모님과 학생의 노력으로 만들어지는 것이 아닙니다. 본인 수준을 약간 넘어서는 레벨의 교육을 받았을 때 이해하고 소화할 수 있는 것입니다. 무턱대고 높은 수준은 오히려 잘하던 아이에게 공부를 아예 싫은 대상으로 만들 수도 있습니다.

────── 평생 공부력은 초5에 결정된다

2022학년도 대학 부설 영재교육원 모집 요강 요약

구분	기관	대상 학년 (2021학년 기준)	영역	계(명)	비고
과학기술 정보통신부 승인 (5기관)	서울대학교 과학영재교육원	초6~중2	수리정보, 과학융합, 사사과정	146	
	연세대학교 과학영재교육원	초6~중2	수학, 과학	136	
	서울교육대학교 과학영재교육원	초3~초6	수학, 과학, 정보	160	
	가천대학교 과학영재교육원	초4~초6	수학, 과학, 정보 (서울, 경기)	165	
	대진대학교 과학영재교육원	초5~중2	수학, 과학 (서울, 경기)	148	
교육부 승인 (1기관)	서울여자대학교 정보보호영재교육원	초6~고2	정보 보안 (서울, 경기, 인천, 강원)	90	
서울시 교육청 승인 (11기관)	고려대학교 영재교육원	초4~초5	융합	100	2021년 9~12월 선발
	서울교육대학교 미술영재교육원	초2~고2	미술, 융합	105	
	서울교육대학교 SW영재교육원	초3~중1	소프트웨어	180	
	성균관대학교 인문사회영재교육원	초4~중1	인문사회	80	
	한양대학교 소프트웨어영재교육원	초3~중2	소프트웨어	100	
	전통문화재단 영재교육원	초2~초5	미술, 융합. 문예창작	60	
	이화여자대학교 서대문영재교육원	초4~중1	수학, 과학, 인문사회	120	
	서울과학기술대학교 노원영재교육원	초6~중1	수학, 과학	60	
	덕성여자대학교 도봉영재교육원	초6~중1	수학, 과학	65	
	건국대학교 음악영재교육원	초3~고3 (2022학년도)	음악	100	2022년 1~5월 선발
	서경대학교 실용음악영재교육원	중3~고2 (2022학년도)	실용음악	60	
	서울교육대학교 음악영재교육원	초3~초6 (2022학년도)	음악	60	
	서울대관악창의 예술 영재교육원	초4~초6 (2022학년도)	미술	45	
	숙명여자대학교 음악영재교육원	초1~초6 (2022학년도)	음악	50	
	한양대학교 미술영재교육원	초3~고1 (2022학년도)	미술	100	
계				2,130	

출처 : 2022학년도 영재교육 대상자 선발 세부 추진 계획, 서울시 교육청

배움이 느린 아이

학교에서는 매 학년 초 예고 없이 진단평가를 합니다. 새 학년 수업을 시작하기 전 아이의 출발점을 확인하기 위한 작업입니다. 이 평가의 목적은 학습 속도가 느린 학생들을 파악하기 위한 것이기 때문에 따로 결과 공지를 받지 않으셨다면 아이가 새 학년을 공부할 준비가 되어 있음을 뜻합니다. 그러니 담임 선생님이 결과를 알려주지 않았다고 너무 놀라지 않으셔도 됩니다. 초등학교 4학년 ~ 중학교 3학년까지는 이전 학년에서 배운 교과 내용을 중심으로 학교에서 진단평가 교과 과목의 수를 정할 수 있으며 초등학교 2~3학년의 경우는 3R's(읽고, 쓰고, 셈하기) 중심으로 진단평가가 이루어집니다.

공교육은 모든 학생이 사회적인 삶을 사는 데 어려움이 없도록 최소한의 성장을 보장해야 할 의무가 있습니다. 따라서 배움이 느린 학생들을 위한 다양한 정책을 쏟아내고 있습니다. 아이가 배움이 느리다고 생각하면 이를 바로 잡을 수 있는 가장 적기가 이때입니다. 초등학교에서는 학습의 결손이나 부족이 아직 크지 않으므로 적극적으로 개입하여 도왔을 때 가장 효과가 크게 나타납니다. 아이들은 누구나 잘하고 싶고 누구나 인정받고 싶어 합니다. 몇 번의 실패 경험으로 아이들 스스로 '나는 공부 못하는 아이야'라는 인식이 생기게 되면 오히려 더 좌절감을 느끼고 학습 동기를 잃게 됩니다.

그런 경우 중학교나 고등학교의 학교생활에서 갑자기 학습 동기가 생겨 아이 스스로 공부 하게 되는 경우는 극히 드뭅니다. 반대로 몇 번만 성공 경험이 쌓이면 이것이 바로 학습 동기로 연결될 수 있습니다. 아이들이 학습에 있어서 작은 성공 경험을 쌓아갈 수 있도록 도움을 주어야 합니다. 그래서 초등학교 때 아이의 결손을 적극적으로 매우기 위해서 노력하는 것이 정말 중요합니다.

다양한 정책 중 기초 학력 미달 학생들을 위한 학교로 파견하여 학습지도를 해주는 '학습 보조 인턴 교사 제도'가 있습니다. 방과 후 시간을 조율하여 실시하며 보통 1대 1 또는 1대 5 미만의 소그룹으로 진행됩니다. 진단평가 시행 후 기준 점수(60점) 미달이면 학부모님께 전화 연락을 드립니다. 학부모님께 학습 보조 인턴 교사의 존재를 알리고 학교에서 학습 보조 수업을 진행하는 것에 대한 동의를 구하는데, 의외로 많은 학부모님이 이를 원하지 않아 하십니다. 이유는 아이가 수업이 끝난 후 남아 수업을 받는 순간 다른 아이들에게 놀림이 될 수 있다고 걱정하기 때문입니다.

보통 학교에서도 이런 우려 때문에 아이들의 시선이 닿지 않는 교실을 선정하여 수업을 진행하려고 노력합니다. 특히 고학년의 수학 부진에서 이런 현상이 두드러집니다. 아이들과 학부모님의 우려가 이해되면서도 한편으로는 참 좋은 기회이고 학교에서 받을 수 있는 개인별 수준별 보충 학습인데 놓치시는 것이 안타깝다는 생각도 듭니다.

배우고 이루는 스스로 캠프(PLASEDU), 기초 학력 향상 지원 사이트 꾸꾸(KU-CU)

아이가 느리게 배우고 학습한다고 생각하는 부모님에게 도움이 될 만한 사이트 두 개를 알려드리려고 합니다. '배우고 이루는 스스로 캠프(이하 배이스캠프)'와 '기초 학력 향상 지원 사이트 꾸꾸(이하 꾸꾸)'입니다.

'배이스캠프PLASEDU, Personalized Learning Assessment System for Education'는 전국 17개 시도교육청에 구축된 기초 학력 진단-보정 시스템과 연결된 사이트입니다. 각 학년에서 과목별로 학습해야 할 기초적이고 기본적인 내용을 수록하였습니다. 학교에서는 학년 초 진단평가를 시행하지만, 이 사이트에서는 학생들이 시기에 상관없이 스스로

초등 4학년		초등 5학년	
국어 총 21학습 요소 355문항	>	**국어** 총 23학습 요소 252문항	>
사회 총 13학습 요소 268문항	>	**사회** 총 28학습 요소 418문항	>
수학 총 42학습 요소 908문항	>	**수학** 총 40학습 요소 778문항	>
과학 총 17학습 요소 354문항	>	**과학** 총 16학습 요소 330문항	>
영어 총 36학습 요소 322문항	>	**영어** 총 40학습 요소 335문항	>

배이스캠프 홈페이지

기초적인 학습 내용을 진단하고 학습할 수 있습니다. 초등학교 1학년부터 고등학교 1학년까지 『국어』『수학』『사회』『과학』『영어』과목의 문항이 있습니다.

또 다른 사이트는 '꾸꾸KU-CU, KEEP UP-CATCH UP'입니다. 한국교육과정평가원에서 운영하는 국가 수준의 기초 학력 지원 인프라로 기초 학력과 관련한 다양한 정책들 및 자료가 수록되어 있습니다. 그중 추천하는 것은 '학습준비도검사'입니다. '학습준비도검사'를 누르면 '학습유형검사' '학습 저해요인 진단 검사' '수학 학습동기 검사' '학교생활 적응도 검사'를 이용할 수 있는데, 이를 통해 아이가 현재 겪는 학습의 어려움에 관해 진단할 수 있습니다.

꾸꾸 홈페이지

꾸꾸 학습 유형 검사

아이가 어릴 때 부모는 한 순간 한 순간 조바심이 날 때가 많습니다. 생후 100일 쯤 되면 뒤집는다는데 우리 아이는 왜 안 뒤집는지, 돌 쯤 되면 다 걷는다는데 왜 걸으려고 하지 않는지 등 순간순간 그 시기에 꼭 그 일이 일어나야 하는 것처럼 조바심 내며 바라봅니다. 그러나 아이는 조금 늦더라도 어느 순간 자신의 과업을 해내며 자라납니다. 아이가 12살이 된 지금 과거 얼마나 빨리 뒤집고 얼마나 빨리 걸었는지는 더는 중요한 일이 아닙니다.

그러나 두 돌이 다 되어가도 걸으려고 하지 않는다면 아이에게 무슨 문제가 있을 수도 있습니다. 빨리 병원에 가서 정확한 검진과 치료를 받아야 합니다. 적기를 놓치면 아이에게 정말로 큰 문제가 생길 수 있습니다. 부모가 너무 조바심을 낼 필요는 없지만, 꾸준히 관심을 두고 있다가 도움과 처치가 필요한 순간에는 바로 반응할 수 있어야 합니다.

배움이 느린 아이들에게도 마찬가지입니다. 단지 지금 조금 늦게 배우는 거라면 조바심 내거나 비교할 것 없이 믿고 기다려주어야 합니다. 그러나 지금 아이에게 학습이 어려운 어떤 특별한 원인이 있다면 남들에게 소문날까 봐 혹은 남들 보기 부끄러워서가 중요한 게 아닙니다. 아이가 학습에 어려움을 갖는 요인이 무엇인지 정확하게 진단하고 그에 맞는 치료가 병행되어야 합니다.

그 시기는 아이가 어릴수록 좋습니다. 학습 부진이 누적되지 않았고 아직 아이의 뇌가 무럭무럭 성장하는 중이니까요. 아이의 어려움을 눈여겨보시고 도움이 필요할 때 바로 적극적으로 나설 수 있는 용감한 부모님이 되시길 바랍니다.

코로나19가 가져온 학교생활 변화

지난 일 년 동안 코로나19로 인하여 초등학교는 저의 16년 교직 생활 동안의 변화보다 더 빠른 변화를 겪고 있습니다. 학생들 또한 새로운 환경의 학교생활에 당황하고 혼란스러울 것입니다. 사상 초유의 온라인 개학부터 사회적 거리 두기 단계에 따라 1/3 등교를 하기도 하고 2/3 등교를 하기도 합니다. 학습의 결손이 우려되는 초등학교 1학년 학생의 전면 등교를 하면서도 조심스럽고 염려스러웠습니다. 학교와 같은 공동체 생활을 하는 공간에서 위생과 방역이 최우선임은 당연한 사실이지만, 그로 인해 등교하는 학교생활도 많은 변화가 있습니다.

우선, 수업의 형태가 바뀌었습니다. 학교 안에서도 사회적 거리 두기로 최소 2m의 거리 두기를 실천하고 있습니다. 이전의 교실 책상은 아이들이 서로 마주 보고 활동할 수 있는 모둠 대형의 책상구조였지만 지금은 모두 개인별 책상으로 멀리 떨어져 있습니다.

초등학교 교과 내용 중 많은 부분은 '짝과 함께 이야기해 보세요' '짝과 함께 게임을 해봅시다' '모둠끼리 토의해봅시다' '모둠끼리 의논하여 조사보고서를 만들어봅시다'와 같은 협력 활동입니다. 또래를 통해 서로 배우는 것이 많기도 하고 아이들의 의사소통 능력과 협업 능력을 중요하게 생각하기 때문입니다. 그러나 코로나19로 인하여 학교에서는 수업 내내 마스크를 쓰고 있고 서로 떨어져 앉아 있으니 이런 협력 수업을 진행할 수 없습니다. 다양한 수업 형태의 활동에서 아이들이 개별 수행할 수 있도록 하는 형태의 수업으로 바뀌었습니다. 이러한 이유로 학생들의 자기 주도적 학습 능력의 필요성이 더욱 커졌습니다.

수업 활동에도 제약이 많습니다. 초등학교 3학년 학생들의 음악 교육과정 중 중요한 과제는 '리코더'이고 5학년 음악 교육과정에는 '단소' 6학년은 '소금'입니다. 그러나 코로나19로 인하여 교실에서 부는 악기는 제한한다는 지침이 내려왔습니다. 코로나19 이전에는 일 년 중 많은 부분을 할애하여 꾸준히 악기 지도를 했지만 이제는 교실에서 할 수 없으니 온라인 수업으로 전환되거나 핸드벨, 칼림바와 같이 개별적으로 할 수 있는 악기들로 변경하여 진행하기도 합니다.

하지만 교육과정 상에 나와 있는 단소를 하지 않고 넘길 수는 없기에 온라인으로 대체하여 수업합니다. 선생님이 부는 방법을 알려주고 함께 불어보고 악보를 제공하며 연습하기로 약속하지만, 아이들에 따라 많은 차이가 납니다. 아이들이 불지 않고 그냥 보고만 있기 때문입니다. 또 시도해 보다가 어려워도 당장 도와줄 수 있는 사람도 없습니다.

과학실, 실험실, 도서관처럼 여러 학급이 돌아가며 사용하던 공간도 방역을 위해 사용하지 못하니 아이들은 교실 안에서만 있어야 하기에 다양한 활동을 할 수가 없습니다. 체육 활동의 경쟁 부분도 아이들이 팀을 나누어 게임 활동을 하는 것이 주를 이루는데, 접촉을 할 수 없으니 이런 활동 또한 할 수가 없습니다. 선생님들은 도대체 접촉하지 않고 할 수 있는 활동이 무엇이 있을까 계속 고민하고 있습니다.

초등학교의 경우 보통 학습 준비물실에서 아이들 수업에 필요한 기본 준비물인 풀, 색연필, 사인펜, 수학 교구, 음악 악기 등은 거의 다 대여해서 사용하였는데 많은 학생이 돌아가며 사용하는 것을 금지하고 있으므로 모두 다 개인 준비물로 챙겨야 합니다. 학교에 올 때마다 짐이 한가득입니다.

친구 관계의 양상도 변화합니다. 새 학년에서 새롭게 만나는 아이들인데 서로 인사를 나누거나 이야기를 나눌 기회가 거의 없습니다. 마스크를 쓰고 떨어져 있고 화장실도 개별로 다니며 쉬는 시간도 최소화하여 운영하고 있으니 아이들이 서로에게 궁금한 점이 많아도 말할 수가 없습니다. 쉬는 시간마다 조잘조잘 참새 같이 왁자지껄하던 아이들이 그립습니다.

작년 초 전학 온 아이는 두 달 만에 새 학교를 왔는데 아이들과 서로 이야기도 못 하고 친해질 기회가 없어 6월이 지났는데도 집에 같이 갈 친구가 없어 혼자 간다는 이야기를 들었습니다. 참 외롭겠다고 생각했습니다만, 친구가 있어도 하굣길에 사회적 거리 두기를 지키며 가야 하는 상황입니다.

초등학교 저학년의 경우 담임 선생님이 여러 번 이야기해도 사회적 거리 두기가 어렵고 자꾸 옆자리 친구에게 가려고 합니다. 그래서 외부 활동을 할 때 신문지를 길게 말아 2m 정도 되게 만든 종이막대기를 들고 이동하는 것을 보았습니다. 정말 코로나19가 가지고 온 놀라운 학교생활입니다.

또한 학교장 허가 교외 체험학습 가능일이 바뀌었습니다(2020학년도 기준). 현재 수업일수는 초·중등교육법 제45조에 따라 유치원 180일, 초·중·고는 190일 이상을 채워야 합니다. 그런데 학교장은 '천재지변이나 자율학교 운영 등의 사유가 있는 경우'에 수업일수를 10% 감축할 수 있습니다. 코로나19로 인하여 전체 수업일수의 10% 감축하고 수업일수에 비례하여 수업 시수의 감축도 허용되었습니다. 초등의 경우 190일에서 171일로 수업일수가 축소된 것이지요.

보통 수업일수의 10% 안에서 학교장 허가의 '교외 체험학습'을 사용할 수 있습니다. 하지만 감염의 우려로 등교를 꺼리시는 부모님도 많아 올해는 학교장 허가 교외 체험학습을 확대하였습니다. 지역별로 확대한 정도의 차이가 있으나 서울은

10%에서 20%로 확대하여 총 34일의 교외 체험학습을 사용할 수 있습니다. 34일은 토, 일, 공휴일을 제외한 수업일수만을 의미합니다. 원격과 등교를 병행하는 경우, 주 2회 등교하였을 때 한 학기 동안 한 번도 학교에 나오지 않고 가정체험을 하는 것도 가능하다는 뜻입니다.

실제로 작년에 학급에 한 학기 동안 한 번도 나오지 않은 학생도 있습니다만, 온라인 수업으로 수업을 진행하고 과제 제출도 온라인으로 성실히 제출했습니다. 하지만 우리 반 아이인데 1학기 동안 한 번도 보지 못했으니 교사와 아이가 친밀감을 형성할 기회조차 없었습니다.

학교에서 실시하는 다양한 현장 체험학습이 전면 취소되었습니다. 보통 한 학기에 한 번 가는 현장 체험학습과 학교에서 실시하는 전체 행사가 모두 취소되었고 아이들이 초등학교 5학년이 되면 간다고 기다리던 수련회, 수학여행 등 단체활동도 모두 할 수 없는 상황이 되었습니다. 코로나19로 인해 학교는 정말 많은 변화를 겪고 있습니다.

그런데도 학교에 와서 선생님과 친구들을 볼 수 있어서 좋고 말도 못 하고 조용히 먹어야 하는 급식이 맛있어서 좋다고 하는 아이들을 보니 마음 한쪽이 짠해집니다. 가장 아쉬운 것은 작년까지는 등하교 시간에 아이들을 안아주기도 하고 머리를 쓰다듬어 주기도 했지만, 이제는 그런 행동은 감히 생각조차 못 한다고 했을 때 더욱 마음이 답답해짐을 느낍니다.

쏙쏙정보

초등학교 5학년, 노트 정리 시작하는 방법

초등학교 5학년이 되면 학습량이 많아져 과목별로 노트 정리를 많이 활용합니다. 노트 정리는 공부한 내용을 스스로 정리하면서 되새길 수 있는 좋은 공부 방법입니다. 모든 과목에 활용할 수 있는데 특히 『사회』 『과학』 과목에서 활용하면 배운 내용을 기억하는 데 효과적입니다. 학교에서 많이 활용하는 '코넬식 노트 정리' 시작하는 법을 소개합니다.

날짜	2020. 10. 26.(월)	① 제목 영역
단원	1–(2) 독창적 문화를 발전시킨 고려	– 날짜, 단원, 학습 문제를 적고 영역을 나눕니다.
학습 문제	금속활자를 살펴보며 고려 기술과 문화의 우수성을 설명하기	
(핵심 단어)	(공부한 내용)	
목판인쇄	1. 목판인쇄의 한계점	② 핵심 단어
	1) 시간이 오래 걸림	– 공책 3칸에 세로줄을 그어줍니다.
	2) 갈라지거나 휘는 나무의 성질로 보관이 어려움	– 공부한 내용을 요약할 수 있는 핵심 단어를 공책 왼쪽에 줄 맞추어 적습니다.
금속활자	1. 금속활자의 장점	– 핵심 단어를 쓸 때는 눈에 잘 띄는 볼펜을 사용하는 것이 좋습니다.
	1) 판을 새로 짜서 다양한 책을 만들 수 있음	
	2) 쉽게 마모되지 않고 보관이 쉬움	
	2. 금속활자 만드는 법	
	1) 밀랍자새기기– 밀랍 활자 만들기– 쇳물 붓기– 금속활자	
	2) 만들기– 조판하기– 인쇄하기	
금속활자를 만들기 위해 필요한 기술	1. 높은 온도에서 금속을 다루는 기술	③ 공부한 내용
	2. 활자를 판에 고정하는 기술	– 수업을 들으며 배운 내용을 정리합니다.
	3. 먹과 종이를 만드는 기술	– 책을 그대로 옮겨적는 것이 아니고 나만의 말로 적거나 마인드맵, 그림, 표 등으로 시각화해서 나타낼 수도 있습니다.
	→ 고려 시대에 이 기술이 모두 가능했음을 의미	
직지심체요절	1. 현존하는 세계에서 가장 오래된 금속활자본	
	2. 현재 프랑스 국립도서관에서 보관	
	3. 박병선 박사	
질문	직지심체요절이 프랑스에서 보관되는 이유는 무엇일까? 직지심체요절 이외에 외국에서 보관하고 있는 우리나라 문화재가 또 있을까?	④ 최종요약 정리 – 오늘의 배운 내용을 1~2줄로 요약하거나 질문을 만들어 적기, 퀴즈 만들기가 가능합니다.

Chapter

· 3

과목별로 살펴보는
초등학교 5학년
공부 노하우

국어, 생각 표현하는 힘 기르기

학습 능력과 가장 관계가 깊은 과목은 『국어』입니다. 국어 능력에 따라 다른 과목의 성적도 많은 영향을 받습니다. 흔히 영어 실력은 국어 실력을 넘지 못한다고 이야기합니다. 『수학』의 서술형 문제에 대한 이해나 『사회』 『과학』 과목의 다양한 분야에 대한 이해도 국어 실력에 바탕을 두고 있습니다.

많은 부모님이 국어와 『국어』 과목의 중요성을 알고는 있지만, 가정에서 막상 아이에게 『국어』 과목을 가르치려 하면 모호하고 어려워지는 과목이기도 합니다. 초등학교 5학년의 독서 활동에 관한 이야기는 따로 다른 Chapter에서 다루기로 하고, 여기서는 5학년 『국어』 교과서의 내용과 이를 공부하는 방법에 관해 이야기하려고 합니다.

국어를 잘한다는 것은 어떤 의미일까요? 초등학교 국어 교육 과정은 '듣기·말하기' '읽기' '쓰기' '문법' '문학' 등 총 5개의 영역으로 구성되어 있습니다. 5개의 영역을 고루 잘하는 것이 국어를 잘한다고 할 수 있겠지요. 5학년 교과서를 통해 각 영역의 내용이 어떻게 들어가 있는지 살펴보겠습니다. 국어 교과서만 잘 알고 공부해도 국어를 잘 할 수 있습니다.

초등학교 5학년 교과 내용 살펴보기

가장 눈에 띄는 점은 '독서 단원'과 '연극 단원'이 새롭게 생겼다는 점(2015 개정 교육
과정으로 2019학년도부터)입니다. 단원 번호가 붙어 있지 않은 것은 학기 중 언제나 자
유롭게 할 수 있음을 뜻합니다. 독서의 중요성이 교과서에서도 더욱 드러나며 문학
작품을 통해 내 생각을 표현하고 생산하는 기회를 제공함을 알 수 있습니다.

1~2학기 모두 첫 단원이 '대화와 공감' '마음을 나누며 대화해요'와 같이 상대방
의 감정에 공감하며 대화하는 것이라는 점도 눈에 띕니다. 상대방의 감정에 공감
하고 적절하게 친구와 의사소통 하는 방법을 알고 실천하는 것을 중요한 역량으로
생각하기 때문입니다. 여기에 1학기에는 '기행문 쓰기' 2학기에는 '겪은 일 쓰기'
등 다양한 글쓰기 활동을 합니다. 1학기에는 글쓰기 과정에서 '글을 쓰는 법과 고
치는 법'에 관해서도 배웁니다. 또한 1~2학기 모두 토의하는 방법을 배우고 토론
도 새롭게 배우는 것을 알 수 있습니다.

이렇듯 초등학교 5학년 『국어』 교과서를 살펴보니 내 생각을 말로, 연극으로 그

초등학교 5학년 국어 교과서 단원명(2015 개정 교육과정 기준)

	1학기	2학기
단원명	• 독서 단원 : 책을 읽고 생각을 넓혀요. 1. 대화와 공감 2. 작품을 감상해요. 3. 글을 요약해요. 4. 글쓰기의 과정 5. 글쓴이의 주장 6. 토의하여 해결해요. 7. 기행문을 써요. 8. 아는 것과 새롭게 안 것 9. 여러 가지 방법으로 읽어요. 10. 주인공이 되어	• 독서 단원 : 책을 읽고 생각을 넓혀요. 1. 마음을 나누며 대화해요. 2. 지식이나 경험을 활용해요 3. 의견을 조정하며 토의해요. 4. 겪은 일을 써요. • 연극 단원 : 함께 연극을 즐겨요. 1. 여러 가지 매체 자료 2. 타당성을 지키며 토론해요. 3. 중요한 내용을 요약해요. 4. 우리말 지킴이

리고 글쓰기로 표현하는 활동이 많음을 알 수 있습니다. '말하기·듣기' '읽기' '쓰기' 3권으로 나누어져 있었던 예전과 비교하면 모든 영역이 통합되어 한 학기에 『국어-가』 『국어-나』 2권으로 나누어 제공되고 교과서 구성과 보조교재의 역할을 하던 국어 활동이 없어졌다는 것도 변화된 사항입니다.

문학 영역 공부하기_독서 단원과 연극 단원

독서 단원이 새롭게 생겼는데, 독서 단원은 교과서 속에 있는 읽기 단원과 무슨 차이가 있을까요? 독서 단원은 읽기 지문이 조각나 일부만 제공하는 것과 다르게 책 전체를 함께 읽는 경험을 제공합니다. 보통 '한 학기 한 권 읽기'나 '온책 읽기'와 같은 말로도 사용되는데, 아이들이 수업 시간을 통해 온전히 책을 즐길 수 있는 경험을 제공하기 위해 도입되었습니다. 즉, 모든 아이가 한 학기에 한 권은 읽고 생각의 폭을 넓힐 수 있는 독후 활동을 함께 하는 것입니다. 반 아이 모두 같은 책을 읽고 서로 생각을 나누다 보면 친구들끼리 다양한 생각을 비교하고 내 생각을 확장할 수 있습니다.

그렇다면 반대로 교과서에 실린 조각 지문을 찾아 온 책으로 읽는다면 문학 영역을 학습하는 데 많은 도움이 될 것입니다. 이미 교과서에서 한 번 본 내용이기 때문에 접근하기 어렵지 않고, 교과서에 실린 지문은 해당 학년 학생의 발달과 흥미를 고려하여 선정되었으므로 실패할 확률이 낮습니다. 교과서 지문에 실린 작품은 『국어』 교과서 맨 뒷장에서 확인할 수 있습니다. 다음 학기의 새 교과서를 받은 후 방학 때 가정에서 미리 『국어』 교과서 뒤에 실린 작품을 읽어보는 것도 좋은 방법입니다. 여의치 않으면 학기 수업이 끝난 뒤에라도 찾아서 읽어보세요. 수업했던 이야기의 맥락이 새롭게 이해되는 좋은 복습 방법입니다.

특히 작년 국어 수업 중 뒷이야기가 아주 궁금한 지문이 있었는데 "그 뒷내용 나 알아!"라고 이야기하는 아이가 있어 모두가 그 친구에게 뒤에 어떤 내용이 이어지는지 물어봤던 기억이 있습니다. 5학년 2학기 『국어-나』 5단원에 나온 『악플 전쟁』(이규희 저 | 한수진 그림 | 별숲 | 2013.8.26.)이라는 책이었어요. 한 번 읽어보시길 추천합니다.

아래의 사례는 어느 해 초등학교 5학년 담임을 하면서 아이들과 한 학기 한 권 읽기 활동을 했던 내용입니다. 혼자 읽는 책 한 권과 20여 명이 읽는 한 권의 힘은 다름을 느낍니다.

5학년 한 학기 한 권 읽기 활동 사례

제목	책 내용	활동 주제	활동사진	
5학년 5반 아이들	5학년 7명 아이의 이야기를 담은 책, ADHD로 약을 먹는 아이, 외모로 고민하는 아이, 부모님의 이혼으로 힘들어하는 아이들의 이야기.	우리는 서로 달라	표지디자인 공모	우리 반 책 만들기
푸른 사자 와니니	사자답지 못해 무리에서 쫓겨난 와니니와 절름발이 아산테, 어린 수사자 잠보의 이야기를 통하여 조금씩 부족한 동물들이 조화와 협력을 통해 정글에서 살아가는 모습을 들려주는 이야기.	나는 약하지만 우리는 강해	독후 활동	

초등학교 5학년 2학기부터는 『국어』 수업 시간에 연극 수업을 합니다. 준비-연습-실연의 단계로 수업이 진행되며 '나의 감정 표현하기' '이야기의 한 장면 표현하기'부터 경험을 바탕으로 극본을 쓰고 연극 무대를 준비해서 실제 공연하는 것도 수업에 포함됩니다. 이러한 연극 수업을 통해 아이들은 자기표현을 하고 타인과의 협력적 의사소통을 할 수 있습니다.

아이들이 생각과 감정을 표현하는 활동을 하기 위해서는 우선 입력된 경험의 양이 많아야 표현할 수 있는 것도 많습니다. 아무것도 경험하지 않고 생각하지 않은 아이에게 당장 연극 형식으로 표현하라고 하면 무척 어려워 할 것입니다. 그러니 주말 혹은 방학 동안 부모님들은 아이들과 함께 연극 공연을 보시길 추천합니다. 저는 아이들을 키우면서 〈로보카 폴리〉와 〈번개맨〉을 볼 때는 좋은 자리로 예매해 가며 열심히 공연을 보러 다녔는데, 막상 아이들이 학령기에 접어들고 나서는 함께 연극을 보러 가지 않았던 것 같습니다. 책뿐만 아니라 공연을 통한 경험의 확장도 좋은 국어 공부입니다.

추천하는 연극 공연

· 국립중앙박물관 극장용

· 세종문화회관 세종 어린이 시리즈

· 대학로 학전블루 소극장

듣기·말하기 공부하기_공감과 경청 듣기, 토의·토론으로 논리적 말하기

미국의 발달심리학자 로베르타 골린코프Roberta M. Golinkoff의 책 『최고의 교육』(김선아 역 | 예문아카이브 | 2018.1.22.)에서는 4차 산업 혁명 시대에 미래형 인재를 만드는 데 필

요한 핵심 역량 '6C'의 하나로 의사소통 능력Communication을 이야기합니다. 의사소통 능력에는 내 생각을 상대방에게 잘 전달하는 '말하기 기술'과 상대방의 이야기를 귀 기울여 들을 수 있는 '경청의 기술'이 포함되어 있습니다. 초등학교 5학년 아이들은 발달 단계상 자기중심적인 사고에서 벗어나 논리적인 사고가 가능한 시기로 접어든 때입니다. 따라서 말을 할 때 근거를 들어 내 생각을 상대방에게 논리적으로 이야기해 설득시키는 토론이 수업 시간에 처음 도입됩니다. 또한 추상적인 사고 능력의 발달로 상대방의 마음과 감정을 헤아릴 수 있기 시작하므로 공감하는 법에 대한 학습도 시작됩니다.

'잘 듣기'와 '논리적으로 말하기'는 수업 시간에 한 번 배운다고 습득되는 기술이 아닙니다. 어른들에게도 참 어려운, 하지만 꼭 필요한 '듣기'와 '말하기 기술' 아닌가요? 집에서 아이들과 대화할 때 눈을 바라보고 집중하여 들어주는 것, 아이가 이야기한 것에 대해 마음을 읽어주며 "네가 참 힘들었겠구나"라고 공감해주는 것, 아이와 함께 반려견을 키우는 문제를 토론하고 결정된 대로 하는 것, 집안일을 효율적으로 하는 방법에 대해 의견을 나누는 것 등 아이에게는 듣기와 말하기 공부를 체험하고 학습할 수 있는 경험입니다.

글쓰기_글똥 누기와 주제 글쓰기

초등학교 5학년쯤 되면 글 쓰는 것을 정말 싫어합니다. 생각을 정리하기 이전에 연필로 글씨를 쓴다는 것 자체가 고역입니다. 글쓰기 숙제를 내주는 선생님을 제일 싫어합니다. 하지만 아이의 국어 능력은 내 생각을 잘 말하고 잘 쓰는 것과 비례합니다. 그래서 생각을 꾸준히 글로 정리하는 것은 꼭 필요한 일입니다. 이 시기 교과 내용에서도 글로 쓰는 다양한 활동을 제시합니다. 아이의 실제 경험에 바탕을 둔 기행문 쓰기와 겪은 일 쓰기가 있고, 글을 쓰는 과정을 배워 실제로 쓸 내용을 떠올리고 내용을 구성해 글을 써서 친구들과 돌려 읽는 활동도 진행합니다.

가정에서는 글쓰기를 힘들어하는 아이들을 위해 '글 똥 누기 활동'을 추천합니다. 글 똥 누기란 글로 자기 생각과 감정을 배설하는 것을 말합니다. 마치 화장실에서 똥을 누는 것처럼요. 교실에서는 작은 수첩이나 노트의 절반을 잘라 사용합니다. 매일 아침 글 똥 누기 공책을 편 후 눈을 감고 자신의 마음을 잘 살펴봅니다. 내 마음속에 가장 많이 남아 있는 생각을 노트에 적으면 됩니다. 그런데 글 똥 누기에는 몇 가지 원칙이 있습니다.

1. 매일 씁니다.
2 글 똥 누기에 쓴 내용으로는 절대 혼을 내지 않습니다.
3. 최소 한 줄, 최대 한 쪽을 넘지 않습니다.

집에서도 아이와 함께 글 똥 누기로 글쓰기를 시작해보세요. 만약 글 똥 누기도 거부감을 느낀다면 아침이나 저녁 중 일정한 시간에 아이와 함께 마음을 나누는 이야기를 시작해보세요. 아이의 감정을 평가, 충고, 판단하지 말고 그대로 받아주세요. 감정을 말로 표현하는 활동이 익숙해지면 글로 쓰는 일이 조금 더 수월해질 것입니다. 아이들이 글쓰기를 어려워하는 이유는 솔직하게 쓰지 못하면서도 잘 쓰고 싶기 때문입니다. 잘 쓰고 싶고 잘하고 싶은 마음은 칭찬할 만한 일이지만, 그것이 걱정이라 글을 쓰지 않으려고 한다면 그 또한 문제입니다.

글 똥 누기로 충분히 자신의 생각을 표현하는 데 거부감이 없어졌다면 일기 쓰기 대신에 다양한 주제 글쓰기를 하는 것을 추천합니다. 아이들은 일기를 쓸 때 하루의 일을 표현하는 데 있어 늘 똑같은 하루라고 생각합니다. 순간을 포착하고 날씨를 2~3줄로 표현해 보고 다양한 방법을 이용하여 일기 쓰기 수업을 해 보았으나 아이들은 여전히 어려워합니다. 대신 주제 글쓰기를 하면 주제에 대한 생각을 정리하고 쓰는데 좀 더 쉽게 접근할 수 있습니다. '일 년 중 내가 가장 기다리는 순간' '내가 생각하는 좋은 친구란?' '오늘 내가 들은 말 중 가장 기억에 남는 말과 그 이유' '우리는 왜 공부를 할까?'와 같은 다양한 주제가 적힌 종이를 놓고 아이가 주제를 선택해서 글을 쓰게 합니다.

글을 쓰는 양이나 글씨에 대한 잔소리는 잠시 꾹 참아두세요. 생각에 대한 이유가 잘 드러나게 글을 쓸 수 있도록 생각의 덩어리마다 문단을 나누는 것에 대한 안내만 해주셔도 좋은 글쓰기 교육이 될 것입니다.

국어 공부가 어려운 아이들에게

『국어』과목도『수학』이나『영어』만큼 개인 격차가 큰 과목입니다. 긴 글도 한 호흡에 읽고 바로 이해할 수 있는 아이들도 있지만, 단어에 관한 이해나 글에 대한 이해도가 낮은 아이들도 있습니다. 앞서 말씀드린 것처럼 초등학교 5학년『국어』과목은 학년 군의 변동으로 학습할 양과 지문의 양도 늘어나기 때문에 아이가 힘들어할 수 있습니다.

이런 경우, 교과서를 추가로 구매하여 집에서도 교과서로 공부할 수 있습니다. '한국 검인정 교과서 협회' 홈페이지(www.ktbook.com)에서 5학년 모든 교과서 구매가 가능합니다. 아이와 함께 현재 학교에서 배우는 내용을 다시 한 번 집에서 복습하면 훨씬 도움이 될 것입니다.

교과서를 활용한 공부법으로 우선 '교과서 읽기 지문을 소리 내서 읽어보기'를 합니다. 눈으로 읽는 것과 소리 내서 읽는 것은 다릅니다. 소리 내서 읽었을 때 어절 단위로 잘 끊어서 말하는 것처럼 읽는 연습이 필요합니다. 책 읽기 훈련이 부족

국어 교과서 질문 만들기 예시

글에서 답을 찾을 수 있는 질문	• 글에 나오는 등장인물은 누구누구인가요?
	• 등장인물들끼리 싸움이 일어난 이유는 무엇인가요?
	• (스스로 질문 만들기)
글에서 답을 찾을 수 없는 질문	• 갈등을 해결하기 위해서 어떻게 하는 것이 좋을까요?
	• (스스로 질문 만들기)
질문 만들기 Tip	• 답이 여러 개인 물음을 만들려면 '왜, 만약, 어떻게' 질문을 활용할 수 있어요. • '왜' 물음 : 왜 이런 일이 일어난 걸까? • '만약' 물음 : 만약 나라면 어떻게 했을까? • '어떻게' 물음 : 어떻게 하면 문제를 해결할 수 있을까?

한 아이들은 보통 긴 글이 나왔을 때 매끄럽게 읽지 못하기 때문에 읽으면서 무슨 뜻인지 바로 이해하지 못합니다. 그러니 소리 내서 읽는 훈련을 통해 내 목소리가 귀에 들어와 바로 뜻이 이해될 수 있도록 읽고 이해하는 훈련이 필요합니다.

그 이후 교과서 옆에 나와 있는 내용 확인 문제를 풀어보도록 합니다. 『국어』 교과서의 읽기 지문 옆에는 읽기 중간중간에 책의 내용을 이해했는지 묻는 질문이 나옵니다. 『국어』 교과서 지문을 잘 이해했는지 확인하는 질문들도 나와 있고 스스로 문제를 만들어보기도 합니다. 또한 글에서 답을 찾을 수 없는 질문을 통해 글에 대해 좀 더 깊게 이해할 수도 있습니다. 읽으면서 책 내용의 사실에 대한 이해 및 비판적인 사고를 하도록 돕습니다. 자기 학년의 『국어』 교과서를 잘 이해하고 문제를 풀 수 있다면 아이는 지금 잘하고 있는 것입니다.

꾸준히 소리 내어 읽기 연습을 했는데도 아이가 어절 단위로 잘 끊어 읽지 못한다면 난독증일 수도 있습니다. 난독증은 '듣고 말하는 데는 어려움이 없지만, 문자를 판독하는 데 이상이 있는 증세(국제난독증 협회 정의)'를 말하며 최근 디지털기기의

사용 증가로 생각보다 많은 아이가 난독증 증상을 보입니다. 한 연구 논문에서는 우리나라 초등학생 4.6%가 난독증에 해당한다고 발표하기도 하였습니다. 난독증 증상으로는 초등학교 고학년이 되어서도 철자법이 자주 틀리고 소리 내 읽기를 힘들어하거나 읽을 때 중간 발음을 생략하거나 부정확하게 말하기도 합니다. 또, 글자를 쓸 때 거의 그림을 그리는 것처럼 쓰고 가끔 글자의 좌우를 구별하지 못하는 때도 있습니다.

만약 아이에게 난독증이 있음이 의심된다면 하루빨리 전문기관에서 검사를 받아 적절한 치료를 받는 것이 필요합니다. 서울특별시교육청의 경우 2020년 6월 서울학습 도움센터에서 난독 전담팀을 신설하여 무료 진단 및 상담을 진행하고 있으며 각 지역교육청에서도 난독바우처 사업을 운영하고 있습니다.

영어, 어려운 글쓰기와 늘어나는 수업

학교에서는 초등학교 3학년 때 『영어』 수업을 처음 시작하지만, 실제로 영어 공부를 이 시기에 시작하는 아이는 거의 없을 것입니다. 가정에서는 아이가 아주 어릴 때부터 잠잘 때는 『마더구즈 시리즈(칭찬나라큰나라)』를 틀어주고 영어 동요를 꾸준히 들려줍니다. 〈뽀로로와 친구들〉이나 〈로보카폴리〉 같은 애니메이션도 영어 더빙으로 보여주고 아이가 5세쯤 되면 부모는 아이를 영어 유치원에 보내야 하는지, 어떤 유치원의 영어 수업 커리큘럼이 좋은지 고민합니다.

일반 유치원을 나온 아이들도 초등학교 입학에 맞추어 영어 학원을 필수로 여기며 다닙니다. 우리 아이가 살아갈 미래에는 세계의 여러 나라 사람들과 소통하며 살 테니 그들과 거리낌 없이 영어로 대화하는 것을 꿈꾸며 아이에게 어려서부터 다양한 영어 자극을 주기 위해 노력합니다.

이렇게 여러 가지 방법으로 영어를 접해 왔던 아이들이기 때문에 초등학교 3학년 때 학교에서 처음 배우기 시작하는 『영어』는 어렵지 않게 합니다. 3~4학년 『영어』 교과서 내용은 알파벳과 기초적인 낱말 위주이고 듣기·말하기 위주이기 때문에 어렵다고 느끼지 않습니다. 그러나 그동안 꾸준히 학원이나 엄마표 등을 통해 영어 공부를 했다 할지라도 초등학교 5학년쯤 되면 부모도 아이도 고민이 많아지는 시기입니다. 부모와 아이 대부분이 중학교 영어를 준비해야 할 시기라고 생각하고 공부하는 방향이 바뀌어야 한다고 여기기 때문입니다.

또한 그동안 만만하게 생각했던 학교『영어』수업도 주 2회에서 3회로 수업 시간 수가 증가하면서『영어』교과서 내용에도 많은 변화가 있습니다. 영어라는 과목은 아이들 개인차가 큰 과목이고 사교육이 가장 많은 과목이기도 합니다. 모두 열심히 하지만 부모님은 영어 공부의 많은 방향 속에서 어디에 더 중점을 두어 아이를 공부시켜야 하는지, 얼마큼 영어에 시간을 투자해서 어느 정도까지 목표를 두고 교육을 진행해야 하는지 균형을 잡기가 어렵고 혼란스럽습니다. 초등학교 5학년『영어』교육과정을 보고 이야기를 진행하도록 하겠습니다.

초등학교 5학년 영어 교과서 살펴보기

『영어』교과서는『국어』『수학』『사회』『과학』과목과는 다르게 검정 교과서를 사용하는 과목입니다. 즉, 학교에 따라 사용하는 교과서가 다를 수 있습니다. 현재 초등학교에서 사용하는 검정 영어 교과서는 ①대교 ②동아 ③천재 ④YBM 김혜리 ⑤YBM 최희경 총 5종입니다. 교과서 종류는 다르지만, 각 학년에서 배워야 할 성취기준은 같으니 기본적인 표현 내용은 같습니다.

초등학교 3~4학년『영어』교과서는 한 단원이 4차시로 구성되어 있습니다. 즉, 4시간을 수업해야 한 단원이 끝나는데 주 2회 수업을 하기 때문에 2주에 한 단원을 배웁니다. 그러나 5학년부터는『영어』교과서 한 단원이 6차시로 구성되어 있습니다. 똑같이 2주에 1단원씩 배워도 5학년은 1단원을 배우는데 더 많은 시간이 걸리는 것이지요.

초등학교 5학년『영어』한 단원을 배우는 6차시의 흐름은 [듣기-말하기-읽기-쓰기-역할 놀이(듣말읽쓰 통합)-단원 정리] 순으로 진행됩니다. 교과서의 한 단원을 배우는 흐름이 어떻게 진행되는지 교과서를 살펴보도록 하겠습니다. 5학년에서 사용하는 영어 교과서 중『YBM 최희경 영어』1학기 1단원 'I'm From Mexico' 파트를 보면 각 차시에서 배우는 활동 내용은 다음 페이지 '5학년 1학기 1단원' 표와 같습니다. 교과서의 굵은 활동 내용만 옮겨 적어보았는데요. 듣기를 배우는 시간이면 다양한 '듣기' 활동을, 읽기에 초점이 맞춰진 시간에는 '읽기'와 관련된 활동들로 구성되어 있습니다. 교과서 내용을 살펴보면 초등학교 4학년『영어』교과서와 비교했을 때 몇 가지 차이점이 있습니다.

첫째, 쓰기 수업

가장 눈에 띄는 점은 4차시에 진행되는 쓰기 수업입니다. 초등학교 4학년 때까지『영어』교과서 수업에서 쓰기 내용은 '낱말'을 따라 써보는 것이었는데, 5학년『영어』교과서에서는 'Discovery Fun'이라고 해서 '문장'의 패턴을 제시하고 아이들이 규칙을 찾을 수 있도록 합니다. '문법'의 기초가 교과서에 도입되는 것입니다. 'Write and Talk' 부분은 문법에 대한 설명이 더욱 자세히 되어 있습니다. '대·소문자를 구별하여 적는 법' '문장 부호를 적는 법'에 관해 제시하고 맞추어 써보는 활동을 합니다. 그리고 'Read and Write in real Life'에서는 짧은 문단으로 나의 상황에 맞추어 오늘 배운 표현을 적어보는 활동을 진행합니다.

또한 초등학교 4학년 때까지는 영어 쓰기를 할 때 2개 중에 골라 적거나 〈보기〉에서 단어를 제시하고 그중 골라 쓰게 하지만 5학년『영어』교과서에서는 〈보기〉단어의 제시 없이 스스로 영어 단어를 적을 수 있어야 하는 것도 큰 차이입니다.

5학년 1학기 1단원 'I'm From Mexico' 교과서 활동 내용(YBM 최희경)

차시	활동 내용	차시	활동 내용
1차시 (듣기)	Open up	4차시 (쓰기)	Discovery Fun
	Look and Listen		Write and Talk
	Rap Chant		
	Listen and Do		Read& Write in Real Life
	Listen and Play		
2차시 (말하기)	Look and Say	5차시 (역할 놀이)	Story Box
	Sounds Fun(파닉스)		Before You Read
	Song Time		After You Read
	Talk Together		With Your Friends
	Speak and Play		
3차시 (읽기)	Read and Speak	6차시 (단원 마무리)	Wrap Up
	Read and Do		
	Write and Do		The World and Us
	Read and Play		

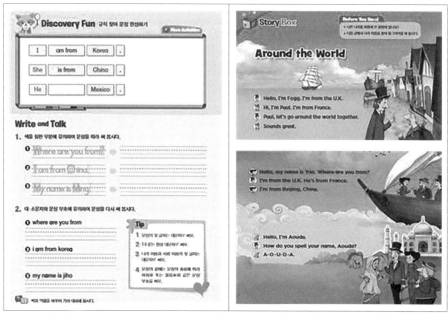

4차시 쓰기 교과서 예시   5차시 역할 놀이 교과서 예시

둘째, Story Box

5차시에는 역할 놀이를 하기 위한 대본 형식으로 'Story Box'라는 읽기 지문이 처음 등장합니다. 초등학교 4학년 때까지는 역할극을 할 때 그림으로만 상황을 제시받아 듣고 따라 말하는 것으로 대사를 외워 역할극을 진행합니다. 즉, 교과서에 따로 읽기 지문이 아예 없습니다. '듣고 외워서' 했던 역할극이 이제는 스스로 지문을 '읽고 이해한 후' 역할극을 하도록 된 것입니다.

위와 같은 이유로 초등학교 5학년『영어』교과서에서는 3~4학년『영어』교과서의 '듣기 말하기' 위주에서 '읽기 쓰기' 기능이 좀 더 강조되었음을 알 수 있고 '문법 배우기'를 새롭게 시작한다는 것 또한 알 수 있습니다.

내신 영어 vs 생활 영어_영문법, 단어

영어를 배우는 형태 및 방법은 참 많습니다. 리딩 중심으로 배우는 프로그램도 많이 있고 재미있는 애니메이션을 이용하여 영어를 익히는 프로그램도 많습니다. 화상 영어를 통해 스피킹의 기회를 늘리는 것도 좋고『해리포터』시리즈와 같은 원서를 읽는 것도 괜찮은 학습 방법 같습니다. 이렇게 영어를 학습하는 방법이 너무 다양하고 많아 오히려 머리가 아프고 우리 아이에게 가장 잘 맞는 방법이 무엇인지 알아볼 엄두가 나지 않는 것일지도 모르겠습니다. 또 초등학교 고학년이 되니 이것저것 시도하다 실패할까 두려운 것도 있습니다.

우선, 아이가 지금 영어를 통해 이루고자 하는 목표나 방향을 정확하게 설정하는 것이 필요합니다. 좋다는 것을 다 하다보면 영어에 너무 많은 에너지가 소비됩니다. 특히 초등학교 5학년 때는 영어 외에 다른 과목도 관심을 쏟아야 하므로 마냥 영어에만 집중하기는 어려운 상황입니다. 보통 미취학 아동일 때, 그리고 초등학교 저학년까지는 아이가 다양한 방법으로 영어를 접하고 자연스럽게 받아들이는 데 중점을 둡니다.

아이가 영어에 흥미를 느끼고 '파닉스Phonics'를 지나 '리더스 북Reader's Book'에서 '챕터 북Chapter Book'까지 왔다면 아주 성공적입니다. 이 정도까지 준비되었다면 이제는 영어 공부 방향을 중학교에 진학해 영어 시험을 보았을 때 좋은 점수를 받을 수 있도록 '내신 영어'를 준비하는 쪽으로 설정할 필요가 있습니다.

초등학교에서는 영어 수행평가 자체가 매우 쉽고 목표에 도달했을 경우 모든 아이가 좋은 점수를 받기 때문에 크게 문제가 되지 않습니다. 아이들 또한 스스로 본인이 영어를 잘하고 있다고 느낄 것입니다. 그러나 중학교에 진학해 영어 시험을 보고 점수를 받아보면 무척 놀라는 경우가 많습니다. 시험이라는 시스템에 아직 적응되지 않아 나타나는 일시적인 현상이면 좋을 텐데, 사실은 그동안 내가 안다고 생각했던 것이 '시험 영어'를 통해 보니 정확히 알고 있는 것이 아니었음을 비로소 알게 된 것입니다.

'듣기 말하기'에 집중하며 영어 공부를 하였던 아이들은 조금 틀리게 이야기해도, 조금 못 들어도 대강의 맥락 속에서 언어를 이해합니다. 그런데 '문법'과 정확한 이해를 해야 하는 '읽기' 부분에서는 안다고 생각했던 부분이 사실은 모르고 있었음을 중학교 영어 시험을 통해 확인하는 것입니다. 아이가 영어를 좋아하는 것과 영어 점수를 잘 받는 것은 조금 다를 수 있습니다. 이럴 때 아이는 더 당황합니다. 내가 어려워하고 힘들어하는 과목도 아니고 오히려 잘한다고 자신했던 과목에서 좋지 않은 점수를 받으면 앞으로 어떤 노력을 해야 하는지 잘 모릅니다.

앞서 초등학교 5학년 『영어』 교과서의 변화에서 보았던 것처럼, 아이가 5학년이 되면 기본적인 영문법을 배우고 영어 단어를 외우는 공부 습관을 갖기 시작해야 합니다. 학교 시험에서 좋은 점수를 받는 데 기본 중점을 두고 시간과 여력이 된다면 그 이외에 넷플릭스도 보고 스피킹도 하는 것처럼 다양한 방법으로 활동을 확장하면 좋습니다. 영문법은 '초등 영문법'과 '중등 영문법'이 따로 구별되지 않습니다. 그래서 영문법과 단어 공부는 시중에 나와 있는 문제집을 활용하여 공부하는 것도 충분히 가능합니다. 시중에 있는 문제집 중 아이의 영어 수준에 맞추어 쉽게 접근할 수 있는 것으로 시작하시기 바랍니다. 아이와 함께 직접 서점에 가서 보고 골라도 좋고 온라인 서점 문법 분야에서 가장 많이 판매되는 문제집을 사서 시작하셔도 좋습니다.

저는 큰아이와 키 출판사의 『문법이 쓰기다』 시리즈(키 영어학습방법연구소) 『단어가 읽기다』 시리즈(키 영어학습방법연구소) 책으로 가정에서 영어 공부를 했는데, 초등학교 3학년 아이가 날마다 2~3장 분량으로 어렵지 않게 진행할 수준이었습니다. 그동안의 영어가 '듣기 말하기' 위주의 공부였다면 영문법과 단어를 외우는 영어 공부는 언어를 배운다는 접근보다는 공부 과목으로의 접근이므로 다른 과목들처럼 공부 습관을 잡는 연습이 필요합니다.

그렇다면 영어 공부 습관을 잡기 위해서는 어떻게 공부해야 할까요? 초등학교 5학년 아이들의 하루 공부 계획을 잡아본다면 폭넓은 분야의 독서, 글쓰기, 수학, 영어 순으로 잡을 수 있을 것입니다. 독서는 적어도 가장 먼저 1시간 이상 배분해주세요. 사회와 과학 부문의 다양한 독서로 분야와 글밥을 점점 늘리는 데 중점을 두는 것을 최우선으로 해주세요. 여기에 독서록이 되었든, 내 생각 쓰기가 되었든 쓰기 활동도 같이 해주면 좋습니다. 결국 이 읽고 쓰는 활동이 아이가 해야 할 공부의 모든 것입니다.

거기에 수학과 영어는 날마다 조금씩이라도 꾸준히 공부하는 습관을 가지게 해주세요. 하루 3장이 되었든 4장이 되었든 '스스로' 생각하고 공부하며 문제를 푸는 시간을 갖도록 해야 합니다. 어느 날은 2시간 집중해서 문제집을 풀고 어느 날은 하나도 풀지 않고가 아니라 조금씩 날마다 공부하는 것이 더 좋습니다. 집에서 따로 공부할 수 있는 교재로 매일 '스스로' 일정 분량을 꾸준히 공부하도록 해주세요.

혼자서 문제를 이해해 풀기 어렵다면 EBS 홈페이지에서 볼 수 있는 다양한 인터넷 강의를 활용하는 것 또한 좋은 방법이 될 것입니다. 현재 EBS 홈페이지에는 영문법과 단어 공부 관련하여 아이 스스로 공부하는 데 도움이 될 만한 다양한 영상이 제공되고 있고, EBS 초등 사이트에서는 〈My grammar coach〉나 〈EBS 기초 영문법〉 같은 수업을 무료로 수강하는 것이 가능합니다.

영어책 읽고 쓰기의 힘

영어 또한 언어이므로, 언어 실력을 늘리는 가장 좋은 방법은 많이 접하는 것입니다. 다만, 이는 앞서 말한 '중·고등학교 내신 영어' 점수를 잘 받기 위한 기본 목표에 중점을 둔 이후 활동입니다. 사실 많이 읽고 많이 쓰는 활동들을 통해 영어를 언어로써 공부하여 내신 영어 점수까지 잘 받는 것이 가장 좋은 영어 공부 방법일 것입니다. 그러나 지금 당장 영어로 읽고 쓰고 말하는 행동이 자연스러운 아이가 아니라면 들인 시간과 노력에 비해 효과가 떨어질 수 있습니다.

우선 교과 과목으로 영어를 공부하면서 아이가 영어를 그대로 받아들일 기회도 함께 제공하면 좋습니다. 그중 하나의 방법이 '영어책 읽기'입니다. 우리가 일반적으로 아이의 공부를 위해 '독서'가 필수이자 유일한 방법이라고 이야기하는 것과 마찬가지입니다. 영어책을 소리 내 읽고 그중 좋은 부분을 따라 쓰는 활동을 통해 영어를 습득하는 것입니다. 정확한 설명을 하지 못해도 '이 문장의 형태가 좀 더 자연스러워 보인다'라는 감을 익히는 것입니다. 이것이 문법과 단어와 결합하여 함께 영어 실력을 향상하는 방법입니다.

그동안 영어책 읽기를 하지 않았던 아이들에게도 지금 영어책 읽기를 시작하는 게 좋은 기회가 됩니다. 영어책에 대한 이해 수준도 결국은 한글에 대한 이해 수준을 넘기 어렵습니다. 지금 충분히 한글책 독서를 해 놓은 아이들이라면 영어책을 읽는 수준도 함께 올릴 수 있습니다(지금 여기에서 말하는 영어책은 '챕터 북'을 뜻함).

'리더스 북'은 '읽기'를 연습할 목적으로 만든 책으로『Oxford Reading Tree』가 대표적입니다. '챕터 북'이란 아이들의 이야기책으로 보통 시리즈로 많이 나옵니다.『Magic Tree House』같은 경우가 대표적인 챕터 북입니다.『Magic Tree House』는『마법의 시간여행』시리즈(비룡소)라는 이름으로 한글 번역책으로도 나와 있습니다. 이렇게 우리나라에도 번역 출판된 책이라면 한글책을 먼저 접하도록 한 후에 영어 원서를 비교해서 읽게 합니다. 이렇게 하면 어느 정도 선행 지식이 있는 상태가 되어 영어책 읽기를 좀 더 부담 없이 접근할 수 있습니다.

또한 아이들이 좋아하는 챕터 북으로『Nate the Great』『Arthur's Adventure』와『Henry and Mudge』등이 있습니다. 모두 AR 지수ATOS BOOK Level(영어권 나라에서 초·중학생을 대상으로 읽기 실력을 평가하기 위해 만들어진 프로그램) 2~3점대의 어렵지 않은 챕터 북이면서 원서의 재미를 느끼기에 좋은 책입니다. 그리고 뒤에 설명한 3개의 챕터 북은 EBS랑 사이트에서 '원서 읽기 목표 달성(원목달)'이라는 인터넷 강의 프로그램도 함께 진행하고 있습니다.

영어가 어려운 아이들에게

초등학교 영어 수업은 챈트, 노래, 게임, 역할극 등 활동 중심으로 진행되기 때문에 아이들의 흥미도가 높은 편입니다. 그런데도 한 반에 3~5명의 아이는 영어라고 하면 알레르기 반응이 일어나는 것처럼 싫어하기도 합니다. 자세히 살펴보면 처음 영어를 접할 때 별로 좋지 않은 경험들(수준에 맞지 않은 영어 수업으로 힘들어했거나 나만 알파벳을 몰라 창피를 당한 적이 있다던가) 때문에 영어가 보기도 싫은 과목이 된 경우입니다.

워낙 어려서부터 영어 사교육을 많이 시키기 때문에 어릴 때부터 아이들의 영어 실력이 차이 나 보이지만, 사실 시간이 지나고 나면 그렇지도 않습니다. 초등학교 1학년 때 같은 나이의 옆집 아이는 영어로 일기를 쓰는데 우리 아이는 아직 알파벳 대소문자가 헷갈리면 큰일이 날 듯하지만, 1학년 아이가 일기로 쓸 수 있는 내용과 단어는 8살의 수준을 넘어서기가 쉽지 않습니다.

초등학교 5학년 역시 또래 사이에서 영어 격차가 발생한다고 하여 "나는 영어 완전히 못해. 못해서 싫어"라고 영어를 포기하기에는 이른 시기라고 생각합니다. "선생님, 우리 때와는 달라요!"라고 말씀하실 수 있지만, 현재 수능에서 영어는 2018년부터 절대평가로 전환되었습니다. 90점 이상을 획득하면 모두 1등급을 받을 수 있습니다. 그러니 아이가 지금 영어를 어려워한다고 해서 재껴두고 다른 과목에 눈을 돌리지 않으셨으면 합니다. 그렇다면 영어를 싫어하는 우리 아이, 어떻게 도와주어야 할까요?

가장 우선되어야 할 점은, 영어에 흥미를 갖고 두려워하지 않게 해주는 것만으로도 반 이상 성공하셨습니다. 아이의 마음속에 영어에 관한 어떤 상처가 자리 잡고 있을 수도 있습니다. 아이들 앞에서 창피당했던 경험, 어학원의 숙제에 너무 치였던 경험, 학원 수업 수준을 못 따라갔던 경험 등 불편한 감정이 있기에 영어 공부를 하려고 하지 않는 것입니다. 그 마음을 돌리고 영어가 재미있고 할 만하다고 생각하도록 해주는 것만으로도 성공입니다.

아이가 영어에 흥미를 느끼도록 노력하는 동안에는 아이가 영어에 뒤처져 있으니 더 많은 학습량을 시키겠다거나 또래 아이와 비교하는 마음은 접어두시기를 바랍니다. 어떠한 이유가 되었든 아이는 지금 한 번 넘어져 다친 상태입니다. 아이가 다쳤다는 점과 잘하고 싶은 마음은 넘치는데 잘 안 되는 좌절만 더 많이 경험한 것은 알 바 없이 부모님이 "뭐 하고 있어, 빨리 뛰어, 네가 제일 늦잖아!"라고 이야기하면 안 되겠지요.

아이에게 영어에 관한 흥미와 자신감을 주기 위해서 아주 쉬운 애니메이션과 『영어』 교과서를 준비하시기 바랍니다. 처음에는 학원이나 과외보다는 부모님의 도움이 더 필요합니다.

우선 아이가 좋아하는 영어 프로그램을 골라주세요. 넷플릭스 프로그램이나 디즈니 영화가 될 수도 있고 〈페파 피그〉처럼 아주 쉬운 애니메이션일 수도 있습니다. 아이가 하루 30분 정도는 아무 생각 없이 다양한 프로그램을 통해 즐겁게 영어를 보고 들을 수 있도록 해주세요. 이는 초등학교 저학년이나 미취학 아이들에게 하는 대표적인 영어 노출 방법입니다.

그리고 아이의 해당 학년『영어』교과서를 따로 준비하시면 좋습니다. 혹시 아이가 제 학년의 영어를 어려워한다면 초등학교 3학년『영어』교과서부터 시작해도 좋습니다. 검정 교과서는 해당 출판사 홈페이지에서 CD와 교육자료를 따로 제공합니다. 그것으로 하나씩, 천천히, 차근차근 시작해보세요. 역할 놀이 부분도 부모님이 함께해주시고 문장도 익숙해지도록 충분히 반복해서 읽고 써보세요. 두세 달 정도만 부모님과 함께 영어에 시간을 쏟으면 초등학교 3~4학년『영어』교과서는 금방 끝날 것입니다.

긴 영어 공백일 듯하지만, 실제로는 금방 메꿀 수 있는 공백입니다. CD도 계속 반복해서 듣게 하고 아이를 꾸준히 칭찬하고 격려하며 진행해주세요. 아마 금방 툭툭 털고 영어 공부를 향해 혼자 뛰려고 할 것입니다. 아이가 잘할 때는 많은 사람이 손뼉을 쳐주고 칭찬해주겠지만, 공부에 힘들어하고 어려워할 때 정말 손잡아주고 안아줄 수 있는 사람은 바로 부모뿐이니까요.

수학, 수포자 발생

갑자기 뚝 떨어진 수학시험 점수를 받고 울음을 터트린 사람은 부모님이 아니라 아이였습니다. 부모님이 하교 시간이 지났는데도 아이가 오지 않아 걱정된다고 학교로 전화하여 찾아보니 아이는 화장실에서 울고 있었습니다. 아이는 초등학교 4학년 때까지 한 번도 어렵다고 생각하지 않았던 수학에서 이런 점수를 받으니 적잖이 당황하고 놀란 모양입니다. 교실로 불러 마음을 다독이고 달래서 집으로 보냈습니다. 수학이 무엇이라고 아이에게 이런 상처를 주었나 싶은 마음도 들고, 잘하고 싶은 아이의 마음이 기특하기도 했습니다.

잘해 오던 아이들도 초등학교 5학년 즈음의 수학에서 고비를 맞이합니다. 『수학』이라는 과목은 특성상 학년별로 연계성이 있습니다. 수학은 지금 잘해 놓지 않으면 다음 단계로 나가는 데 걸림돌이 되니 더욱더 힘든 일입니다. 그래서 수포자가 생기기 시작하지만, 안타깝게도 지금 수학을 놓아버리면 중·고등학교에서도 수학은 계속 아이를 힘들게 합니다. 그런 점을 잘 알기 때문에 부모님들은 아이가 초등학교 저학년일 때는 영어나 예체능 위주의 사교육을 받게 하다 5학년을 기점으로 수학 사교육을 시켜야 하나 많이 고민하기도 하고 시작하기도 합니다.

초등학교 5학년 수학, 어려운 게 맞다

초등학교 5학년 『수학』 교육과정은 아이들에게 어려운 게 맞습니다. 상식적으로 생각하면 5학년 수학보다 6학년 수학이 더 어려워야 하는 거 아니냐고요? 아래 페이지 '2015 개정 교육과정 수학과 5~6학년 단원명과 영역' 표는 5학년과 6학년의 수학 단원 목차입니다.

초등학교 5학년 『수학』이 어렵다고 느끼는 가장 큰 요인 중 하나는 1학기 5단원 '분수의 덧셈과 뺄셈' 단원 때문입니다. 아이들은 3학년 때 처음 『수학』 교과서에서 분수라는 개념을 배웁니다. 진분수, 가분수, 대분수의 개념을 배우고, 대분수를 자연수+진분수의 형태로 나타낼 수 있습니다. 4학년 때는 분모가 같은 분수의 덧셈과 뺄셈까지 배웁니다. 3~4학년 때는 $1\frac{2}{5} + 3\frac{1}{5}$ 과 같은 문제를 풀었는데, 5학년에서

2015 개정 교육과정 수학과 5~6학년 단원명과 영역

	5학년		6학년	
1학기	1. 자연수의 혼합계산	연산	1. 분수의 나눗셈	연산
	2. 약수와 배수	연산	2. 각기둥과 각뿔	도형
	3. 규칙과 대응	규칙성	3. 소수의 나눗셈	연산
	4. 약분과 통분	연산	4. 비와 비율	규칙성
	5. 분수의 덧셈과 뺄셈	연산	5. 여러 가지 그래프	자료와가능성
	6. 다각형의 둘레와 넓이	측정	6. 직육면체의 부피와 겉넓이	측정
2학기	1. 수의 범위와 어림하기	측정	1. 분수의 나눗셈	연산
	2. 분수의 곱셈	연산	2. 소수의 나눗셈	연산
	3. 합동과 대칭	도형	3. 공간과 입체	도형
	4. 소수의 곱셈	연산	4. 비례식과 비례배분	규칙성
	5. 직육면체	도형	5. 원의 넓이	측정
	6. 평균과 가능성	자료와 가능성	6. 원기둥, 원뿔, 구	도형

는 '분모가 다른' 분수의 '덧셈, 뺄셈, 곱셈'을 배웁니다. 즉, 분모가 다른 분수의 사칙 연산 중 나눗셈을 제외한 3가지를 배우는데 그중 덧셈과 뺄셈을 참 어려워합니다. $1\frac{1}{3}+3\frac{2}{5}$ 와 같은 분수의 계산을 위해 최대공약수와 최소공배수, 크기가 같은 분수 만들기, 약분 통분의 개념을 배웁니다. 1학기 『수학』의 2단원과 4단원은 5단원을 배우기 위한 사전 단계라 할 수 있습니다. 2학기에 배우는 분수의 곱셈은 계산 자체는 어려워하지 않지만 '5개의 $\frac{3}{4}$' 과 같은 비율 분수의 개념을 이해하는 것은 쉽지 않습니다.

평면도형 중에서 '합동과 대칭'도 처음 배우고 입체도형도 초등학교 5학년이 되어서야 처음 도입되는 개념입니다. 5학년의 특성에서 이야기한 것과 같이 이 시기의 아이들은 보이지 않는 것에 관해서도 논리적으로 생각할 수 있는 능력을 갖추기 때문에 입체도형의 보이지 않는 뒷면까지도 유추하도록 하는 것입니다.

'확률'과 연계되는 가능성의 문제도 초등학교에서 처음 도입되는 시기가 바로 초등학교 5학년입니다. 다양한 개념의 새로운 도입으로 아이들은 수학을 낯설게 느끼고 복잡한 연산 단원들로 문제를 풀 때 실수가 잦아지고 시간도 오래 걸려 수학을 공부하는 건 힘들다고 생각하게 되는 것입니다. 오히려 6학년 『수학』에서는 분수의 덧셈, 뺄셈, 곱셈의 고비를 넘어 '분수와 소수의 나눗셈' 부분만을 다루고 입체도형도 이미 5학년에서 한고비 넘고 왔기에 상대적으로 수월하게 느끼게 됩니다.

연산의 덫

초등학교 5학년 『수학』에서 가장 어려움을 느끼는 내용 중 하나가 연산 부분이기 때문에 부모님들은 연산에 관한 고민을 많이 하십니다. 아이들이 수학 연산에 대해 가지고 있는 문제들은 다음 몇 가지로 요약될 수 있습니다. 이 문제들은 연산을 충분히 연습하지 않아서 생기는 문제들입니다.

·반복되는 연산 문제를 정말 싫어한다.
·연산 문제를 풀 때 실수가 잦다.
·연산 문제를 푸는 데 시간이 너무 오래 걸린다.

저는 아이들과 수학을 공부할 때 연산을 젓가락질에 비유합니다. 젓가락질을 잘한다고 해서 밥을 잘 먹는다고 이야기할 수는 없습니다. 그러나 반대로 젓가락질을 못하면 밥을 먹을 수가 없습니다. 즉, 연산이란 수학 공부에서 필요조건은 맞지만 충분조건은 아니라는 뜻입니다.

초등학교 고학년 수학으로 갈수록 변별력이 생기는 것은 생각하는 수학입니다. 연산이 잘 되어 있지 않으면 '생각하고 고민해야 할 문제'까지의 접근 자체가 어려워집니다. 그런데 이 연산이라는 것이 '문제 몇 번 풀고 알겠다' 정도의 느낌만으로는 안 됩니다. 도형 단원을 공부하고 측정 단원을 공부한 다음 시간이 한두 달 정도 흐른 뒤 연산 문제를 보았을 때, 이렇게 하는 것 같기도 하고 아닌 것 같기도 한 아리송한 상황이면 여전히 충분한 연산 연습이 안 된 것입니다.

그러니 부모님께서는 아이가 반복되는 연산 문제를 정말 싫어해도 반드시 꾸준히 시키셔야 합니다. 아이가 운동하기 싫다고 해도 건강을 위해 운동을 시키시잖아요. 연산이란 수학을 위해 하는 그런 도구적인 개념입니다.

그런데 반대로 '연산'을 잘한다고 해서 수학을 잘하는 것은 아니라는 점도 기억해 두시기 바랍니다. 간혹 방문하는 학습지를 통해 초등학생 아이가 '연산 수학'을 중학교 3학년 내용까지 끝내서 수학은 자신 있다고 생각하는 아이가 있습니다.『수학』수업 시간에 교과서에 나와 있는 조작 활동이나 계산식에 맞는 문제를 만들어야 하는 활동, 즉 평소 본인이 했던 연산 이외의 확장된 활동에서는 본인 학년 교과서의 문제도 어려워하는 아이가 참 많습니다. 그래서 부모님께서는 '연산 학습지'의 어느 단계, 어느 학년 것을 했다고 아이가 그 정도의 수학 실력을 갖추고 있다고 오해하시면 안 됩니다.

그러면 아이의 연산 연습은 어느 정도의 양을 해야 적당할까요? 연산도 선행이 필요할까요? 예를 들어, 하루에 수학 공부하는 시간을 1시간이라고 잡는다면 그중 15분 정도는 연산을 먼저 공부할 수 있도록 해주시면 좋습니다. 아이의 속도에 따라 다르지만 날마다 꾸준히 3~5장 정도의 연산 문제를 접할 수 있도록 해주세요. 연산을 먼저 하고 본격적인 수학 공부를 시작할 수 있도록 말이지요. 가능하면 시간을 정해놓고 문제를 풀도록 해 정확도를 높이는 데 초점을 두고 연습하는 것이 좋습니다.

만약 아이가 현재 배우고 있는 수학 익힘책 문제를 푸는 걸 어려워한다면 연산이 먼저가 아닙니다. 아이는 지금 배우고 있는 개념 자체도 이해가 되지 않은 상황입니다. 이런 경우는 다시 개념 이해를 하는 데 중점을 두어야 합니다. 개념 이해가 되지 않은 상태에서 연산만 계속 연습하면 문제의 형태가 조금만 바뀌어도 모르는 상황이 생깁니다. 이와 같은 이유로 지나친 연산 선행이나 수학 선행은 별 도움이 되지 않습니다. 차라리 지금 배우고 있는 문제의 심화 문제를 풀어 더 깊게 이해할 수 있는 데 중점을 두시기 바랍니다.

도형과 측정_전개도와 다각형의 넓이

초등학교 5학년 1학기 『수학』 6단원 '다각형의 둘레와 넓이'라는 측정 단원에서는 직사각형, 정사각형, 평행사변형, 삼각형, 마름모, 사다리꼴의 넓이 구하기 내용이 나옵니다. 교과서 구성을 살펴보면 교과서 뒤의 준비물 종이를 이용해 아이들이 다양한 방법으로 조작 활동을 충분히 한 후 넓이를 구하는 방법을 제시합니다.

　이 단원에서는 조작 활동을 통해 아이들이 다각형을 잘라보고 붙여보고 이동해보며 다각형 간의 상관관계를 파악하는 게 중점입니다. 그래서 문제도 여러 다각형을 섞어놓고 넓이를 구하라고 하면 아이는 문제 안에 들어 있는 복잡한 다각형을 평행사변형, 삼각형, 사다리꼴 모양으로 분리해 넓이를 구할 수 있게 됩니다. 분리하는 모양에 따라 다양한 방법이 나올 수 있습니다.

　그런데 조작 활동이나 다각형 간의 상관관계는 다 잊고 공식에만 집중하다 보면 참 헷갈립니다. '÷2를 하던가? 아닌가?' 하며 늘 어렵다고 느낍니다. 그러니 아이가 도형 부분을 공부한다면 가정에서도 '조작 활동'을 꼭 해보길 추천해 드립니다. 반복해서 만들어보고 돌려보고 색칠해보며 이것이 의미 없는 공식이 아니라 그럴 수밖에 없는 이유임을 이해하도록 하는 과정입니다. 역사 공부를 할 때도 단기적인 사건을 외우는 것은 금방 까먹지만, 흐름을 이해하면 좀 더 쉽게 상황을 이해할 수 있는 것과 비슷합니다.

　예를 들어, 5학년 1학기 『수학』 교과서 p.133에 나와 있는 '사다리꼴의 넓이 구하기' 문제를 살펴보도록 하겠습니다. 여기서 첫 번째 활동으로 사다리꼴의 명칭에 관해 배웁니다. 즉 이곳을 밑변, 저곳을 윗변이라고 하고 밑변과 윗변 사이의 거리를 높이라고 정의함을 배우는 것입니다.

　그리고 〈활동 2〉에서 아이들이 스스로 사다리꼴 두 개를 가지고 이미 배웠던 다각형(평행사변형)을 만들도록 해봅니다. 〈활동 3〉에서는 사다리꼴 하나를 두 개로 나누어 다시 평행사변형을 만듭니다. 이렇게 하면 높이가 절반이 되기 때문에 높이 부분에서 나누기 2를 해야 합니다. 〈활동 4〉에서는 사다리꼴을 삼각형 두 개로 나누어 넓이를 구하는 방법을 나타내고 있습니다. 이런 이유에서 사다리꼴의 넓이를 구할 때는 '(아랫변+ 윗변)×높이÷2'라는 공식이 나옵니다.

　『수학』 교과서에서는 3가지 방법으로 사다리꼴의 넓이를 구하는 활동을 직접

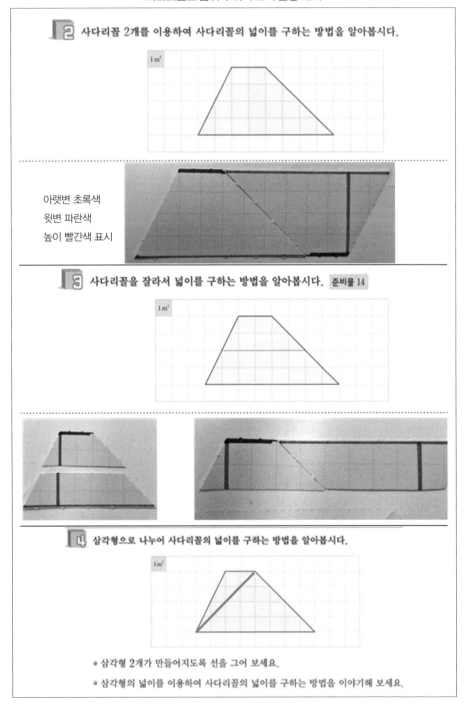

2 사다리꼴 2개를 이용하여 사다리꼴의 넓이를 구하는 방법을 알아봅시다.

아랫변 초록색
윗변 파란색
높이 빨간색 표시

3 사다리꼴을 잘라서 넓이를 구하는 방법을 알아봅시다. 준비물 14

4 삼각형으로 나누어 사다리꼴의 넓이를 구하는 방법을 알아봅시다.

• 삼각형 2개가 만들어지도록 선을 그어 보세요.
• 삼각형의 넓이를 이용하여 사다리꼴의 넓이를 구하는 방법을 이야기해 보세요.

5-2학기 5단원 직육면체 전개도 활동 예시

해보도록 제시하고 있습니다. 이 활동이 '중심'입니다. 그저 다각형 넓이를 구하는 공식을 외워 문제를 푸는 것은 아이들도 즐겁지 않고 조금 지나면 잊어버릴 일입니다. 가정에서도 도형을 계속 가지고 놀고 움직일 수 있도록 해주세요.

초등학교 5학년 『수학』 2학기에는 5단원 '직육면체' 단원에서 직육면체와 정육면체의 겨냥도와 전개도에 관해 배웁니다. 직육면체를 다양한 모양의 전개도로 그려보기도 하고 전개도를 보고 이것이 직육면체가 되는지를 파악하기도 합니다. 이 또한 아이들이 어려워하는 단원인데, 이런 도형 활동을 할 때도 아이가 직접 손으로 만들어보고 눈으로 확인하도록 해주세요.

집에서 할 수 있는 활동의 예를 들면, 색종이 4장을 준비해 그중 2장은 반으로 자릅니다. 이렇게 6장이 된 색종이를 가지고 다양한 모양으로 전개도를 만들어 볼 수 있습니다. 여기서는 총 11가지 전개도 모양이 나오는데, 저는 아이들과 활동할 때 모둠별로 토의하여 11가지 모양을 모두 찾아보는 활동을 하였고, 활동이 끝난 후에는 자기가 만든 전개도를 눈금 종이에 그려보는 활동을 했습니다. 아이들은 자신이 직접 체험하고 만들어 본 것을 가장 빠르게 이해하고 오래 기억합니다.

심화 문제와 사고력 문제

보통 시중에 나와 있는 수학 문제집을 보면 '연산문제집' '교과서 개념 문제집' '영역별로 나와 있는 문제집(도형, 측정, 확률과 가능성 등)' '사고력 문제집' 등으로 나눌 수 있습니다. 연산 부분에서 말씀드린 것처럼 저는 수학은 선행보다 심화가 더 필요하고 효과적이라고 생각합니다. 몇 학년을 뛰어넘는 과정을 배운다는 것은 사실 부모님의 만족일 수 있습니다.

수학을 정말 좋아하고 잘하는 아이라도 1년 이상의 선행은 무리라고 생각합니다. 대신 자신의 학년에서 배우는 수학 문제를 다양하고 깊게 접하는 편이 좋다고 생각합니다. 시중에 나와 있는 문제집도 난이도별로 단계가 있습니다.

어느 해 담임을 맡았던 초등학교 5학년 아이 중에 수학 부문에 두각을 나타내는 아이가 있어 물어봤습니다. 이 아이는 정말로 수학을 즐기고 행복해하는 아이였습니다. 이 아이는 같은 학기 문제집을 8권 정도 푼다고 했습니다. 즉, 『수학』 1단원을 공부할 때 8권에 나와 있는 1단원 문제를 모두 풀어본답니다. 아는 문제를 푸는데 즐거움을 느끼지 않고 새로운 형태의 문제가 무엇이 있을까를 찾아 헤매듯 새롭고 자극이 되는 문제를 찾아 푸는 것입니다. 힘들지 않냐는 제 질문에 "제가 좋아서 하는 거예요!"라는 교과서에나 나올법한 대답을 하는 아이를 보고 그 부모님이 정말 부러웠습니다.

그래서 저도 학부모 상담 때 그 아이의 부모님에게 질문했었는데요. "어떻게 키우면 이렇게 잘 크나요?"라는 제 질문에 학부모님은 "그냥 아이가 스스로 해요"라는 슬픈 대답을 합니다. 그게 가장 어려운 거잖아요. 그 아이만큼 수학에 흥미를 느끼지 않는 일반적인 아이라도 연산+교과서 개념 문제+심화 문제를 한 세트로 해 한 학기 『수학』 공부를 진행하시면 좋습니다.

사실 저의 큰아이도 이렇게 연산+교과서 개념+심화 문제 3권을 한 세트로 푸는

데, 이렇게 해도 하루에 푸는 양은 연산 3장, 문제집 2~3장입니다. 푸는 양이 생각보다 많지 않은 듯하지만 이렇게 한 학기만 하면 교과서 진도에 맞추어 끝낼 수 있고, 방학 동안에는 다음 학기 선행 대신 어려워하던 사고력 문제집을 한 권 더 풀어볼 수 있습니다.

심화 문제를 선택할 때는 아이 스스로 문제를 풀었을 때 70% 이상 맞는다면 적당한 수준입니다. 90% 이상의 정답률을 보인다면 좀 더 자극을 높여줄 수 있는 방법을 찾아보는 편이 좋고 50% 아래로 나온다면 아이에게 너무 어려워 수학에 흥미를 잃게 만들 수 있으니 좀 더 쉬운 단계의 문제를 푸는 편이 좋습니다. 잊지 마십시오. 이 기준은 '아이 스스로 풀었을 때'입니다. 간혹 학원에서 어려운 문제를 강사가 풀어주시는 것을 보고 푸는 것은 여기에 해당하지 않습니다. 아이가 스스로 생각해서 문제에 접근해 푸는 것을 보고 판단하시기 바랍니다.

학원을 보내야 할까요?

공부는 결국 아이 혼자 스스로 가야 할 길입니다. 그래서 되도록 아이 스스로 공부하는 데 익숙해지도록 하는 것이 저의 교육철학입니다. 초등학교 5학년이 되자 수학을 어려워해 학원에 보냈더니, 아이가 더 많은 문제를 접하기도 하고 친구들과 함께 학원에 다닌다는 것에 즐거움을 느껴 학원에 다니기 전보다 학습량이 늘어 수학 점수가 오를 수도 있습니다. '학습량'이 늘었기 때문에 성적이 잘 나오는 것입니다. 이러한 일이 집에서도 가능하다면 저는 아직은 아이가 학원의 도움을 받을 때가 아니라고 생각합니다.

그런데 어느 순간 집에서 아이와 수학 공부를 하다가 몇 번이나 버럭 하여 아이와의 관계가 틀어질 것 같은 위기의식을 느끼실 수도 있습니다. 아이가 울면서 "나도 수학 학원 보내줘!"라고 이야기한다면 학원에 보내야겠지요. 그런데 시간은 한정되어 있으니 아이가 수학 학원을 선택하면서 그동안 좋아했던 피아노 학원이나 미술 학원은 접어야 할 수도 있고 책 읽는 시간이 줄어들 수도 있습니다. 그러니 기회비용을 잘 따져보시기를 바랍니다.

학원은 '보조 영양제'와 같습니다. 내가 주체가 된다면 필요한 때에 도움을 받을 수 있지만 지나치게 의존해서는 안 됩니다. 학원에서 선생님과 함께 풀었던 문제는 나도 다 아는 것 같지만 선생님의 도움 없이는 문제에 접근하지 못한다면 이는 안다고 말할 수 없습니다. 학원에 다니더라도 꼭 스스로 공부하고 생각할 시간을 확보하는 일은 반드시 필요합니다. 부모님께서는 아이가 학원에 다니는 시간이 수학을 공부하는 시간은 아님을 기억하시기 바랍니다.

수학과 친해지는 활동들

아이들과 수학 공부를 하면서 교실에 갖춰 놓고 활용했던 보드 게임과 교구 중에서 아이들이 좋아하는 활동 몇 가지를 소개하려고 합니다. 연산 부분에서 '스트림스' '로보77' '루미큐브' '스도쿠' '머긴스'는 수를 가지고 하는 게임들입니다.

수학에 거부감이 많은 아이라면 이와 같은 간단한 게임들로 접근해보는 것도 좋은 방법입니다. 분수 막대는 수학 교구인데 생각보다 저렴한 가격으로 살 수 있습니다. 모두 같은 크기의 막대인데 한 조각으로 되어 있는 막대가 1개, 2조각으로 나뉘어 있는 $\frac{1}{2}$ 막대가 두 개, 12조각으로 나뉘어 있는 $\frac{1}{12}$ 막대까지 있습니다. 단위분수의 크기 비교를 할 때 또는 $\frac{1}{2}, \frac{2}{4}, \frac{3}{6}, \frac{4}{8}$과 같이 크기가 같은 분수를 만들 때 자주 사용합니다.

평면도형 보드 게임으로는 '블로커스'와 '큐비츠'를 추천합니다. 모양 블록으로

연산 – 분수 막대 입체로 끼우는 형태도 있고, 평면(타일식)으로 되어 있는 것도 있다. 분수의 덧셈 뺄셈에서 시각적인 확인이 가능하다.	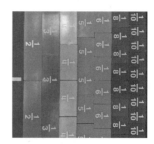
평면도형 – 큐비츠 16개의 직육면체로 이루어진 큐브판으로 큐비츠 카드의 문제에 나와 있는 모양을 먼저 맞추는 게임이 가능하다.	
입체도형 – 폴리스틱 막대와 연결링을 통해 내가 만들고 싶은 모양을 만들 수도 있고 입체도형을 공부할 때 다양한 도형 만들기에 활용 가능하다.	
규칙성 – 스트링아트 1부터 80까지 쓰여 있는 숫자에 일정한 규칙을 부여하여 연결하여 모양을 만드는 활동이 가능하다.	

영역	수학 교구 및 보드게임
연산	스트림스, 로보77, 루미큐브, 스도쿠, 머긴스, 분수막대
평면도형	블로커스, 젬블로, 큐비츠익스트림, 매직만다라, 펜토미노
입체도형	포디프레임, 폴리스틱
규칙성	스트링아트, 얌슬램, 테셀레이션

평면을 덮는 전략게임입니다. '블로커스'와 '젬블로'는 거의 비슷한 유형의 게임입니다. '큐비츠'와 '매직 만달라'는 정해진 문제 카드를 보고 도형을 움직여 문제 카드에 나와 있는 모양을 먼저 만드는 놀이입니다. '펜토미노'는 테트리스 게임과 비슷하다고 생각하시면 되는데, 테트리스가 정사각형 4개로 만들어진 모형이라면 '펜토미노'는 5개로 만들어진 모형입니다. 12개의 '펜토미노' 조각으로 평면을 덮는 활동이나 특별한 모양을 만들어보는 활동을 할 수 있습니다.

입체도형 관련 게임으로는 '폴리스틱'을 추천합니다. '폴리스틱'과 '포디프레임'은 둘 다 비슷한 형태로 막대와 연결링을 통해 다양한 입체도형을 만들 수 있습니다. 규칙성과 관련된 활동으로는 '스트링 아트' 확률과 관련된 보드 게임으로는 '얌슬램'이 있습니다.

사회, 다양한 배경지식 쌓는 방법

초등학교 5학년이 되면 수포자(수학 포기자) 못지않게 사포자(사회 포기자)도 많이 생겨납니다. 1~2학년일 때는 가장 좋아했고 기다렸던 통합과목(사회, 과학, 예체능 통합)이 5학년이 되면 외우느라 가장 힘든 과목이 됩니다.

초등학교 5학년이 『사회』 과목을 어려워하는 이유는 『사회』 과목에서 다루는 영역과 범위가 넓기 때문입니다. 5학년 1학기에는 '지리와 인권'을 2학기에는 '역사'를 공부하는데 2학기에 배우는 역사 범위가 고조선 시대부터 6.25까지입니다. 한 학기 『사회』 수업은 보통 51시간, 주 3회 수업으로 고조선부터 6.25까지 진도를 나갑니다. 그러니 배경지식이 없는 학생들은 『사회』 수업 시간마다 지금 선생님이 말하는 시대는 어느 시대 이야기인지 감조차 잡지 못하고 헤맵니다. 그러다가 시험을 앞두면 이해되지 않은 채 그저 외우려고 하니 그 내용이 어렵고 힘들기만 합니다.

초등학교 『사회』 교과에서 너무 많은 내용을 배우는 건 아니냐고 생각하실 수 있지만, 같은 내용을 중·고등학교에서도 배웁니다. 내용이 좀 더 심화할 뿐 아주 새로운 내용을 배우지는 않습니다. 따라서 초등학교 『사회』 교과 공부를 잘 다져놓으면 중·고등학교 때 『사회』 교과가 훨씬 공부하기 수월해집니다.

다른 교과도 가정에서 교과서로 공부하는 것을 추천하지만, 『사회』 과목은 가장 기본서가 교과서입니다. 『사회』 교과서 2장에 고조선의 모든 이야기가 함축되어 있기에 한 줄 한 줄 모두가 의미 있는 내용입니다. 이렇듯 교과서를 꼼꼼하게 살펴 보고 여러 번 읽어보는 것이 사회 공부의 기본입니다.

초등학교 5학년 교과 내용 살펴보기

앞서 『사회』 교과서를 꼼꼼하게 살펴보시라고 했는데, 우선 『사회』 교과서 첫 장에 있는 목차부터 살펴보시기를 바랍니다. 단원명과 세부 목차를 보고 『사회』 공부의 흐름을 이해하는 과정이 필요합니다. 공부가 끝난 후 학습 주제와 배웠던 핵심 낱 말을 소단원 옆에 다시 가지 치듯 적어 목차를 좀 더 자세하게 만들면 간단하게 나만의 요약 노트를 만들 수 있습니다. 공부한 내용을 복습할 때 자신이 정리한 목차 요약 노트만 보고도 남들에게 설명할 수 있다면 충분히 잘 공부한 것입니다. 예를 들어, 5학년 1학기 1단원의 요약 내용을 살펴보겠습니다.

아래 '『사회』 교과서 목차 정리 예시'에 나와 있는 것처럼 소단원 옆에 오늘 배운

『사회』 교과서 목차 정리 예시

대단원	소단원	차시 목표	핵심 낱말
1. 국토와 우리 생활	① 우리 국토의 위치와 영역	우리 국토의 위치	위도, 경도, 우리 국토의 위치가 가지는 장점, 아시안 하이웨이
		우리나라의 영역	영역, 영해, 영공, 영토
		국토를 사랑하는 마음	비무장지대, 독도, 국토를 가꾸기 위해 할 수 있는 일
		자연환경에 따른 구분	북부, 중부, 남부, 경기, 호서, 호남, 영남
		행정구역의 위치 알아보기	특별시, 특별자치시, 특별자치도, 광역시(6), 도(8)

단원명	1학기		2학기	
	1. 국토와 우리 생활	① 우리 국토의 위치와 영역	1. 옛 사람들의 삶과 문화	① 나라의 등장과 발전
		② 우리 국토의 자연환경		② 독창적 문화를 발전시킨 고려
		③ 우리 국토의 인문환경		③ 민족 문화를 지켜나간 조선
	2. 인권 존중과 정의로운 사회	① 인권을 존중하는 삶	2. 사회의 새로운 변화와 오늘날의 우리	① 새로운 사회를 향한 움직임
		② 헌법과 인권 보장		② 일제의 침략과 광복을 위한 노력
		③ 법의 의미와 역할		③ 대한민국 정부의 수립과 6.25 전쟁

교과서 맨 위에 나와 있는 학습 주제를 적고 교과서 내용 중에 핵심적인 낱말들을 적어 요약할 수 있습니다. 소단원 하나가 끝날 때마다 목차에 정리한 후 핵심 낱말을 가지고 배운 내용을 떠올려 말로 설명해보는 것은 좋은 복습 방법입니다. 또한 소단원 끝나고 나오는 '주제 마무리'와 대단원 마지막에 나오는 단원 마무리 중 '정리 콕콕'을 이용하여 배운 내용을 복습하는 것도 좋습니다.

『사회』 교과서 내용은 흐름을 가지고 있습니다. 예를 들어, '지리' 영역을 보면 초등학교 3학년에서 첫 『사회』 교과를 배울 때 '우리 고장'에 관해 배우고 4학년 때는 '우리 지역'에 관해 배웁니다. 그래서 3학년과 4학년 『사회』 수업 때는 지역화 교과서 'OO의 생활' 같은 부교재가 함께 있는 것입니다. 5학년 때는 '우리나라'에 관해 배우고 6학년 때는 '세계 여러 나라'에 관해 배웁니다. 이렇듯 초등학교 『사회』 교과에서는 아이의 발달단계에 따라 영역을 확대하며 배울 내용을 제시합니다. 그러니 『사회』 교과서를 단편적으로 받아들이지 말고 이 단원이 어떤 흐름 속에서 어떻게 연결되는지를 생각하며 『사회』를 공부하면 좀 더 쉽게 익힐 수 있습니다.

『사회』 교과서를 읽을 때 처음에는 그냥 이야기책이나 그림책을 읽듯 가볍게 읽는 편이 좋습니다. 읽는 시기는 초등학교 5학년 교과서를 받아오는 4학년 겨울방학이나 5학년 1학기 여름 방학이 좋습니다. 교과서 자체는 두껍지 않으니 금방 읽을 수 있습니다.

읽을 때 나오는 그래프, 사진, 지도 역시 그림 보듯 쭉 살펴보는 것이 좋습니다. 『사회』교과서에 나오는 지도와 사진, 그래프를 읽고 해석하는 일 또한 매우 중요한 활동입니다. 지도와 그래프 아래에 나와 있는 제목을 교과서 내용과 연관 지어 해석하는 연습이 필요합니다. 몇 번 읽다 보면 익숙한 낱말들이 생기고 약간의 흐름을 잡을 수가 있습니다. 그리고 모르는 낱말이나 궁금한 낱말에 연필로 동그라미 표시를 해놓습니다.

가끔 책을 읽으라고 하면 처음부터 형광펜과 색 볼펜, 자를 사용해 교과서 곳곳에 밑줄을 긋는 아이가 있습니다. 이러면 오히려 중요한 내용이 무엇인지 알아차리기 어렵습니다. 처음에는 연필, 그다음에는 색이 연한 볼펜에서 진한 볼펜, 마지막에는 형광펜 등으로 여러 번 공부하면서 점차 눈에 띄는 색으로 표시하는 것이 좋습니다.

디지털교과서를 활용한 사회 공부

『사회』교과서를 좀 더 잘 활용하기 위해 '디지털교과서'를 활용하는 것도 좋은 방법입니다. '디지털 교과서'는 평면적인 지면 교과서의 한계를 보완하기 위해 2015 개정 교육과정 교과서를 개발하며 만들어진 교과서인데 현재는 영어, 사회, 과학 과목만 개발되어 있습니다. '에듀넷-티 클리어' 홈페이지에서 디지털교과서를 활용할 수 있고 '디지털교과서 2018 애플리케이션'을 통해서도 내려받을 수 있습니다. 디지털교과서에서는 VR/AR(실감형 콘텐츠), 영상, 사진, 삽화, 평가 문항 등 다양한 교수학습 자료가 탑재되어 있습니다.

『사회』 교과서에는 하나의 사진으로만 나와 있는 내용도 디지털교과서에서는 교과서 속 아이들이 대화하는 동영상을 통해 교과서를 학생들의 흥미에 맞게 더 자세히 살펴볼 수 있다는 장점이 있습니다. 또한 디지털교과서에서는 '우리나라 산지의 특징'을 AR로 살펴보며 좀 더 생동감 있는 공부도 할 수 있습니다. 그리고 매 수업이 끝난 후 '마무리 문제'로 3문제 정도 평가 문항이 포함되어 있습니다. 디지털교과서 활용은 아이가 다니는 초등학교에서의 활용 여부와 상관없이 누구나 사용 가능하니 가정에서 교과 내용을 미리 살펴보거나 혹은 다시 공부하는 데 꼭 사용해 보시길 바랍니다.

지리_지도와 사회과 부도 활용하기

『사회』 교과서 1단원 '국토와 우리 생활'과 같은 지리 영역을 공부할 때는 아이가 자주 볼 수 있는 곳에 지구본이나 우리나라 지도를 두면 좋습니다. 배경지식을 쌓는다는 것은 작지만 반복되는 행동들을 쌓는 것입니다. 의외로 많은 아이가 초등학교 고학년이 되어서도 우리나라의 지명과 위치를 연결하는 것을 어려워합니다. 앞서 예시로 들었던 행정구역 찾기에서 광역시를 찾을 때나 강원도는 강릉과 원주를 합한 말이니 지도에서 강릉과 원주를 찾아보자고 이야기했을 때 계속 엉뚱한 곳을 찾으며 어려워하는 아이가 많습니다. 지리 공부를 할 때 지도를 통해 배운 내용을 수시로 확인하다 보면 배운 내용 이외에 새로운 내용도 찾아보게 되어 경험을 확장할 수 있습니다.

지도와 더불어 '사회과 부도'도 열심히 활용해주세요. 사회과 부도는 초등학교 5~6학년 『사회』 수업 시간에 사용하는 부교재입니다. 사회과 부도에는 우리나라 지리 및 세계 지리와 연관된 다양한 지도가 있을 뿐 아니라 역사 주제도, 왕조 계보, 국사 연표, 문화재 사진과 같은 역사 관련 자료 및 우리나라는 물론 세계의 각종 통계자료도 수록되어 있습니다. 학교에서도 수업 시간에 『사회』 교과서를 학습하다가 중간에 사회과 부도를 보조자료로 사용하기도 하는데 가정에서도 시간이 날 때마다 아이들이 잡지나 장난감을 만지듯 사회과 부도를 보며 지도 읽는 법과 그래프 읽는 법을 익혀 익숙해지면 좋겠습니다.

집에서 아이와 같이 할 수 있는 사회과 부도 놀이 중 '도시 찾기' 활동을 소개합니다. 아주 간단하면서도 『사회』 수업 시간에 도움이 되는 활동입니다. 사회과 부도 p32~33에 나와 있는 지도를 보면서 부모님께서 위도와 경도를 불러주면 아이가 그 위치에 해당하는 도시를 찾는 것입니다. 우리나라 지도를 보면서 하면 지명을 익힐 수 있고 좀 더 확대하면 세계 여러 나라에 관한 공부도 미리 해둘 수 있습니다.

인권_사회 현상에 관심을 둘 수 있도록 뉴스&신문 보기

『사회』 교과서 2단원은 인권, 법, 헌법에 관한 이야기를 다루는 단원으로 기본적인 시사 상식과 배경지식이 많이 필요한 단원입니다. 평소 사회 현상에 관심을 두지 않은 아이에게 인권 침해 사례에 관한 이야기는 생소한 일일 뿐입니다. 그러니 아이가 학교에 갈 준비하는 아침 시간이나 주말 시간에 TV 혹은 라디오 뉴스를 흘려들을 수 있도록 부모님께서 의식적으로 노력해주세요. 영어 흘려듣기 30분을 준비하는 마음으로 뉴스나 다큐멘터리 흘려듣기 30분을 준비해주셔도 좋습니다. 짧지만 이 시간을 통해 아이는 사회 현상에 관심을 두게 되고 문제를 인식하게 되며 배경지식과 더불어 사고력도 향상될 것입니다.

관련된 기관에 직접 방문하여 경험하는 것 또한 좋은 방법입니다. 국가 인권 위원회나 대법원, 헌법재판소 등의 기관에서는 모두 학생을 대상으로 하는 교육 프로그램을 운영하고 있거나 견학 프로그램 등이 있습니다. 2022년 기준 대법원 법원 전시관에서는 초등학교 고학년을 대상으로 〈타임머신을 타고 온 꼬마 판사〉라는 프로그램을 운영하고 있으며 헌법재판소에서는 어린이를 대상으로 하는 '어린이 헌법재판소kids.ccourt.go.kr 사이트'를 통해 어린이를 위한 교육 정보를 제공하고 있습니다. 법제처에서는 어린이 법제관을 1년 단위로 모집하여 모의 의회나 법 기관 탐방 등의 활동을 합니다.

역사_박물관을 적극적으로 활용하기

아이의 학습에 많은 관심을 두고 계신 학부모님 중에는 "초등학교 5학년 『사회』 수업에는 역사가 있다더라"라는 소문을 듣고 3~4학년 때부터 친한 아이들끼리 그룹을 지어 역사탐방 수업을 듣게 하거나 역사 관련 도서 읽히기 등 역사 수업을 준비하기 위한 여러 가지 노력을 하는 분도 계십니다.

이전 교육과정에서는 구석기부터 조선 전기까지가 초등학교 5학년이 배우는 역사 범위였습니다. 그런데 2019학년도부터 5학년에게 적용된 2015 개정 교육과정 사회의 범위는 고조선부터 6.25 전쟁까지입니다. 선사시대 부분은 3학년 『사회』로 내려가 옛날의 생활 모습과 오늘날의 생활 모습을 비교하는 내용으로 잠깐 비추고 맙니다. 조선 후기부터 6.25 전쟁까지의 역사는 원래 6학년 1학기 『사회』에서 배우던 내용인데 5학년으로 내려왔습니다. 6학년 『사회』 교과는 6.25 이후의 근대사를 정치 영역과 연결하여 구성되어 있습니다.

저는 이전 교육 과정과 바뀐 교육 과정을 모두 가르쳐 본 결과, 새롭게 바뀐 교육 과정에서 초등학교 5학년 『사회』 교과의 역사 범위가 더 넓어지고 비중 또한 높아졌다고 생각합니다. 5학년 2학기에서 6학년 1학기에 걸쳐 1년간 배우던 내용이 이제는 거의 5학년 2학기에 몰려 있으니 말입니다. 앞서 말씀드렸듯 우리나라 전체 역사를 51시간에 배우기에는 시간이 매우 부족합니다. 그러니 아이의 역사 공부를 위해 부모님들은 박물관을 적극적으로 활용하시길 바랍니다.

역사 수업을 준비하기 위한 첫 번째 단계로 쉬운 역사책이나 'EBS 스토리 한국사'를 활용하여 우리나라 역사의 흐름을 처음부터 끝까지 쭉 한 번 살펴보는 것입니다. 초등학교 5학년에게 가장 많이 추천하는 역사책은 『한국사 편지』 시리즈(박은봉 저 | 책과함께어린이) 『재미있다! 한국사』 시리즈(구완회 저 | 창비) 『용선생의 시끌벅적 한국사』 시리즈(금현진 외 저 | 사회평론)이지만, 독서를 좋아하지 않거나 역사에 흥미가 없는 아이들이라면 더 쉬운 내용의 『그림으로 보는 한국사』 세트(최종순 외 저 | 계림북스)와 같은 책도 상관없습니다. 꼼꼼히 한 번 읽기보다 두세 번 스윽 읽기를 추천합니다. 'EBS 스토리 한국사'도 아이의 역사 입문으로 많이 활용하시는데 글보다 영상이 편한 아이들에게는 괜찮은 방법입니다.

두세 번에 걸친 반복 읽기로 아이의 머릿속에 역사의 흐름이 대강 잡혀 있는 상태라면 이제 박물관을 활용할 때입니다. 아무것도 모르는 상황에서 박물관에 먼저 가면 그저 다리 아프게 걷는 곳이 될 뿐입니다. 국립중앙박물관(혹은 사는 지역에 있는 박물관)을 가까운 놀이터 가듯이 방문해보세요. 처음 갈 때는 되도록 외부 교육업체에서 하는 프로그램에 아이만 보내지 마시고 가족과 함께 가보시길 추천합니다. 박물관에 가보면 해설하시는 분은 열심히 설명하는데 친구와 장난치고 뛰어다니는 아이도 많습니다. 박물관에서 역사적 지식을 배우는 것도 중요하지만, 박물관을 이용하는 에티켓을 익히거나 박물관이라는 장소가 즐거운 곳이라고 아이가 인식하게 되는 것도 매우 중요한 교육입니다.

박물관을 관람한 이후 박물관 내에 있는 기념품 가게에서 작은 학용품 하나를 사 오는 것도 아이에게는 이러한 즐거움을 증가시킬 수 있는 수단이 됩니다. 정말

특이하고 예쁜 학용품이 많거든요. 국립중앙박물관을 더 잘 활용할 수 있는 몇 가지 방법을 소개합니다.

국립중앙박물관 활용하기

· 교육프로그램 신청 : 국립중앙박물관→교육 행사-교육 신청→가족, 어린이

· 해설프로그램 : 정기해설, 큐레이터와 대화, 박물관 명품 해설, 전시관 꼼꼼히 보기

· 디지털 실감 영상관 관람하기 : 2020년 5월 20일 개관, VR은 예약 필요

Tip) 처음에는 가족과 함께 박물관을 방문하는 것이 좋아요.

Tip) 하루에 다 돌지 말고 시대별로 나누어 여러 날 방문하세요.

Tip) 5학년 2학기 역사를 배우는 시기에 맞추어 가면 더욱 좋아요.

수도권에 사신다면 국립중앙박물관과 더불어 서울 역사박물관도 추천합니다. 서울 역사박물관은 교육 프로그램도 다양하게 많고 교육 활동지도 내려받을 수 있으며 '서울특별시 공공서비스 예약' 사이트에서 해설 예약도 가능합니다.

근대 역사 부분에 관한 내용을 학습하기 위해서는 서울 5대 궁궐과 종묘, 환구단, 정동길 투어나 백범김구기념관, 경교장을 답사하는 것을 추천합니다. 장소마다 해설사의 설명을 충분히 활용하고 답사 이전이나 이후에 관련 내용을 아이와 함께 책으로 한 번 더 확인하는 것이 좋습니다.

한국사 능력 시험은 필수?

몇 해 전 휴직했을 때 한국사 능력 시험을 공부했습니다. 저는 큰 별 최태성 선생

재미있는 역사 공부

영화(12세 관람가)	국제시장, 박열, 동주, 사도세자, 아이 캔 스피크, 인천상륙작전, 안시성 전투, 말 모이
보드게임	렛츠고 한국사, 고피쉬 한국사 시리즈
뜯어 만드는 세상	불국사, 다보탑, 석가탑, 경복궁, 항일운동, 신라금관, 무용총, 남한산성 행궁, 광개토대왕릉비 등

님의 무료 강의를 들으며 공부했는데, 그때 71강이나 되는 온라인 수업을 듣는 일이 참 버겁고 힘들었습니다. 솔직히 말하면 독립운동 부분에서 좌절했습니다. 저는 역사를 좋아하는 사람인데도 말입니다. 그리고 시험장에 들어섰더니 중학생 심지어 초등학생도 보였습니다. 온라인 맘 카페에는 심심치 않게 '초등학교 4학년 아이 한국사 능력 시험 준비해야 할까요?'라는 질문 글이나 '중급 합격했어요'라는 합격 수기를 볼 수 있습니다. 아이가 한국사를 너무 좋아해서 시험을 통해 꼭 실력을 확인해 보고 싶다고 말하는 경우가 아니면 굳이 시험을 권하지는 않습니다.

앞서 말씀드렸듯 중·고등학교에서도 초등학교와 같은 역사 내용을 좀 더 심화해 배웁니다. 아이가 초등학생일 때는 역사가 재미있다고 느끼고 전체적인 흐름을 파악하고 있는 정도로 만족하셨으면 좋겠습니다. 역사는 전체적인 이야기의 흐름이 중요한데, 한국사 능력 시험을 준비하면 오히려 너무 세부적인 문제 풀이가 역사를 공부하는 목적이 될 수 있습니다. 문제 풀이와 점수에 집착해 아이가 역사를 싫어하게 된다면 하지 않는 편이 더 낫습니다. 저는 한국사 능력 시험을 공부할 때보다 덕수궁 야간 해설 투어, 창덕궁 후원 해설 투어를 들으며 비밀스러운 뒷이야기를 듣듯 들었던 옛이야기가 훨씬 재미있고 오래 기억에 남았습니다.

과학, 탐구보고서 작성하는 요령

『과학』은 아이들이 초등학교 고학년이 되어도 관심과 흥미가 높은 과목 중 하나입니다. 학교에서 어떤 돌발 상황이나 학교 활동이 생겨 시간표를 조정해야 할 상황이 생겼을 때 절대 건드리면 안 되는 과목이 『체육』이고 그다음이 『과학』입니다. 『체육』 수업을 빠지지 않고 꼬박 꼬박 진행하는 선생님이 초등학생 아이들에게는 가장 좋은 선생님이고 『과학』 수업 또한 빠질 일이 생기면 아이들은 굉장히 서운함을 느낍니다.

아이들이 이렇게 『과학』 수업을 기다리고 좋아하는 이유는 실험 때문입니다. 다른 과목에서는 주로 '듣고 쓰는' 활동이 많은데, 『과학』 수업은 '실험 후 결과의 변화를 눈으로 확인'할 수 있어 참 즐거워하고 행복해합니다. 이렇게 아이들이 반짝이는 눈으로 적극적으로 수업에 참여하는 모습이나 "와~" 하고 신기해하는 모습을 보면 아이들에게 학업에 관한 욕구나 새로운 무언가를 알고 싶은 호기심이 충분하다고 느낍니다. 다만 이것이 학습으로 연결되고 더 깊은 호기심과 탐구로 연결되는 데는 어려움이 따르는 듯합니다.

실험관찰 챙기기

아이가 과학 공부를 할 때는 꼭 실험관찰을 챙겨서 공부하도록 하는 것이 좋습니다. 과학책이 아이들이 공부해야 할 교재라면 실험관찰은 아이들의 '탐구 노트'와 같습니다. 실험이 하나의 즐거운 이벤트에서 끝나지 않고 내가 공부할 내용과 연계하기 위해서는 이 '탐구 노트'에 얼마큼 생각을 잘 정리하고 기록하는지가 중요합니다. 실험관찰에는 실험한 결과를 기록하기도 하고 왜 이런 결과가 나왔는지에 관한 내 생각을 정리해 써보기도 합니다.

또 나만의 설계도를 그리고 설명도 써볼 수 있도록 구성되어 있습니다. 그리고 실험관찰에는 한 단원이 끝나면 단원 마무리로 '생각 그물'과 '확인 문제'가 있습니다. '생각 그물'은 아이들이 한 단원 동안 배운 내용을 구조화하여 자기 스스로 표현할 수 있느냐를 확인할 수 있는 좋은 정리 활동입니다. '확인 문제'는 단원에서 배웠던 문제를 5~6개의 문제로 제시하고 있는데, 단원평가 문제를 통해 단원의 이해도와 학습 정도를 확인할 수 있습니다.

아이들이 실험을 좋아하고 흥미를 느껴도 실험관찰에 내 생각을 정리하고 적는 일은 힘들어하고 어려워하는 경우가 많습니다. 수업한 내용을 실험관찰에 잘 정리하고 내 생각 또한 잘 정리해서 기록하는 것만으로도 따로 시간을 내어 과학 공부를 하지 않아도 많은 부분 해결될 것입니다. 학부모님들은 아이가 지금 학교에서 과학 공부를 어려워하지 않고 잘 따라가고 있는지 확인하고 싶다면 실험관찰을 통해 확인하시기 바랍니다.

탐구 단원

초등학교 수업 과정에서 과학은 3학년 때 처음 도입됩니다. 1~2학년 때는 통합과목이라고 해서 『봄』 『여름』 『가을』 『겨울』 안에 과학 활동을 녹여서 제시합니다. 3학년부터 6학년까지 『과학』 교과서를 쭉 살펴보면 1학기 첫 단원은 모두 탐구 단원입니다. 탐구 단원을 매 학년 과학 교과 첫 단원으로 제시하였다는 건 교과서 내에서도 학생들이 탐구하는 방법을 익히고 실제로 해보는 일을 중요하게 생각함을 의미합니다.

다음 페이지 '2015 개정 교육과정 과학과 탐구 관련 단원'을 확인해 보면 3,5학년의 단원명이 같고 4,6학년의 탐구 관련 단원명이 같음을 알 수 있습니다. 이중 3,5학년만 2학기에 1단원에서 했던 '재미있는 나의 탐구' 즉, 탐구를 실제로 해보는 단원이 한 번 더 있습니다. 3학년 때는 '과학자는 어떻게 탐구할까요?' 단원에서 관찰, 측정, 예상, 분류, 추리, 의사소통과 같은 '기초 탐구과정'이 무엇인지 배우고, 4학년 때는 '과학자처럼 탐구해 볼까요?' 단원으로 기초 탐구과정을 적용하는 단원이 나옵니다.

5학년 때는 문제 인식, 가설 설정부터 결론 도출에 이르는 '통합 탐구과정'이 무엇인지 배워 6학년 '과학자처럼 탐구해 볼까요?' 단원에서 적용해봅니다. 3학년과 5학년에서는 1학기에 이론적으로 배운 과학 내용을 2학기에 '재미있는 나의 탐구' 단원에서 실제 탐구 문제를 세워 탐구과정을 진행하도록 합니다. 즉, 초등학교 3학년부터 6학년까지 꾸준히 탐구를 실행하는 단원이 실제로 있는 셈입니다. 그런 이유로 방학 기간 혹은 일정 기간 시간을 주고 학교에서 아이들에게 평소 생활 속에서 궁금했던 점을 주제로 정해 실제로 실험을 진행해보라는 과제를 주는 것입니다.

아이들은 『과학』 교과서에서 주어진 실험을 하는 데는 즐거움과 호기심을 느끼지만, 막상 내가 과학자가 되어 주변에서 그동안 궁금했던 문제를 찾아 실제로 실

학년	1학기	2학기
3학년	1. 과학자는 어떻게 탐구할까요?	1. 재미있는 나의 탐구
	관찰, 측정, 예상, 분류, 추리, 의사소통	탐구 문제 정하기 – 탐구 계획 – 탐구 실행 – 결과 발표 – 새로운 탐구 시작
4학년	1. 과학자처럼 탐구해 볼까요?	없음
	관찰, 측정, 예상, 분류, 추리, 의사소통	
5학년	1. 과학자는 어떻게 탐구할까요?	1. 재미있는 나의 탐구
	탐구 문제 정하기 – 실험 계획 – 실험 – 실험 결과 정리 해석 – 결론 도출	탐구 문제 정하기 – 탐구 계획 – 탐구 실행 – 결과 발표 – 새로운 탐구 시작
6학년	1. 과학자처럼 탐구해 볼까요?	없음
	탐구문 제 정하기 – 가설 설정 – 실험 계획 – 실험 – 결과 변환 및 해석 – 결론 도출	

험을 설계하고 결론을 도출하는 과정까지 진행하라고 하면 낯설어하고 어려워합니다. 특히 학생들이 작성한 '학생 탐구보고서' 중 잘된 작품을 학교 내에서 대회를 통해 시상하거나 지역교육청 '학생 탐구발표대회'에 참가하기 위한 사전 단계로 활용하는 일도 많습니다. 매해 '전국과학전람회'라는 큰 과학행사가 있고 그곳에 출품할 작품을 각 시·도교육청 대회를 통해 선발하기 때문입니다. 눈치로 이런 상황을 아는 아이들은 잘하고 싶기에 부담스럽고 꼭 대회 입상을 생각하지 않는 아이라도 갑자기 "네가 궁금한 주제로 실험을 진행해봐"라고 하면 난감해합니다.

하지만 사실은 『과학』 교과 수업 시간에 작성 요령과 좋은 탐구 문제의 요건, 실험 계획할 때 유의사항 및 변인 통제 방법, 해석하는 법과 결론 도출하는 법에 대해 이론으로만 배웠습니다. 들어서 아는 내용이긴 하지만 실제로 해보는 데는 어려움을 느끼는 것이지요. 또한 탐구 마지막 단계에서는 실험한 내용을 발표하는 시간

제64회 서울과학전람회 예선대회 개최 안내

참가자격: 초4~6학년, 중1~3학년, 고1~2학년

	제64회 서울과학전람회 예선대회			제64회 서울과학전람회 본선대회
	서류접수	1차 심사(서면)	2차 심사(면담)	
기간	2022.9.13.(화) ~ 9.16.(금)	2022.9.28.(수) ~ 10.7.(금)	2022.10.19.(수) ~ 10.21.(금)	2023.3월 ~ 4월 (추후안내)
방법 및 장소	자료집계 및 온라인심사시스템	과학전시관		
대상	학교장 추천자		1차 서류 심사 통과 작품 (초100, 중100, 고100 예정)	제64회 서울과학전람회 예선대회 최우수상 수상자
비고	학교급별 1차 심사 통과 작품 수는 접수 작품 수에 따라 심사위원협의회에서 조정될 수 있음			상위수상작은 전국과학전람회 출품

출처: 서울특별시 교육청 과학전시관 홈페이지

이 있습니다. 아이가 그동안 했던 실험 내용을 사진으로 찍고 발표용 보고서 혹은 PPT로 제작해 반 아이들 앞에 발표하는 것인데요. 아이들은 생소하기도 하지만 또 잘하고 싶은 욕구도 있습니다. 매해 부담스러우면서도 잘하고 싶은 이러한 탐구보고서는 한번 잘 알아놓으면 중·고등학교에 진학해서도 탐구보고서 쓸 때 유용하게 사용할 수 있습니다.

탐구를 실행할 때 아이들이 가장 어려워하는 부분이 '탐구 문제의 설정'입니다. 궁금한 점은 많은데 정확하게 탐구 문제를 어떻게 설정해야 하는지 모르기 때문입니다. 탐구 문제를 설정하는 방법과 몇 개의 탐구 문제 예시를 알려드리겠습니다. 아이들이 '탐구 문제'를 정할 때는 다음의 기준을 충족해야 합니다.

1. 간단한 조사로는 해결할 수 없는 궁금증이어야 합니다.

2. 스스로 해결할 수 있는 탐구 문제여야 합니다.

3. 실험을 통해 무엇을 검증할지 분명하게 드러나야 합니다.

4. 넓은 범위의 탐구 문제는 구체화하여야 합니다.

—— 평생 공부력은 초5에 결정된다

좋지 않은 탐구 문제	좋은 탐구 문제
모래시계가 작동하는 원리는 무엇일까?	모래시계의 모래 알갱이 굵기가 측정 시간에 미치는 영향은 무엇일까?
무중력 상태에서는 종이비행기를 날릴 수 있을까?	종이비행기의 앞부분을 많이 접을수록 종이비행기가 더 오래 날까?
식물이 잘 자라는 온도는 몇 도일까?	딸기가 잘 자라는 온도는 몇 도일까?
봉숭아는 씨앗을 어떻게 퍼트릴까?	봉숭아를 키우는 흙의 종류에 따라 봉숭아의 자람은 어떻게 달라질까?
지구는 어떤 모양일까?	콜라를 끓이면 검은색 김이 나올까?
	물의 색깔에 따라 햇볕에 데워지는 정도는 다를까?

출처 : 5학년 『과학』 교사용 지도서

적합한 탐구 문제를 정했다면 실험 계획을 세워야 합니다. 이때 내가 실험을 통해 알고 싶은 점이 무엇인지를 정확하게 파악하고 변인 통제Control Variable(변인 조작은 변화시키고 나머지 변인 통제는 일정하게 유지하는 것)를 하여야 합니다. 이는 실험 후 결과를 해석하고 변환한 후 결론을 도출하는 방법으로 진행됩니다. 『과학』 교과서에 있는 탐구 단원의 예시를 따라 나의 탐구 문제에 맞는 실험을 설계하면 됩니다.

더 많은 예시를 보려면 학생 탐구대회에서 입상한 작품들에서 볼 수 있습니다. 학생 탐구대회 입상작은 시·도교육청 과학전시관 홈페이지에서 확인할 수 있습니다. 아이들이 탐구보고서를 쓰기 전에 초등학생의 입상작을 확인해 보고 탐구 문제 설정과 실험 설계 과정을 살펴보면 참고가 될 것입니다. 서울의 경우 [서울특별시 교육청 과학전시관 → 학생 교육 → 과학경진대회 → 입상작 → 학생 탐구발표대회]에서 입상작 확인이 가능합니다.

문제집보다 과학 잡지

초등학교에서 진행하는 『과학』 과목의 목표는 아이가 과학에 '흥미'를 유지하고 과학이라는 과목에 '자신감'을 가지는 것입니다. 아이가 『과학』을 재미있는 과목이라고 생각하며 학년별 교과 내용을 잘 따라온다면 그것만으로도 이미 목표는 달성되었습니다.

부모님 중에는 아이에게 『국어』 『수학』 『사회』 『과학』 등 모든 주요 과목의 문제집을 풀게 하는 분이 있는데, 저는 『사회』와 『과학』은 교과 내용을 문제집으로 푸는 것에 큰 의미가 없다고 생각합니다. 『사회』와 마찬가지로 『과학』도 다양한 체험과 독서를 통해 과학적인 배경지식을 쌓는 과정이 훨씬 더 큰 공부입니다. 아이가 학교에서 배운 1이라는 지식을 다양하게 확장하고 연결할 수 있도록 하는 것이 과학 공부이지, 1만 가지고 이리보고 저리 봐서 수행평가를 잘 보는 것이 큰 의미가 없다고 생각합니다.

앞서 말씀드린 대로 '실험관찰'이 하나의 문제집이 됩니다. 과정 중심의 평가이기 때문에 아이가 실험을 진행하는 과정이나 수업 중에 토의하고 활동하는 모습으로 평가를 진행하기도 하고, 지필로 생각을 적거나 내용을 묻는 평가라고 해도 실험관찰을 넘어서는 문제는 내지 않습니다. 혹시 아이가 외부 평가 등이 있어 준비하는 중이라면 1)교과서를 꼼꼼하게 읽고 그중 새롭게 배운 용어(예를 들어 용해, 용액, 용질, 용매)에 관해 확실히 이해하고 말로 설명할 수 있는지를 확인해주세요. 여기에 2)실험관찰 단원 마무리 '생각 그물'을 얼마나 구조적으로 자세히 정리할 수 있는지도 확인한다면 평가 준비는 끝입니다.

그 외에 가정에서 아이의 과학 공부를 돕고 싶다면 다양한 과학책을 접하게 하거나 실험 활동, 박물관 견학 등 다양한 체험을 하도록 하는 편이 좋습니다. 초등학교 고학년 아이들이 좋아하고 많이 읽는 책 중에 『선생님도 놀란 초등과학 뒤집

기 시리즈 세트 기본 편과 심화 편』(성우편집부 저 | 성우) 『사이언싱 오디세이』(도서출판 휘슬러)가 있습니다. 이런 책 외에도 『어린이 과학 동아』(동아사이언스 어린이과학동아편집부 저 | 동아사이언스)와 같은 과학 잡지를 꾸준히 읽는 것도 도움이 됩니다. 어느 해 저희 반 5학년 아이는 『어린이 과학 동아』에서 과학 기자단을 했었는데, 다양한 체험활동에 참여할 수 있다는 점에서 매력적으로 보였습니다. 아이가 좋아하는 과학과 관련된 체험, 활동, 실험을 경험할 수 있도록 해주세요.

과학에 관심 있는 아이라면

아이가 과학에 관심이 많고 고등학교와 대학교까지 과학과 관련된 곳으로 진학하고 싶어 한다면 초등학교 5학년쯤부터 활동할 수 있는 경험의 폭이 많이 확대됩니다. 지역교육청에서 진행하는 발명반 교실 또는 여름 방학 때 중점으로 운영하는 과학 교실 등이 있고 매년 4월에 진행하는 과학의 달 학교 행사 및 다양한 교육청 행사에 참여하는 일 또한 가능해집니다. 6학년 4월에는 과학의 달과 관련하여 과학 장관상 표창이 있습니다. 수상은 6학년 때 하지만 선정은 5학년 2학기에 이루어집니다. 보통 학교 안에서 평가 기준을 정해 뽑는데 아이가 교내외 다양한 과학 활동을 하는 일이 반영되니 관심 있는 학부모님께서는 아이가 5학년 때 다양한 과학 관련 경험을 쌓도록 지도해주시기 바랍니다.

숫자로 알아보는 대한민국 초등학교 5학년 사교육 현황

매해 통계청에서는 교육부와 공동으로 초 · 중 · 고등학생 사교육비를 조사하여 발표합니다. 초·중·고등학교 약 3,000여 학급을 대상으로 실시하여 2020년 3월 통계청에서 발표한 '2019 초중고 사교육비 조사 결과' 내용에 따른 초등학교 5학년 사교육 현황을 살펴보겠습니다.

사교육 참여율 : 초등학교 총 83.5%

학년	1	2	3	4	5	6
참여율(%)	86.8	86.6	86.2	82.5	82.0	76.8

초등학교 전체 사교육 참여율은 83.5%이고 학년별로 살펴보면 5학년의 경우 82%가 사교육에 참여하고 있음으로 나타났습니다. 1학년 아이의 사교육 참여율이 가장 높고 학년의 증가와 더불어 점점 사교육 참여율은 낮아지는 것을 알 수 있습니다.

주당 사교육 참여 시간 : 6.8시간

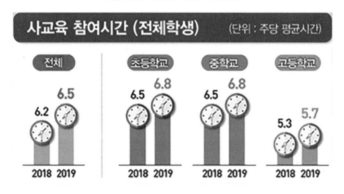

초등학생의 주당 사교육 참여 시간은 중학교와 동일하게 6.8시간입니다. 2018년도보다는 0.3시간 증가한 수치입니다.

학생 1인당 월평균 사교육비 : 5학년 참여 학생 기준 36만 9천 원

과목별 및 학년별 참여학생 1인당 월평균 사교육비 (단위 : 만원, %)

구분		참여학생						
		전체	일반교과	국어	영어	수학	사회과학	예체능 취미·교양
2018년		39.8	10.4	20.7	18.7	10.3	17.8	17.8
2019년		42.9	41.5	10.8	21.3	19.1	10.8	18.9
증감률		7.5	4.2	3.4	2.8	1.7	5.5	6.0
초등학교		34.7	29.6	6.0	18.0	11.0	6.4	17.5
	1학년	28.9	21.8	5.7	18.5	7.3	5.8	18.2
	2학년	32.9	24.6	6.0	17.7	8.5	5.7	19.2
	3학년	36.0	28.5	5.7	17.2	9.4	6.4	18.6
	4학년	35.2	29.8	5.8	16.7	10.9	5.8	16.9
	5학년	36.9	33.1	6.2	18.4	12.8	6.5	15.1
	6학년	39.4	37.6	6.8	19.2	15.4	7.2	15.5
중학교		47.4	48.1	11.6	22.6	22.8	11.8	15.3
	1학년	45.4	45.7	9.3	22.1	21.4	10.2	14.0
	2학년	46.9	47.7	11.2	22.1	22.5	11.4	15.7
	3학년	49.8	50.9	13.9	23.4	24.3	13.4	16.7

학생 1인당 월평균 사교육비 지출금액별 학생 분포 (단위 : %, %p)

구분		계	받지 않음	10만원 미만	10~20 만원 미만	20~30 만원 미만	30~40 만원 미만	40~50 만원 미만	50~60 만원 미만	60~70 만원 미만	70만원 이상
전체	2018년	100.0	27.2	7.8	13.8	12.0	9.9	8.3	6.4	4.7	9.9
	2019년	100.0	25.2	6.8	13.4	11.8	10.2	8.6	7.2	4.9	12.0
	전년차	0.0	−1.9	−1.0	−0.4	−0.3	0.2	0.3	0.7	0.2	2.2

학교급별 사교육 참여율 및 주당 참여시간

구분	사교육 참여율(단위: %, %p)				주당 참여 시간(단위: 시간)			
	전체	초등학교	중학교	고등학교	전체	초등학교	중학교	고등학교
2018년	72.8	82.5	69.6	58.5	6.2	6.5	6.5	5.3
2019년	74.8	83.5	71.4	61.0	6.5	6.8	6.8	5.7
전년차	1.9	0.9	1.7	2.4	0.3	0.3	0.3	0.4

*참여 시간은 전체 학생을 대상으로 집계

초등학교 5학년 학생들의 평균 사교육비 지출금액은 36만 9천 원입니다. 과목별로 살펴보면 『영어』에 가장 많은 사교육비를 지출하고 있습니다. 『수학』과 『국어』 『사회』 『과학』 부문에서의 지출도 이전 학년보다 조금씩 증가하였습니다. 예체능 부분의 사교육 지출은 학년의 증가에 따라 감소하는 추세이긴 하나 15만 1천 원으로 영어 다음으로 아직도 가장 많은 금액을 지출하는 것으로 나타났습니다.

또한 학생 1인당 월평균 사교육비 지출금액별 학생 분포표를 보면 사교육을 받지 않는 학생이 25.2%입니다. 이는 초등학교 5학년만을 대상으로 한 것은 아니고 전체 조사 대상 학생들을 대상으로 한 수치입니다. 10~20만 원 미만이 13.45%를 차지하여 사교육을 받는 아이 중에서는 가장 많은 지출금액을 보이지만, 30만 원 이상 지출하는 학생들의 비율이 작년보다 증가하였고 70만 원 이상 지출한다는 학생들의 비중도 늘어났습니다.

사교육 참여유형 : 5학년, 일반교과 기준

유형	개인 과외	그룹과외	학원 수강	방문 학습지	통신 강좌
참여율(%)	22.2	16.3	30.6	9.1	10.6

초등학교 5학년 학생들이 일반교과를 기준으로 사교육에 참여하는 유형을 살펴보면 학원 수강이 가장 많고 그다음으로 개인 과외를 받는 아이가 많습니다. 그 외에 그룹 과외, 통신 강좌, 방문 학습지 순으로 사교육에 참여하는 것으로 나타났습니다.

교사라는 직업은 정말 귀한 직업임이 틀림없습니다.
사람, 그중에서도 가장 예쁘고 순수한
어린이를 만날 수 있는 직업이니까요.

1년의 시작은 1월이지만,
교사의 시작은 3월 2일입니다.
이제 16번째 교사의 시작을 맞이했습니다.
그리고 이번에도 저는 소망합니다.

1년 뒤, 그리고 16년 뒤에도
아이의 기억에 남을 따뜻한 말 한마디
해줄 수 있는 교사로 남기를,
그 누군가의 단 한 사람이 되어 줄 수 있기를요.

Chapter

·

4

달라져야 하는
초등학교 5학년
독서법

독해력, 읽지만 이해하지는 못해요

『공부 머리 독서법』(최승필 저 | 책구루 | 2018.05.03.)이라는 책을 읽어본 적 있으신가요? 필자가 12년 동안 대치동에서 독서 논술 수업을 하며 느낀 독서 교육의 중요성과 노하우를 담고 있는 책으로 독서 교육 분야의 베스트셀러입니다. 저는 몇 년 전 이 책을 읽고 많은 부분을 공감하였습니다. 특히 초등학생일 때는 우등생이었던 아이의 90%는 중학생이 되면 성적이 떨어진다는 이야기와 대부분 아이가 제 학년의 교과서를 제대로 이해하지 못한다는 이야기가 공감되었습니다.

요즘 아이들은 부모 세대인 우리가 학창 시절 때보다 평균적으로도 더 많은 사교육을 받고 하루 동안 공부하는 시간의 양도 훨씬 많습니다. 그런데도 제 학년 교과서를 읽고 이해하는 것을 어려워합니다. 초등학교 5학년 교육 과정을 4학년 교육 과정과 비교하면 높은 계단 한 칸을 오르는 것처럼 하나를 오르는 것처럼 갑자기 깡충 뛰어오른다고 했습니다. 아이들의 독해 수준이 이 단계를 뛰어넘기가 버거운 경우 5학년 교과 내용을 어려워합니다.

최승필 필자가 책에서 이야기하는 성적의 변곡점인 중학교 1학년과 고등학교 1학년의 예비 현상이 이제는 초등학교 5학년에서도 일어납니다. 4학년에서 5학년으로 진학한 후 공부하기를 어려워하는 아이들에게 물어보면 대부분 "교과 내용이 어려워졌고 할 내용이 많아져서 힘들어요"라고 이야기하는데, 이는 교과서를 읽고 이해하는 데 시간이 오래 걸리고 어렵다는 의미입니다.

2019년 7월 방영된 SBS 스페셜 〈난독 시대〉에서도 이와 비슷한 이야기를 했습니다. 국제 학업 성취도_{PISA, Program for International Student Assessment}에서 우리나라의 읽기 점수 순위가 점점 떨어지고 있고 그중 최하 수준인 1수준의 아이가 전체의 32.9%나 된다고 합니다. 즉, 세 명 중 한 명은 자신이 속한 학년의 교과 학습을 제대로 수행하는 것이 불가능하다는 뜻입니다.

아이들의 '읽고 이해하는 능력'이 눈에 띄게 하락하는 이유는 아이들이 읽고 이해하는 공부를 해 볼 기회가 많지 않기 때문입니다. 예를 들어, 아이들에게 자전거 타는 방법을 처음으로 가르친다고 생각해 봅시다. 아이들에게 말로 설명하기도 하고 자전거를 타는 동영상을 보여주기도 하지만 정작 아이들에게 자전거 타기의 배움이 일어나는 것은 실제로 자전거를 타보면서 스스로 익혔을 때입니다. 즉, 무언가를 배우기 위해서는 그러한 경험이 많이 체득된 후 스스로 익혀야 합니다.

그런데 요즘 아이들은 새로운 무언가를 배울 때 다른 사람의 설명을 듣거나 동영상을 보고 공부하는 데 너무 익숙해져 있습니다. 처음에는 이러한 방법들이 아이들의 흥미를 유발할 수 있고 글을 읽는 것보다 더 쉽게 이해되는 듯합니다. 하지만 이러한 방법들에 익숙해지다 보면 아무 소리도 움직임도 없는 줄글을 읽는 것을 무척이나 재미없어하고 다른 사람의 친절한 설명 없이 스스로 읽고 이해하는 것도 어려워합니다. 또한 디지털 네이티브_{Digital Native}(어릴 때부터 디지털 환경에서 성장한 세대)인 아이들이 접하는 언어는 짧고 강력한 언어가 대부분입니다. 즉 평소에 긴 호흡으로 읽어야 하는 글이나 찬찬히 살펴보고 이해해야 하는 글을 많이 접할 기회가 없는 셈입니다. 이렇듯 스스로 글을 읽고 이해하는 경험이 많지 않기 때문에 요즘 아이들의 독해 능력이 떨어지는 것입니다.

그렇다면 해결 방법은 간단합니다. 아이들이 스스로 글을 읽고 이해하는 경험을 늘려주면 됩니다. 그렇습니다, 바로 독서입니다. 사실 많은 학부모님이 독서의 중요성을 이미 알고 계십니다. 그런데 초등학교 5학년쯤 되면 그동안 책을 잘 읽던 아이도 더는 책을 읽지 않게 됩니다. 다방면으로 바빠지는 시기이기 때문입니다. 중·고등학교 공부에 대비해 이제 본격적으로 공부해야 하는 시기라고 생각해 여러 학원에 다니고 과외를 받기에도 시간이 부족합니다. 방과 후 학원을 돌다 저녁 8~9시에 귀가해 씻자마자 또 학원 숙제를 해야 하는 아이 앞에서 부모님은 차마 "책 먼저 읽으렴"이라고 말할 수 없습니다. 독서를 해야 함은 알고 있지만, 자꾸 독서가 우선순위에서 밀리게 됩니다.

하지만 저는 그래도 아이의 그 모든 활동 중에 독서를 가장 우선순위에 두어야 한다고 말하고 싶습니다. 하루에 최소 1시간 이상 독서 시간은 확보한 후 다른 일정을 잡아야 합니다. 아이가 지금 할 수 있는 최선의 공부이자 가장 효과가 보장되는 공부가 바로 '독서'입니다. 책을 읽을 시간이 나지 않을 만큼 아이가 바쁘다면 순서가 잘못되어 있는 것입니다.

독서가 두뇌를 활성화하는 가장 좋은 방법임을 알고 있고 그 중요성도 알지만, 책 읽기를 즐기는 아이로 키우는 것은 참 어려운 일입니다. 어렸을 때는 그림책을 수십 권씩 읽던 아이도 어느 순간 책보다 스마트폰에 빠져 있습니다. 부모님들은 아이가 책을 너무 읽지 않으니 만화책이라도 읽게 해야 하나 고민이 많습니다.

독서 습관은 한두 달 정도 반짝 과외나 학원에 다닌다고 이룰 수 있는 결과가 아닙니다. 습관이 되기까지 꽤 오랜 시간과 노력이 필요한데도 습관이 되기 전에는 너무나 쉽게 흔들리고 어긋나 독서 습관 들이기를 포기하는 아이도 많습니다. 이제부터 아이의 독해력을 높이는 독서를 시작하기 위한 몇 가지 팁을 소개합니다.

독서만을 하기 위한 시간 정하기

독서는 절대량이 필요한 분야입니다. 초등학교 5학년이라면 하루에 최소 1시간에서 2시간 정도는 책 읽기를 권합니다. 그동안 독서를 멀리한 아이라면 30분 정도도 괜찮습니다. 여기서 중요한 점은 독서를 시작할 때 30분 타이머를 맞추고 이 시간 동안은 움직이거나 다른 활동은 하지 않고 오로지 책 읽기에만 집중하도록 합니다. 당연히 처음에는 쉽지 않습니다. 옆에 놓인 타이머를 자꾸 흘깃흘깃 보게 되고, 30분이 엄청나게 긴 시간처럼 느껴질 것입니다. 글자를 읽어보려고 해도 머릿속에 들어오지 않고 30분이 지나 책장을 덮으면 내가 읽은 책 내용이 기억이 나지 않을 수도 있습니다.

그래도 포기하지 말고 꾸준히 독서를 해야 합니다. 좀 더 효과를 높이기 위해서는 하루 중 일정한 시간(예를 들면, 아침에 일찍 일어나 오전 7시부터 30분 독서 또는 저녁밥 먹고 오후 8시부터 30분 독서와 같이 하루 중 자신이 가장 집중할 수 있는 시간대에서 30분 정하기)을 정하고 날마다 반복하는 것이 좋습니다. 이렇게 진행하다 보면 내 몸도 머리도 이 30분은 독서를 하는 시간으로 인지하기 시작할 것이고, 어느 순간부터 더는 타이머를 보지 않고 책을 열심히 읽다 보면 어느새 30분 알람이 울리는 경험을 하게 될 것입니다. 매일 30분, 하루씩 놓고 보면 길지 않은 시간이지만 일주일이 모이면 3~4시간의 독서 시간을 확보할 수 있습니다. 이게 익숙해지면 책 읽는 시간을 점점 늘려보세요.

부모님께서는 아이가 이렇게 집중해서 책 읽는 시간을 날마다 확보하고 여기에 자투리 시간을 잘 활용할 수 있도록 지도해주세요. 특히 아이가 등교할 때마다 책가방에 아이가 읽는 책 한 권을 넣어 보내보세요. 학교에서는 1교시가 시작되기 전 아침 시간에, 수업 중 과제 해결 활동이 먼저 끝나고 다른 친구의 활동이 끝나기를 기다릴 때 가방에서 잠깐 꺼내서 책을 읽도록 해주세요. 이때는 글이 짧은 책이나 아이가 좋아해서 잠깐이라도 시간을 내어 집중할 수 있는 책이면 더 좋겠지요. 이 렇게 학교에서도 30분 이상의 자투리 독서 시간이 생길 수 있습니다.

정말 재미있는 이야기책 한 권 찾기

아이가 책을 읽는 행동이 즐겁다고 느껴야 합니다. 몰입하고 집중해서 이야기에 빠 지는 경험, 그 한 번의 경험이 필요합니다. 그러기 위해서는 재미있는 이야기책 선 정이 중요합니다. 만화책이나 지식 책이 아니라 아이들이 현재 학교생활을 하면서 경험해 봤을 만한 일을 소재로 하는 이야기책이 좋습니다. 책에 관심 없는 아이도 현재 학교생활에 관한 이야기는 쉽게 공감할 수 있어 접근하기 좋습니다. 표지나 제목이 아이의 흥미를 끌 수 있으면 더 좋습니다.

책을 즐기지 않는 아이에게 책을 고르라고 하면 아이는 어떤 책이 재미있는지 판단하기 어려워합니다. 그래서 저는 학교 도서관에 갈 때마다 아이들에게 책을 한 권씩 빌리도록 하는데, 어떤 책을 골라야 할지 난감해하는 아이에게는 표지에 '올 해의 좋은 어린이 책' '뉴베리 수상작'과 같은 동그란 금딱지가 붙은 책을 고르라고 합니다. 수상작 타이틀이 있는 책이 모든 아이에게 즐거운 책이 된다는 보장은 없 어도 확률을 높이는 방법이 될 수는 있습니다. 그렇게 아이가 한 권의 재미있는 이 야기책을 만났다면 그 작가가 쓴 다른 책으로 확장합니다.

예를 들어, 아이가 『수상한 ○○○』 시리즈(박현숙 저 | 북멘토)라는 책을 재미있게 읽었다면 박현숙 작가의 다른 책들도 읽어보고 『푸른 사자 와니니』 시리즈(이현 저 | 창비)를 좋아하면 이현 작가의 다른 책들을 살펴보며 책을 읽게 해보세요. 이렇게 내가 좋아하는 책과 작가를 조금씩 확장해 가다 보면 아이에게도 내가 좋아하는 분야, 내가 좋아하는 스타일의 작가가 생깁니다.

많이, 빠르게(X) 천천히, 깊게(O)

초등학교 5학년의 독서는 다독이 아닙니다. 일 년에 100권 읽기와 같은 목표는 5학년에게 필요하지 않습니다. 초등학교 고학년쯤 되면 이제는 좋은 책을 천천히 깊게 읽어야 합니다. 그러기 위해서는 책의 수준도 중요합니다. 생각해 볼 만한 이야기가 있는 책이어야 하니까요.

예를 들어, 초등학교 5학년들에게 독서록을 써오라고 하면 정말로 고전 원본인 『흥부와 놀부』가 아니라 30~40쪽 내외의 그림책 『흥부와 놀부』를 읽고 독서록을 써오는 아이도 있습니다. 제가 아이에게 "이건 좀 너무하지 않니?"라고 물으면 아이는 "집에 읽을 책이 없어요!"라고 말합니다. 물론 아이가 그동안 평소에는 책을 읽지 않아 집에 읽을 책이 없다는 것을 크게 느끼지 못하며 살다 갑자기 독서록을 쓰려니 마땅히 읽을 책이 없었겠지요.

아이의 손에 문제집을 쥐여주기 전에 한 달에 한 번 정도라도 아이가 좋아하는 책 한 권을 사주시는 건 어떨까요? 교실에서 책을 정말 좋아하고 잘 읽는 아이, 독서 습관이 잘 잡힌 아이를 만나면 서점에 얼마나 가느냐고 물어봅니다. 그러한 아이들은 부모와 함께 도서관이나 서점을 놀이터에 가듯, 장난감을 사러 가듯 합니다. 그중 한 5학년 남자아이는 매달 마지막 주 토요일은 아빠와 함께 광화문 교보문고까지 지하철로 여행하며 가는 날이라고 말했습니다. 데이트하듯 아빠와 가서 새로 나온 책들도 보고 자기가 좋아하는 책 한 권, 아빠가 좋아하는 책 한 권 사서 돌아온다는 이야기를 들으니 참 부러웠습니다.

부모가 아이에게 주어야 하는 건 큰 재산보다 이렇게 함께하는 작은 경험들과 책을 좋아하는 것처럼 좋은 습관이 형성되도록 도와주는 것이라고 믿습니다. 그러니 아이가 책과 가까이 지낼 수 있도록 아이와 함께 서점이나 도서관 나들이를 자주 하시길 권합니다. 다양한 책 속에서 내가 읽고 싶은 책을 찾고 내가 좋아하는 작가의 신간이 나왔는지 기다리는 경험을 하게 해주세요. 책을 자주 만나고 자주 선택해 봐야 책을 고르는 눈도 생기고 책에 애착도 생깁니다.

아이가 읽을 책을 고를 때 유의점을 한 가지 더 말씀드리면, 부모님의 기준으로 책을 검색하고 선정해 아이에게 읽으라고 주지 말아주세요. 특히 '초등학교 5학년 필독서' '초등학교 5학년 추천 전집' 이런 검색어는 지양하시기 바랍니다. 검색하다 보면 부지런한 사람들 혹은 사교육 회사에서 올려놓은 여러 가지 정보를 접하실 텐데, 내 아이는 읽다가 포기할 것이 뻔한 수준 높은 책인 경우가 대부분입니다. '헉, 5학년이 벌써 저런 책을 읽는다고?'라는 생각이 드는 순간 부모님의 마음에는 불안감이 스멀스멀 올라옵니다. 내 아이도 꼭 저 책을 읽혀야만 할 것 같은 마음이 들지만, 우리 아이는 저 책을 읽지 않을 가능성이 더 큽니다. 꼭 하나라도 배울 점이 있어야 할 필요는 없습니다. 독서는 아이가 쉽고 재밌게 읽을 수 있는 책으로 시작해야 합니다. 내가 빠져들어 두 번 세 번 읽고 싶은 책을 고르는 것이 좋습니다.

독서 환경 설정하기

초등학교 5학년 아이의 독서 습관 형성을 방해하는 가장 큰 적은 스마트폰입니다. 스마트폰으로 하는 게임이나 유튜브 영상을 보는 즐거움에 빠지면 상대적으로 아무 소리도 나지 않고 움직이지도 않는 책은 아이들에게 별로 매력적이지 않은 존재가 됩니다. 부모가 읽으라고 시켜서 읽는 독서는 오래가지 못합니다. 아이 스스로 책 읽기가 재미있다고 느껴야 내 것이 될 수 있는데, 이를 위해서는 우선 아이가 스마트폰에서 조금 멀리 있어야 합니다.

간혹 부모님이 아이에게 꼭 책을 읽게 하고 말겠다는 생각으로 "오늘 독서 1시간 하면 게임 시간을 몇 분 더 허락하겠다!"라고 조건을 내거시는 경우가 있습니다.

그렇게 해서라도 아이의 책 읽는 시간을 조금이라도 더 확보하고 싶은 마음은 충분히 이해하지만, 이런 경우 역시 아이가 책 읽기를 지속하도록 하는 게 어렵습니다. 이는 게임을 하기 위한 독서이기 때문입니다.

가장 좋은 방법은 가족 모두 책을 읽는 시간을 갖는 것입니다. 엄마도 책을 읽으며 재미있어하고, 아빠도 책 속에서 즐거움을 찾는 모습을 본다면 아이가 책을 싫어할 이유가 무엇이 있을까요? 밥을 먹고 쉬는 시간에는 자연스럽게 내가 좋아하는 책으로 이것저것 꺼내놓고 읽으며 새로운 이야기 속으로 여행하는 과정을 즐길 텐데요.

아이는 다른 사람의 말로 들으며 배우는 것보다 자신이 직접 보고 듣고 느끼는 것으로 더 많이 배웁니다. 즉, 어른들을 모델링하면서 더 많이 배울 수 있다는 뜻입니다. 그러니 부모님이 먼저 책을 읽는 모습을 보여주는 게 아이의 독서 습관을 형성할 수 있는 가장 확실하고 빠른 방법입니다.

부모님은 나에게 책을 읽으라고 말하면서 정작 자신들은 책을 읽지 않는다는 것을 아이는 이미 알고 있을지도 모릅니다. 가족 모두 함께 책을 읽는 편이 가장 좋지만, 생활 방식 등이 달라 실천하기 어렵다면 최소한 아이가 책을 읽는 시간에 TV 소리를 크게 켜놓는다든지 스마트폰에서 시선을 떼지 못하는 모습을 아이가 보게 하지 않으셨으면 좋겠습니다. 아이도 하고 싶은 거 참으면서 책을 읽어보려고 노력하는 중이니까요.

독해력과 독해력 문제집 풀기

아이들의 독해력이 갈수록 점점 더 낮아지고 있고 부모님들도 그 부분을 보충해야 한다는 필요성을 느끼기에 시중에는 정말 많은 독해력 문제집이 나와 있습니다. 저는 학부모 상담에서 아이의 학습 부분에 관해 조언을 구하시는 학부모님에게 독서와 함께 독해력 문제집 풀기를 권해드리고 있습니다. 독해력 문제집은 하루에 보통 두세 쪽 분량으로 지문 하나를 읽고 5~7개 정도의 문제를 푸는 형식으로 되어 있습니다. 지문의 분량이 짧고 수능 언어 영역을 선행 학습하는 듯한 형태의 문제집이 정말 효과가 있는지 의문을 품는 분들도 있습니다. 하지만 저는 아이들이 평소에는 절대 접하지 않을 듯한 다양한 지문을 접할 수 있고 독해력은 짧은 지문을 읽고 글을 이해하는 것부터 시작해야 한다고 생각하기에 추천합니다.

하지만 독해력 문제집도 다이어트에 비유하면 '비타민 보조제' 정도의 역할을 할 뿐입니다. 다이어트의 가장 기본은 '운동과 식이 조절'임을 누구나 알고 있습니다. 정말 다이어트에 성공하려면 매번 먹는 것을 조절하고 꾸준한 운동을 해야 하지요. 이 기본에 해당하는 것이 '독서'이고 '독해력 문제집'은 다이어트 도중 영양 부족을 보충할 비타민 보조제 정도입니다.

식이조절과 운동은 하나도 하지 않고 비타민 보조제만 먹으면서 '나는 왜 살이 빠지지 않을까?'라고 고민하는 사람은 없겠지요? 그러니 우리 아이들에게도 하루 한 시간 이상 책을 읽을 수 있는 시간을 마련해 주고 가능하다면 독해력 문제집도 함께 풀며 공부해보길 추천합니다.

독해력 문제집은 학년별로 구분되어 있습니다만, 학년의 구분보다 현재 아이의 수준에 맞는 독해력 문제집을 풀어볼 것을 추천합니다. 내 수준에 맞아야 공부 효과가 좋습니다. 초등학교 5학년이어도 3학년 수준의 독해력 문제집을 풀 수 있습니다. 그리고 독해력 문제집의 하루 분량 문제를 푸는 데는 5~10분도 걸리지 않습니다.

날마다 독해력 문제집으로 성실히 공부한다면 누구나 한두 달이면 한 권을 풀 수 있습니다. 그래서 처음에는 문제집에 바로 답을 쓰지 않고 다른 곳에 답을 적어 풀도록 하고 끝까지 다 푼 후 다시 한번 문제집에 표시하여 두 번 이상 푸는 것을 추천합니다. 독해력 문제집도 두 번째 풀다 보면 처음에 잘 이해되지 않았던 부분들도 이해할 수 있습니다.

　부모님들이 기억하셔야 할 점은 '독서가 먼저'라는 사실입니다. 책을 읽을 시간이 나지 않는다고 아이에게 독해력 문제집만 풀게 하면서 아이의 독해력 향상을 기대하시면 안 됩니다. 독해력은 꾸준한 독서와 양질의 독서 능력이 쌓여야 뒤늦게 따라옵니다.

독서를 통해 어휘력, 한자 수준 높이기

"선생님, 율령이 무슨 뜻이에요?"

"선생님, 고구려 유민이 무슨 뜻이에요?"

『사회』 수행평가 중인데도 아이들은 계속 단어의 뜻을 물어봅니다. 문제를 가만히 살펴보니 '위 그림은 범죄에 대한 처벌과 나라를 운영하는 제도에 관한 규정인 율령을 나타낸 것입니다. 이러한 율령은 왕에게 어떤 도움을 주었을지 생각해 보고 적어봅시다'라고 적혀 있습니다. 문제 안에 '율령'이라는 단어의 뜻이 '범죄에 대한 처벌과 나라를 운영하는 제도에 관한 규정'이라고 설명되어 있는데도 낯선 단어의 등장에 아이들은 긴장한 모양입니다.

비단 『사회』 시간뿐만 아니라 다른 많은 교과의 평가 시간에도 아이들은 교사에게 단어의 뜻을 물어봅니다. 사실, 이 단어들은 교과서를 통해 배웠던 것이고 선생님에게서 설명도 들었던 것입니다. 하지만 수업 중에는 이 단어들이 크게 와닿지 않아 기억하지 않고 있다가 막상 평가라고 하니 더 진지하게 살펴보았어야 했고 정확히 알고 넘어갔어야 했다는 생각이 드는 모양입니다. 살짝 긴장해 열심히 하려는 아이의 모습이 예쁘기도 하지만, 수업 시간에 참 답답했겠다는 안타까운 마음도 듭니다.

어휘력을 높일 수 있는 몇 가지 방법을 안내합니다. 좀 더 구체적이고 실천적인 방법을 제시하고자 노력했습니다만, 이 모든 방법에 우선해서 '꾸준한 독서'가 근본적인 대책임을 부모님들께서는 잊지 말아 주시길 바랍니다.

교과서에 있는 단어 사전 찾기

책을 읽으라고 했더니 1분에 한 번씩 "이게 무슨 뜻이야?" 하고 묻는 아이에게 처음에는 친절하게 설명하다 이러한 과정이 네 번 다섯 번 반복되어 결국 버럭 하신 경험, 있으신가요? 사실, 제 이야기입니다. 아이가 책을 읽을 때 내용 중간중간에 새로운 단어나 모르는 단어가 있는 책을 읽고 있다면 지금 적정한 수준의 책을 잘 읽고 있는 것입니다.

그러나 한 페이지에 모르는 단어가 8~10개씩 된다면 그 책은 아이 수준에 어려운 책일 수도 있습니다. 아이가 단어의 뜻을 질문할 때 그것도 모르냐며 버럭 하는 대신 우아하게 "우리 같이 국어사전을 찾아볼까?"라고 말해주세요. 단어를 공부할 때 사전 찾는 것은 가장 기본적인 방법이자 가장 중요한 방법입니다.

초등학교 『국어』 교육 과정을 살펴보면 3학년 1학기 때 처음 사전 찾는 법(3학년 1학기 『국어』 7단원, 반갑다 국어사전)을 배웁니다. 그리고 4학년 때도 배웁니다(4학년 1학기 7단원, 사전은 내 친구). 5학년 때는 동형어, 다의어에 관해 배우면서 사전을 활용합니다(5학년 1학기 5단원, 글쓴이의 주장).

국어사전 찾기는 교과서에 있는 단어부터 시작하면 좋은데 해당 학년에서 알아야 할 수준의 단어가 제시되어 있기 때문입니다. 그중 아이가 잘 알지 못하는 단어를 국어사전을 통해 익히면 됩니다. 특히『국어』『사회』『도덕』과목 속 단어로 국어사전 찾기를 추천합니다. 새 학년이 시작되기 전에 교과서를 받아 쭉 훑어보는 과정에서 모르는 단어를 따로 체크해두세요. 학교 수업에서 쓸 교과서에 표시하기가 꺼려진다면 교과서를 한 부 더 사셔서 가정에서 따로 공부하는 것도 좋은 방법입니다.

『국어』는 '읽기 지문'과 '읽고 나서 묻는 말'에서 아이가 모르는 단어가 있는지 확인해보세요. 질문의 의미를 파악하지 못해 답을 하지 못하는 아이가 제법 많기 때문입니다.『사회』는 새로운 분야의 단어가 많이 나타나는 과목이고 2학기에 배울 역사와 관련해 생소한 단어들을 어려워하는 아이도 많습니다.

『사회』는 교과서 맨 뒤에 '찾아보기'라고 하여 중요 단어를 사전 순서대로 제시하고 있는데, 모든 단어가 빠짐없이 제시되지는 않았으니 교과서 앞쪽부터 읽고 모르는 단어를 표시한 후 '찾아보기'에서 다시 한번 확인하는 정도로 활용하시면 좋습니다.『도덕』은 추상적인 단어가 많이 등장하는 교과라 아이들이 어렵다고 느끼지만, 반대로 어휘를 공부하기에는 좋은 과목입니다.

잘 모르는 단어나 궁금한 단어가 생길 때마다 스스로 국어사전을 찾아 공부하는 습관, 아름답지 않나요? 인터넷에 검색하면 다양한 국어사전의 기능을 이용할 수 있는 편리한 시대이지만, 저는 실물 국어사전을 구매하실 것을 권합니다. 학교에서 국어사전을 찾는 법과 활용법을 배울 때도 실물 국어사전을 활용하고 있고, 실제로 국어사전 찾는 것을 습관화하기 위해서는 옆에 두고 수시로 찾아볼 수 있어야 하기 때문입니다. 국어사전을 구매하실 때는 되도록 많은 단어가 수록된 국어사전이 좋습니다. 그중에서도 설명이 아이 수준에 맞게 되어 있는지, 유의어, 반의어, 활용 예시 문장이 잘 나타나 있는지 확인하고 구매하시기 바랍니다.

모르는 단어 짐작하기

어휘력 향상의 처음은 '사전 찾기'로 시작하지만 모든 단어를 다 알고 책을 읽는 경우는 없습니다. 모르는 단어가 나올 때마다 사전에서 찾으려고 하다 보면 독서의 흐름이 끊겨 집중하며 읽기가 어려워집니다. 그러니 아이에게 책을 읽으면서 모르는 단어가 나왔을 때 단어의 의미를 짐작하는 방법을 알려주어야 합니다. 초등학교 5학년 교육과정에서는 '낱말의 뜻을 짐작하여 읽기(5학년 2학기 『국어』 7단원, 중요한 내용을 요약해요)' 부분을 가르칠 때 ①읽으며 앞뒤 내용을 자세히 살펴본 후 ②내가 이미 아는 낱말로 바꾸어 보고 문장의 의미가 자연스러운지 살펴보라고 가르칩니다.

예를 들어, '과거 사오정들은 뜬금없는 말로 우리에게 재미와 웃음을 주었지만 요즘 사오정들은 귀 건강을 위협받는 아주 위험한 상황에 놓여 있습니다'와 같은 문장을 아이가 읽었습니다. 아이는 '뜬금없는'의 뜻을 짐작할 만한 부분(우리에게 재미와 웃음을 주지만)을 먼저 찾습니다. 그리고 우리에게 재미와 웃음을 주는 상황을 이해한 후 '뜬금없는'을 내가 이미 알고 있는 '엉뚱한' '황당한'의 단어와 바꾸어 읽어 보고 문장의 의미가 자연스러운지 파악합니다. 그러니 부모님들은 아이가 책을 읽다가 모르는 단어로 답답해할 때 아이에게 모든 단어를 다 알고 책을 읽을 수는 없다는 점, 모르는 단어를 내가 아는 단어로 바꾸어 읽었을 때 문장의 의미가 자연스러운지 확인하면 좋다는 점 등을 안내해주시면 됩니다.

어문회 7급 수준의 한자 100자

한자 문화권의 특성상 우리나라 말에도 한자를 사용한 어휘가 많습니다. 하지만 아이들에게 단어의 뜻을 설명하기 위해 각 한자의 의미를 이야기하면 더 모르겠다는 표정을 짓습니다. 그러니 내 아이가 어휘에 유독 약하고 단어 공부를 힘들어한다면 부모님께서는 최소한 '어문회 7급 수준의 한자 100자 즉, 입 口ᄀ 있을 유ᄒ 들 입ᄉ 풀 초ᄈ 수준의 한자 정도는 아이가 학습하게 할 것을 권합니다.

학교에서는 『사회』 수업에서 삼강오륜에 관해 설명할 때, 국어에서 한자어 외래어를 구별할 때 등 다양한 순간에 한자로 이루어진 단어에 관해 설명하는데 전혀 모르겠다는 표정을 짓는 아이가 많을수록 수업 진도가 턱턱 막힙니다. 한자를 전혀 모르는 아이들은 우리나라 단어를 통으로 암기해야 하는 상황에 자주 직면하고 그러면 교과서는 아이에게 읽기 어렵고 짐작도 안 되는 존재가 되어버립니다.

가끔 쉬는 시간에 학원에서 단어시험을 본다고 영어 단어를 하루에 20~30개씩 외우는 아이들을 보며 '국어 단어도 저 정도로 외우면 정말 아이들의 어휘력, 독해력 이런 것은 따로 고민하지 않아도 될 텐데' 싶은 생각을 합니다. 영어 단어를 쉽게 외우기 위해 영어 단어의 어원에 관한 설명도 함께 하는 모습을 보았습니다. 이런 노력을 한다면 우리나라 단어도 아이들이 충분히 더 잘 사용할 수 있습니다. 우리가 늘 사용하고 듣는 우리의 말이니까요.

한자를 공부하기 위해 하루 몇 자씩 정해놓고 한자를 쓸 필요는 없습니다. 목적은 우리말을 더 잘 이해하기 위함이니 우리말에 있는 한자어가 어떤 뜻이고 같은 한자어로 만들어진 단어가 무엇이 있는지 아는 수준이면 충분합니다. 예를 들어, 先(먼저 선, 8급 한자) 같은 경우 '먼저'라는 의미이고 '선'이라고 읽으며 '선행학습' '선제골' '선배' '선생님'의 '선'도 모두 먼저라는 의미가 있음을 알면 되는 것입니다.

나만의 단어장 만들기

앞서 이야기한 '교과서 속 단어 찾기' '모르는 단어 짐작하기' '한자어 익히기' 등을 통해 새롭게 안 단어들을 기록하여 나만의 단어장을 만들기를 권합니다. 모르는 단어를 내 것으로 만들기 위한 작업이자 새로운 단어를 내 언어 통장에 모으는 작업입니다. 단어를 많이 알고 있어야 쓸 수 있는 말도 많습니다. 사전처럼 자음 순으로 분류하여 기록하는 것도 좋고 시간 순으로 기록해도 좋습니다. 하루 동안 책을 읽고 나서, 어른들의 이야기를 듣거나 뉴스를 보고 나서, 지나가는 마트에서 전단을 본 후 등 다양한 경우를 통해 새로 알게 된 단어 두 개씩만 기록하는 것입니다.

아이가 처음 한글을 배운 후 거리에 있는 간판 글자들을 자꾸 읽으려고 했던 것, 기억하시죠? 마찬가지로 나만의 단어장을 채운다고 생각하면 단어에 관한 아이들의 민감도가 상승하여 아무 생각 없이 지나던 길가에서도 모르는 단어를 발견하는 적극성을 다시 가질 수 있습니다.

두 개는 아이들에게 부담되지 않을 정도의 양이라 생각하여 제시하였고 아이의 상황에 따라 더 많은 양으로 도전하셔도 됩니다. 단어장에는 단어의 뜻, 활용 예시, 내가 알고 있는 비슷한 단어들을 함께 기록하면 좋습니다. 영어 단어 20개 외우기보다 더 효과 좋은 공부법이 되리라고 자신합니다.

고피쉬 (GO Fish)

쉽고 재미있게 어휘력을 향상할 수 있는 보드게임을 소개합니다. '고피쉬Go Fish'라는 보드게임으로 초등학교 1학년 아이들이 '의성어, 의태어'를 배울 때 학급에서 사용해 보았는데 효과가 제법 좋았습니다. 이미 활용하고 계신 부모님도 많으실 테지만 모르시는 부모님들을 위해 고피쉬 속담카드 기준으로 간단히 게임 방법 소개하겠습니다.

1. 2~4명 정도 게임에 참여합니다.

2. 게임 카드를 잘 섞어 각 5장씩 나누어 갖고 나머지 카드 더미는 가운데에 둡니다.

3. 내가 가지고 있는 카드 중 '길고 짧은 것은 대어 보아야 안다'가 있으면 상대방 중 한 명을 지목해 "길고 짧은 것은 대어 보아야 안다 있어?"라고 물어봅니다.

4. 지목당한 상대방에게 그 카드가 있으면 물어 본 사람에게 그 카드를 주어야 하고 카드를 가지고 있지 않으면 물어 본 사람이 가운데 카드 더미에서 카드 한 장을 가지고 와야 합니다.

5. 카드의 짝을 찾으면 아래에 내려놓습니다.

6. 자기가 가지고 있는 카드의 짝을 빨리 찾아 먼저 내려놓는 사람이 이기는 게임입니다.

비슷한 말, 반대말, 의성어, 의태어, 속담, 사자성어 등 다양한 종류의 카드가 있으며 6~7세 아이부터 할 만한 쉬운 수준입니다만, 평소 사용하는 어휘에서 확장된 어휘를 자주 불러보고 써볼 수 있는 장점이 있습니다. 그림과 함께 아래쪽에 설명도 함께 되어 있어 가족 모두 가볍게 게임하며 단어를 익힐 수 있습니다.

사자성어 100개

초등학교 5학년 아이들의 어휘력 향상을 위해 저는 5학년 2학기에 '사자성어 100개 공부하기 프로젝트'를 진행합니다. 일주일에 세 번, 하루에 두 개씩 사자성어가 적힌 종이를 나누어 주어 공책에 붙인 후 아침 시간마다 뜻을 한 번 따라 쓰라고 하였습니다. 그리고 하루 중 시간이 날 때마다 여러 번 읽고 집에 가기 전에 사자성어를 적절하게 활용하여 문장을 만들어 선생님에게 제출하면 미션 성공입니다.

담임 선생님이 제시하는 사자성어 종이에는 사자성어의 뜻과 속뜻, 상황에 대한 예시 등이 적혀 있는데 최대한 우리 반에서 일어날 만한 상황을 만들고, 상황 속 등장하는 인물도 우리 반 아이들의 이름을 사용하여 만듭니다. 실제 주변 상황에서 일어날 법한 이야기를 만들고 활용할 수 있는 데 초점을 두었습니다. 그래서 몇 번 읽고 상황을 이해한 후 나의 말로 사자성어를 이용할 수 있으면 성공입니다.

일주일에 여섯 개의 사자성어 외우기를 한 학기 동안 꼬박 진행하면 100개를 채울 수 있습니다. 수업 중에도 앞서 배웠던 사자성어를 활용해주면 아이들 또한 사

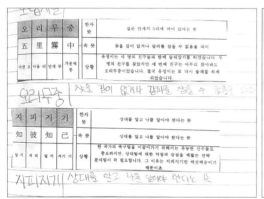

하루에 두 개의 사자성어 적고 활용하기

사자성어 3개 이상 넣어 글쓰기

방학 중 우리 반 친구들과 함께 [신과함께]라는 영화를 보았다. 차태현이라는 배우가 주인공인데 지옥에 있는 사람들은 유능한 아비규환이었다. 차태현이라는 사람이 7개의 지옥에 다니면서 재판을 받았다. 그래서 나중에는 기사회생하고 천국에 간다. 차태현은 영화 속에서 김자홍이었는데 김자홍의 동생인 김수홍이 있었다. 김수홍은 자기 부하가 모르고 쏜 총에 맞고 죽었는데 지옥에서 천국에 가게 도와주는 차사 중 하정우가 있는데 김수홍과 하정우가 싸웠는데 하정우는 백발백중이었다.

지금까지 배운 사자성어 3개로 글쓰기

(※주의 이 이야기는 모두 꾸며낸 이야기입니다.)오늘 친구들과 경도를 했다. 내가 도둑이었는데 애들한테 들켜서 쓰레기장 쪽으로 도망쳤는데 정말이지 사면초가였다. 하지만 구사일생으로 도망을 쳤다. 그렇게 잘 도망치고 다시 후관 화장실에 숨어 있을 때 들켰는데 다행이도 여자애들이어서 내가 남자화장실에 있기 때문에 괜찮았지만 너무 양심에 찔려서 그냥 자포자기로 그냥 나왔다. 그렇게 이제 남은 애들을 잡으려고 동분서주했지만 1명이라도 잡기는커녕 계속 쫓아다니기만 하다가 학원에 가야 돼서 어쩔 수 없이 학원에 갔다.

학년말 문집에 제출된 사자성어 3개 이용해 글쓰기 예시

자성어로 답을 하는 깜짝 놀랄 상황도 벌어집니다. 아이들의 생각보다 많은 숙제를 내줄 때 혹은 곧 있을 평가 일정을 알려줄 때 "선생님, 정말 청천벽력 같은 소식입니다!"라고 이야기하는 아이들의 모습이 얼마나 귀여운지 모릅니다.

처음에는 힘들어하던 아이들도 친구가 상황을 설명해주고 서로 문제를 내주고 풀면서 꾸준히 공부한 경우도 있었는데, 중학생이 된 후 초등학교 때 담임 선생님을 찾아 온 아이들이 그때 선생님과 사자성어 공부하길 정말 잘했다고 말해 뿌듯하기도 했습니다.

단어와 더불어 관용구, 속담, 사자성어와 같은 부분도 꾸준히 접하고 활용할 수 있도록 해주시는 편이 좋습니다. 아이가 쓸 수 있는 어휘의 양이 아이의 사고력의 크기입니다. 실제로 초등학교 6학년 『국어』 교육과정에서는 속담과 관용구에 관해 배우는 부분이 있습니다. 제가 학생들과 사자성어를 공부한 것과 같은 방법으로 부모님께서도 아이에게 생활 속에서 경험해 보았을 만한 상황에서 적절한 관용구, 속담, 사자성어 하나씩 툭 일러주는 것도 좋은 방법입니다.

책 편식하는
아이 돕는 방법

책을 읽히고 싶어도 책 자체를 멀리하는 아이 때문에 고민하는 부모님도 많지만 책을 잘 읽는 아이를 둔 부모님들에게도 걱정이 많습니다. 바로 자신이 좋아하는 책만 읽으려고 하는 '아이의 책 편식'입니다. 음식을 골고루 먹어야 하듯 책도 골고루 다양하게 읽는 것이 더 좋을까요? 몇 가지 경우로 나누어 생각해 보도록 하겠습니다.

만화책만 읽어요

많은 부모님이 가장 걱정하는 아이는 '만화책만 읽는 아이'입니다. 실제로 학부모 상담 때 독서의 중요성에 관해 말씀드리면 아이가 만화책만 읽고 다른 책은 읽지 않는다는 이야기를 많이 하십니다. 부모님 입장에서 보면 요즘 만화책은 '학습 만화' 형식으로 나와 과학, 역사, 사회 부분에 관한 방대한 지식을 담고 있으니 안 읽는 것보다는 낫지 않겠느냐는 생각도 듭니다. 실제로 역사 지식 만화책을 열심히 읽은 아이는 『사회』 수업 시간에 역사적 사건의 세세한 뒷이야기까지 해주며 역사적인 지식을 뽐냈습니다.

하지만 학습 만화로 다양한 지식은 얻을 수 있지만 사고력은 얻을 수 없습니다. 독서 교육에서 말하는 독서의 장점을 얻을 수 없는 셈입니다. 왜냐하면 만화는 긴 문장이 아니라 짧은 단어나 어구 중심의 흐름으로 내용이 구성되어 있습니다. 만약 짧은 글의 흐름마저 이해하지 못한다 해도 그림만 보고도 내용을 이해할 수 있도록 세세하게 묘사되어 있습니다. 책을 읽고 장면을 상상한다거나, 글 앞뒤의 내용의 흐름을 살펴보며 이해하는 것, 그리고 다양한 어휘와 문장을 익힐 기회가 만화책에는 없습니다.

그래서 만화책만 꾸준히 읽는 아이들은 줄글로 넘어가기를 힘들어합니다. 앞서 p.144 '독해력 챕터'에서 이야기했던 것처럼 '글을 읽고 이해하는 경험'을 만화책을 통해서는 하기가 어렵기 때문입니다. 특히 교과서는 설명문 형식의 글인데 만화책만 읽다 보면 교과서의 글을 읽고 이해하는 것이 어렵습니다.

그렇다고 해서 아이가 학습 만화책을 읽는 것에 죄책감을 느끼게 할 필요는 없습니다. 아이에게 당장 학습 만화책을 읽지 못하게 한다던가 줄글 책을 내밀며 읽으라고 강요한다면 아이는 거부감을 느껴 책 읽는 것 자체를 거부할 수 있습니다. 학습 만화책에 익숙한 아이들은 당장 줄글 책을 읽기가 어렵습니다. 이런 경우 제 학년보다 낮은 학년의 그림책부터 시도해보시길 바랍니다. 시각적으로 내용을 이해하는 것에 익숙하니 예쁜 그림을 통해 글에 접근하는 것이 거부감을 줄일 수 있습니다.

또 다른 방법으로는 아이가 좋아하는 만화책과 같은 주제의 다른 책도 함께 읽을 수 있도록 기회를 제공하는 것입니다. 예를 들어, 삼국지에 빠져 한참 삼국지 만화책을 읽는 아이에게 만화가 아닌 삼국지 책을 슬쩍 권해보세요. 만화책에서는 짧게 묘사된 부분에 관한 상세한 이야기를 읽게 되고, 읽다 보니 스스로 그 장면을 상상하며 읽게 되는 경험을 하도록 해주세요. 아이 스스로 만화가 가지는 한계가 있음을 깨닫게 해주는 편이 좋습니다. 지금 말씀드리는 것은 줄글 책도 잘 읽는 아이가 만화책도 좋아하는 것에 관한 이야기가 아닙니다. 줄글 책은 전혀 읽지 않는 아이가 만화책만 읽으려고 할 때를 대비한 해결책입니다.

문학과 비문학

아이들이 책을 편식하는 성향을 살펴보면 이야기책을 좋아하는 아이와 과학, 역사와 같은 호기심을 채워줄 수 있는 지식책을 좋아하는 아이로 나눌 수 있습니다. 저희 첫째 아이는 그중 이야기책만 좋아하는 아이입니다. 5~6세 때 그림책을 고르는 순간에도 주변 부모님들이 남자애라면 절대 실패하지 않는다던 공룡 책, 자연과학 책은 거들떠보지도 않았습니다. 아이가 좋아하던 책은 『구름빵』(백희나 저 | 한솔수북 | 2004.11.20.) 『달 샤베트』(백희나 저 | 책읽는곰 | 2014.06.10.) 『엄마가 화났다』(최숙희 글과 그림 | 책읽는곰 | 2011.05.30.)와 같은 그림책입니다.

시간이 지난 지금도 제 첫째 아이는 이야기책만 열심히 읽습니다. 학년이 올라갈수록 지식 책도 읽히고 싶은 부모의 욕심에 살짝 다른 책들을 들이밀어 보지만 역시나 찬밥 신세입니다. 이야기책을 좋아하는 아이들은 자신이 이야기 속의 인물이 되어 사건이 일어나고 해결하는 과정들을 함께 즐깁니다. 이야기를 상상하고 감정 이입하여 읽는 것에 즐거움을 느낍니다. 반면에 어려서부터 공룡 책만 읽는 아이, 역사책만 종류별로 섭렵하는 아이들은 내가 좋아하는 관심 분야가 뚜렷하고 관심 분야에 대한 지식을 하나씩 넓혀가는 행위에 즐거움을 느낍니다.

이런 분야의 편중에서 오는 독서 편식을 부모님들께서는 걱정하지 않으셔도 괜찮습니다. 아이마다 가진 고유한 특성에서 오는 현상이니까요. 음식도 내가 더 좋아하는 음식이 있고 덜 좋아하는 음식이 있습니다. 아이가 건강에 나쁜 음식만 먹겠다고 고집하는 것이 아니라면 굳이 골고루 먹으라고 강요할 필요는 없습니다.

오히려 이런 책 편식은 칭찬할 만한 일입니다. 아이가 책을 읽는 즐거움을 벌써 알고 있고 독서에 몰입하고 있다는 증거이며 좋아하는 책의 장르, 즉 독서 취향이 형성되었음을 의미하기 때문입니다. 또한 한 분야에 몰입하다 보면 결국은 자연스레 독서의 범위가 확대될 수밖에 없습니다. 역사에 관심 있는 아이는 그 역사 속에 나오는 인물에 관해 관심을 가질 것이고 그 인물이나 사건을 모티브로 한 다른 이야기책으로 독서 영역을 확장할 수 있습니다.

이야기책을 좋아하는 아이는 다양한 이야기책 속에서 내가 잘 알지 못하는 사회과학적인 내용이 나오면 호기심을 가지게 될 것입니다. 그러니 부모님께서는 아이 스스로 자연스레 영역의 확장이 일어날 수 있도록 기다려주는 것이 필요합니다. 기다리고 기다려도 영역 확장의 때가 오지 않는다 싶은 조바심이 난다면 중간에 한 번씩 아이에게 새로운 주제를 자연스레 툭 던져봐 주세요. "이 책 네가 지난번에 물어봤던 그 조선 시대 왕 이야기더라. 네가 궁금해할 거 같아서 가져왔어" 정도의 자연스러움이면 딱 좋습니다.

부모님이 골고루 다양하게 읽어야 한다는 것에 너무 중점을 두어 아이가 좋아하는 분야 이외의 책을 자꾸 읽도록 하면 오히려 아이는 책을 읽는 즐거움을 잃게 될 수 있습니다. 초등학교 시기의 독서는 책을 읽는 즐거움을 알고 꾸준히 스스로 찾아 읽으면 충분합니다. 평생 책 읽는 아이가 될 텐데 지금 한 분야에 집중하여 책을 읽는 행위가 무슨 걱정인가요. 아이들은 본인이 즐거운 것을 읽습니다. 독서는 항상 스스로 즐거워야 합니다.

―― 평생 공부력은 초5에 결정된다

같은 책만 반복해서 읽어요

어릴 때 아이에게 그림책을 읽어주겠다고 하면 아이가 빠뜨리지 않고 꼭 챙겨 오는 책이 있었나요? 새로운 책은 읽기를 거부하며 꼭 그 책만 여러 번 읽어달라고 하거나 내용 중 특정 부분에서 매번 까르르 웃음을 터트리는 아이들이 있습니다. 이런 현상이 초등학교 고학년 때까지 이어져 여전히 같은 책만 계속 반복해서 읽는 아이들도 있습니다.

위와 마찬가지로 책의 멋을 아는 아이입니다. 부모님들께서는 걱정하실 필요가 전혀 없습니다. 아이는 책의 즐거움을 충실하게 느끼고 있고 그중에서도 가장 좋아하는 책을 찾은 것입니다. 처음 읽을 때와 두 번째 읽을 때, 그리고 열 번 읽었을 때의 느낌과 맛이 다름을 아는 것입니다. 여러 번 읽어도 매번 책의 느낌이 다른 이유는 책을 읽는 동안 내 생각도 조금씩 변화하기 때문입니다.

많은 성현과 천재가 추천하며 그들도 실제로 실천한 독서법이 바로 '반복 독서'입니다. 혹시 같은 책만 계속 반복하여 읽는 아이라면 부모님들은 그 책을 꼭 기록해 두길 바랍니다. 시간이 흐름에 따라 아이가 좋아하는 책이 어떻게 변화하는지 살펴보실 수 있습니다. 전혀 걱정하지 마시고 오히려 격려하고 지지해 주시길 바랍니다.

고전 인문 독서 읽기 시작하는 방법

'시카고 플랜Chicago Plan'을 들어보셨나요? 1890년도에 설립되어 30여 년 동안 미국의 삼류 대학 위치에 있었던 시카고 대학에 1929년 로버트 허친스Robert Maynard Hutchins 총장이 취임하면서 '고전 100권 읽기The Great Book Program 프로그램'이 시작되었습니다. 이 당시 고전 100권을 달달 암기할 수준이 되지 않으면 대학 졸업도 어려웠다고 합니다. 하지만 고전을 읽기 시작하자 학생들의 사고력이 놀랄 만큼 발전하였고 세월이 흘러 시카고 대학은 노벨상 수상자를 100여 명 가까이 배출한 '노벨상 왕국'이 되었습니다.

비슷한 사례로 미국의 세인트존스 대학교에서는 전공도 없고 시험도 없이 4년 동안 고전 100권을 읽고 토론 수업을 진행한다고 합니다. 도대체 고전에 어떤 힘이 있길래 노벨상 수상자를 배출시키고 지식의 장이라 할 수 있는 대학교에서 전공도 평가도 없이 고전만 읽게 할까요?

아이들이 그림책에서 페이지가 얇은 줄글 책, 그리고 좀 더 페이지도 있고 글 밥도 있는 줄글 책 등으로 읽기의 단계가 상승하면 여러 권의 책을 읽는 것보다 '좋은 책' 한 권을 잘 읽는 게 더욱더 중요합니다. 고전은 그 '좋은 책'에 해당하는 책입

평생 공부력은 초5에 결정된다

니다. 시대를 막론하고 많은 사람이 읽을 만한 가치 있는 책이 고전입니다. 고전을 통해 내가 사는 시대와 다른 시대에 사는 다른 사람들의 삶의 모습을 보면서 이해의 폭이 넓어지고 생각의 깊이를 더 깊게 할 수 있습니다. 고전은 크게 『제인 에어』 『어린 왕자』 『박씨전』 『허생전』과 같은 고전 문학과 『논어』 『명심보감』 『소학』과 같은 인문 철학 고전으로 나누어 생각할 수 있습니다. 각 종류에 따라 읽는 방법의 차이가 있습니다.

우선 아이에게 고전 문학을 먼저 접하게 하는 편이 좋습니다. 아이들에게 인문 철학 고전은 어렵다는 인식이 있지만 고전 문학은 '명작동화'라는 이름으로 어릴 때부터 많이 접해보았기에 읽기가 상대적으로 덜 부담스럽습니다. 부모님들도 어릴 적 읽었던 명작 도서 중 아직도 생각나는 책 한 권쯤 있으시죠? 저는 초등학교 4학년 때 읽었던 『나의 라임 오렌지 나무』가 기억에 오랫동안 남아 있는 책입니다. 제제의 이야기를 읽고 제제의 마음에 감정 이입하여 정말 슬프게 울었던 기억이 있습니다.

부모님들에게도 그런 책이 있다면 그 책으로 아이와 함께 고전 읽기를 시작해보시면 어떨까요? 먼저 아이에게 간단한 이야기를 들려주어 흥미를 끌게 한 다음 책을 읽는 것도 좋습니다. 이 외에 고전 문학 읽기를 시작하기 위한 몇 가지 팁을 나누려고 합니다.

첫째, 전집 구매 금지

부모님들이 하시는 가장 많은 오류가 아닐까 싶습니다. 책은 제발 전집으로 사지 말아 주세요. 아이에게 고전 읽기가 좋다는 이야기를 듣고 나면 대부분 부모님이 검색을 통해 전집을 준비합니다. 적게는 30권 내외에서 많게는 100권이 넘는 방대한 양입니다. 이렇게 전집을 준비하고 나면 정작 아이들이 잘 읽지 않습니다. 수많은 전집 중에 골라 읽으라고 해도 손 하나 대지 않으니 아까워하며 '새 책 수준' '활용하지 못했어요'라는 문구와 함께 중고로 내놓는 분도 많습니다.

고전은 일반적인 읽기 책보다 아이들이 접근하기 어려워합니다. 그러므로 고전을 처음 접할 때는 아이의 흥미를 끌어 '재밌네' '읽어볼 만하네'라고 생각할 수 있도록 하는 것이 가장 중요합니다. 거기까지만 가도 50% 이상 성공입니다. 그런데 '전집'은 그런 아이의 흥미를 반감시킬 가능성이 너무나 큰 아이템입니다. 처음 고전 읽기를 시작할 때는 아이와 함께 서점이나 도서관에 가서 다양한 출판사에서 출간된 다양한 고전 중 마음에 드는 책 딱 한 권만 고를 수 있도록 해주세요.

둘째, 독서 후 아이에게 질문 금지

고전 한두 권 읽었다고 아이의 독해력과 사고력이 갑자기 좋아지지는 않습니다. 몸에 좋으라고 먹는 한약이나 영양제 등도 하루 이틀 먹었다고 바로 효과가 나타나지 않습니다. 그러니 아이가 책을 읽은 후 "읽고 나니 어땠어? 내용 중 기억에 남는 것은 뭐가 있었어?" 이렇게 책을 정확하게 읽었는지 점검하는 질문은 하지 마세요. 하지만 아이와 함께 같은 책을 읽고 책에 관해 서로 생각을 나누는 일은 환영입니다. 아이에게 '네가 잘 읽었는지 궁금해'라는 메시지 대신 '이 책을 읽고 너랑 함께 이야기하니 즐겁다'라는 메시지를 전달하는 것이 중요합니다. 만약 어렵다면 질문은 아예 하지 않으시는 편이 좋습니다.

셋째, 고전은 아이의 수준에 맞는 책부터 읽기

고전을 읽을 때는 아이의 수준에 맞는 고전부터 읽는 편이 좋습니다. 같은 『노인과 바다』라도 정말 다양한 출판사에서 출간한 다양한 난이도의 책이 있습니다. 즉 그림책 수준부터 500쪽이 넘는 원서에 이르기까지 수준의 차이가 큽니다. 어떤 부모님은 원작을 읽어야 한다고 말씀하시지만 초등학생 중에서도 독서 수준이 제법 되는 아이들이라고 할지라도 원서를 읽는 것은 어려운 일입니다. 그러니 요약본이나 축약본으로 나와 있는 책을 읽어도 괜찮습니다.

당연히 원작이 주는 감동이 있지요. 그러나 아이들이 아직 이해하기 어렵다면 수준에 맞지 않은 원서를 억지로 읽히는 것보다 재미있게 읽을 수 있는 요약본이 더 낫다고 생각합니다. 다른 사람이 다 재미있고 좋다고 해도 내가 읽지 않으면 아무 의미가 없으니까요. 초등학교 5학년 평균 수준의 독서 습관이 잡힌 아이라면 150쪽 이상 되는 책 중에 아이가 읽을 책을 직접 고를 수 있도록 하는 편이 좋습니다. 물론 아이에게 독서 습관이 잘 잡히지 않았다면 그보다 더 쉽게 읽히는 책으로 접하도록 부모님이 도와주셔도 좋습니다.

넷째, 독서 시간 확보하기

아이에게 '주 3회 1시간 이상' 독서할 시간을 확보해주세요. 고전 문학 읽기를 시작했다면 1년 이상 꾸준히 지속해야 효과가 있습니다. 고전 한 권 읽고 한 달 뒤에 다시 한 권 읽는 등 이런 식으로 띄엄띄엄 읽는 행위는 큰 효과가 없습니다. 고전 읽기를 시작하겠다고 마음먹었다면 최소 1~2년 이상은 꾸준히 지속할 수 있게 해주세요.

고전만 읽으면 아이가 힘들어할 수 있습니다. 그래도 일주일 독서량 중 절반 이상은 아이가 고전을 읽을 수 있도록 지도해주시면 좋습니다. 이는 인문 철학 고전을 읽을 때도 마찬가지입니다. 꾸준히 고전을 읽다 보면 어느 순간 아이의 독서 능력이 한 단계 성장했음을 깨닫게 될 것입니다.

『논어』『사자소학』『명심보감』과 같은 인문 철학 고전은 아이들에게 왜 읽으라고 할까요? 고전 문학처럼 줄거리가 있는 것도 아니고 실용적인 내용을 다루고 있는 것도 아닙니다. 하지만 인문 철학 고전은 구절구절의 의미를 파악하고 깊게 음미하며 스스로 질문을 던져보면서 삶의 가치관과 방향을 형성하는 데 도움이 됩니다. 여기에 인문 철학 고전을 읽기 시작할 팁이 있습니다.

낭독하며 읽기

예전에는 서당에서 천자문을 외울 때 소리 내어 읽었던 것처럼 지금도 고전을 읽을 때 소리 내어 읽고 천천히 음미하며 읽어보세요. 슬로우 리딩을 하는 가장 대표적인 분야가 인문 철학 고전입니다. 정보를 습득하기 위한 독서가 아니라 사유하기 위한 독서이기 때문입니다. 하루에 한두 쪽을 읽더라도 소리 내어 읽고 나의 삶과 연결 지어 생각해 보는 연습을 해보세요. 그래서 인문 철학 고전은 사고력이 어느 정도 발달한 후에 시작하는 편이 좋아 초등학교 고학년 때 많이 시작합니다.

인상 깊은 내용 필사하기

기억에 남는 부분들을 필사하도록 합니다. 소리 내어 읽은 후 오늘 가장 기억에 남

─── 평생 공부력은 초5에 결정된다

는 글귀 하나씩을 공책에 따라 적도록 합니다. 어느 정도 익숙해지면 하루에 읽은 책 내용 전체를 필사하는 일도 가능해집니다. 눈으로 읽고, 소리 내어 읽고, 손으로 쓰면서 읽었을 때 책을 이해하는 정도는 훨씬 깊어질 것입니다.

그리고 책 한 권을 다 읽은 후 내가 쓴 필사 노트를 보고 다시 한번 생각을 되짚을 수 있습니다. 따라 쓰고, 다시 생각해 보고, 거기에 내 생각을 얹는 이 모든 작업이 스스로 공부하는 힘이 생기는 과정입니다. 인문 독서를 한다는 건 그 시대의 가장 훌륭한 사람을 나의 멘토로 만드는 과정입니다. 그 사람과 나의 꾸준한 대화 과정에서 사고력과 더불어 읽기 능력과 학습 능력이 향상되는 것은 당연한 일 아닐까요?

최소 3번 읽기

어떤 책이든 최소 3번 이상 읽기를 추천합니다. 책을 백 번 읽으면 그 뜻이 저절로 드러난다(독서백편의자현, 讀書百遍義自見)고 합니다. 조선 시대 성군 세종 대왕 또한 '백독백습'이라고 하여 책을 백 번 읽고 백 번 썼다는 기록이 있습니다. 그냥 읽고 책장을 덮는 독서가 아니라 책의 한 줄 한 줄의 의미와 행간의 의미를 정확하게 알고 그 책을 완벽하게 소화하는 것입니다. 인문 철학 고전 또한 읽을 때마다 그 의미가 새롭게 다가올 것입니다.

가족과 함께 읽기

고전은 남녀노소 누구나 읽을 수 있는 책으로 대상 독자의 폭이 아주 넓은 책입니다. 아이들이 처음 인문 고전을 배우려고 할 때 '함께 읽기'가 가장 확실하고 좋은 방법입니다. 읽는 대상에 따라 같은 책이라도 이해의 범위가 다릅니다. 어른과 아이가 같은 책을 함께 읽는다면 책에 대한 이해가 각기 다를 것입니다.

아이들이 처음 고전을 읽기 시작할 때 부모님께서도 저녁에 30분 정도 시간을 내어 고전을 함께 읽고 서로가 이해한 의미를 나눈다면 아이에게 인문 고전은 재미있는 대화 주제가 될 것입니다. 처음에는 어려워 보이는 고전 읽기도 부모님과 함께 같은 부분을 읽고 생각을 나누는 과정에서 자연스럽게 함께 공유하는 독서를 느끼고 배울 것입니다.

부모님은 저녁에 드라마를 보거나 스마트폰을 손에 쥐고 있으면서 아이에게는 『논어』를 읽으라고 한다면 아이에게 『논어』 읽기는 정말 지루하고 하기 싫은 일이 될 것입니다. 처음은 부모님과 함께 읽도록 해주세요. 부모님과 아이 모두에게 성장의 기회가 될 것입니다.

쉽고 빠르게 독서록 숙제 마치는 비결

독서록, 꼭 써야 할까요?

많은 학부모님이 "독서록… 꼭 써야 하나요? 아이가 책은 곧잘 읽는 데 독서록을 쓰라고 하면 아주 힘들어합니다"라는 질문을 하십니다. 실제로 학생들도 독서록 쓰기를 싫어합니다. 아니, 요즘 아이들은 쓰는 것 자체를 정말 싫어합니다. 하지만 제 대답은 "독서록은 꼭 써야 합니다!"입니다.

우선, 독서록은 작품과 나를 연결 짓는 행동입니다. 글에 대한 내 생각 없이 작가의 생각을 그대로 받아들이면 책을 읽는 행동은 자칫 수동적인 행동이 될 수 있습니다. 그래서 능동적인 독서가 필요합니다. 책을 읽을 때는 항상 내용을 비판해 보고 내 생각과 비교해 가며 읽으라고 하는데, 독서록을 작성하게 되면 작품에 관한 나의 해석과 더불어 내 생각을 정리할 수 있습니다. 책을 읽는 행위가 공부가 아니라, 내 생각을 정리하고 글로 표현하는 활동을 통해 진정한 나의 공부가 시작되는 것입니다.

또한 독서록을 통해 순간순간의 기억을 기록하여 남길 수 있습니다. 책을 읽으면서 정말 좋았던 구절이나 마음에 들었던 대목이 있었지만, 한참 지난 후 다시 그 책을 봤을 때 내가 감동하고 재미있게 읽었던 책이었음은 알겠는데 어떤 부분이 좋았었는지 잘 기억나지 않는 경우가 제법 많습니다. 심지어 주인공 이름도 가물가물하기도 하지요. 그러니 흘러가는 기억을 기록해서 잡아둘 필요가 있습니다. 그래야 책을 더욱더 생생하게 기억할 수 있습니다. 바로 기록이 주는 힘입니다.

마지막으로 글쓰기를 연습하는 좋은 방법이 됩니다. 초등학교에서 하는 대표적인 글쓰기 훈련이 '일기 쓰기'와 '독서록 쓰기'입니다. 머릿속에 다양한 생각이 많아도 이를 글로 썼을 때 비로소 내 생각이 표현되는 것입니다. 아이들은 말하는 것은 익숙하게 하지만 생각을 글로 표현하는 것은 무척 어려워합니다. 내 생각을 잘 표현하는 훈련, 독서록 쓰기를 통해 가능합니다.

독서록 쓰기 이렇게 가르칩니다.

제가 초등학교 5학년 아이들을 대상으로 '독서록 쓰기'를 지도한 내용을 나누려고 합니다. 독서록 쓰기를 지도하는 방법에는 1학기와 2학기에 차이가 있습니다. 1학기에는 쓰는 것에 관한 부담을 줄이고 날마다 읽고 기록하는 것에 초점을 두었습니다. 학생들이 쓰는 행위에 관한 부담이 있음을 알고 있기에 '할만하다' '어렵지 않은데?'라고 생각하기를 바라고 시작한 것입니다. 하지만 읽고 나서 내 생각을 꼭 덧붙여 책을 능동적으로 읽도록 의도하였습니다.

2학기에는 독서록 쓰는 법에 대해 『국어』 시간에 공부하였습니다(2009 교육과정으로 현재 교육과정에서는 5학년 독서록 쓰기 내용이 빠져 있음). 처음/가운데/끝으로 나누어 각 부분에 들어갈 내용을 배우고 실제로 써보도록 했는데, 주 1~2회 정도 작성하였습니다.

1학기_짧게 기록하기 (읽은 내용은 3줄 요약, 1줄 느낀 점, 1줄 궁금한 점)

1학기 때는 아침 독서 시간이 있었습니다. 약 30분 남짓한 짧은 시간의 독서를 마치고 '오늘의 독서'를 쓰도록 했는데, 날마다 읽은 내용을 기록하는 짧은 기록으로 숙제가 아니라 학교에서 반 아이들과 함께 썼었습니다.

처음에는 그날 읽은 책 내용을 3줄 이내로 적고 1줄은 느낀 점, 1줄은 읽고 나서 궁금한 점을 적으라고 하였습니다. 우선 쓴다는 행위에 관한 부담을 줄이고자 아무리 책을 많이 읽었더라도 딱 3줄 안에 요약하라고 했습니다. 그런데 '요약'이라는 것이 고급 사고능력이다 보니 아이 중에는 3줄로 요약하는 것을 힘들어하며 아래 예시 사진처럼 더 길게 쓰는 아이도 있었습니다.

보통 독후감은 한 권의 책을 다 읽고 난 다음에 쓴다고 생각하는데 책 한 권을 다 읽고 나면 아이들이 그때그때 궁금한 내용을 놓치기도 합니다. 짧게 기록하는 활동은 순간순간 책을 읽고 떠오르는 생각들을 메모하는 것처럼 기록하는 습관을 갖기에 좋은 활동이고, 긴 글쓰기 전에 가정에서도 아이들과 함께 부담 없이 시도

1학기 짧게 쓰기 예시

할 볼 수 있는 좋은 방법입니다.

2학기_독서록 쓰는 법 배우기

아이들에게 독서록을 써오라는 숙제를 내주면 공책 한쪽에 책 내용을 가득 적고 나서 마지막에 느낀 점 한두 줄로 써오는 형태가 대부분인데, 독서록 쓰는 방법을 정확하게 배우지 못했기 때문입니다.

p.180 '독서록 쓰기를 배운 후 5학년'의 독서록은 p.177 '1학기 짧게 쓰기 예시' 와 같은 학생의 독서록입니다. '독서록 쓰기를 배운 후 3학년' 자료를 함께 제시하는 이유는 독서록 쓰는 법을 배우면 초등학교 저학년 학생들도 충분히 독서록 쓰기가 가능하다는 점을 말하고 싶어서입니다.

제목은 책의 내용 전체를 관통할만한 핵심 단어로 간략하게 정합니다. 예시로

독서록 쓰는 법

영역	쓸 내용	세부 유의사항
제목	하나의 광고 문구처럼 책 전체를 관통하는 주제가 무엇인지 파악하라	책의 힘! – 『도서관이 키운 아이』를 읽고 나는 나중, 가족 안전이 먼저 – 『아빠의 우산』을 읽고 어두운 동굴에서 빛을 향해 나아가라 – 『또 잘못 뽑은 반장』을 읽고
첫 부분	책을 읽게 된 계기	엄마가 읽으라고 해서(×) 선생님이 독서록 숙제를 내줘서(×) 한우리에서 이번 주에 읽으라고 한 책이어서(×) 책의 표지, 제목, 목차, 지은이 등이 마음에 들어서(○)
중간 부분	책 내용 요약	3~4줄이 적당, 전체의 내용이 포함되도록 요약하기
	책에서 가장 인상적인 부분과 그 이유(감동적인 부분, 재미있는 부분)	책의 전체 내용 중 가장 기억에 남는 부분과 그 이유 적기
끝부분	알, 느, 하	책을 읽고 나서 알게 된 점, 느낀 점, 하고 싶은 점 적기

───── 평생 공부력은 초5에 결정된다

학생들의 독서록에 나와 있는 제목 중 몇 가지를 옮겨 적어보았습니다. 『아빠의 우산』(이철환 글 | 유기훈 그림 | 대교출판 | 2010.06.10)을 읽은 후 '나는 나중, 가족 안전이 먼저'라는 제목을 적은 것을 보아 어떤 내용인지 대략 짐작이 가능합니다.

'5학년 독서록 예시'를 살펴보면 『아주 특별한 우리 형』(고정욱 글 | 송진헌 그림 | 대교출판 | 2008.10.05)을 읽고 '장애를 이해하는 마음'이라는 제목을 붙인 것을 볼 수 있습니다. 이렇듯 제목은 독서록의 간판과도 같습니다. 주제가 드러나는 멋진 제목을 만드는 것만으로도 멋진 독서록이 될 수 있습니다.

독서록의 첫 부분에는 책을 읽게 된 계기를 적습니다. 부모가 읽으라고 해서 혹은 학교 숙제라서 읽는 것이라고 해도 이렇게까지 솔직하게 적지 않는 편이 더 좋습니다. 누군가가 읽으라고 시켜서 이 책을 읽은 것이 아니라 이 책을 선택한 나만의 의미를 찾습니다. 여러 책 중에서 왜 이 책을 골랐는지 생각해봅니다. 잘 모르겠다면 책의 표지나 책의 제목, 내가 좋아하는 작가인지, 목차에 어떤 부분이 마음에 들었는지 등을 살펴보며 생각한 후 적어보세요.

다음 문단에는 책 내용을 요약합니다. 분량은 줄 공책 기준으로 아무리 많아도 5줄을 넘지 않도록 합니다. 구구절절 자세한 내용 설명이 아니라 '이 책은 어떤 책이다'라고 한 마디로 설명하는 것이 중요합니다. '5학년 독서록 예시'에서는 총 두 문장, '3학년 독서록 예시'에서는 한 문장으로 표현하고 있습니다. 줄거리를 처음부터 끝까지 쓰지 않아도 됨을 꼭 알아두세요.

다음 문단에서는 이 책에서 내가 가장 마음에 들었던 부분의 내용에 관해 적습니다. 어떤 장면인지, 어떤 대사인지 그리고 그것이 가장 기억에 남는 이유가 무엇인지에 대해 구체적으로 적습니다.

마지막 끝부분이 중요합니다. 처음과 중간 부분이 '책에 중점'에 맞추어져 있다면 끝부분은 책을 읽고 난 '내 생각과 반응'에 초점을 맞추어야 합니다. 이 책을 읽고 나서 내가 느낀 점, 알게 된 점, 그리고 앞으로 새롭게 하고 싶은 점 등을 적습니

장애인을 이해하는 마음
─「아주 특별한 우리형」을 읽고─

나는 나학년때 독서퀴즈 대회를 계기로 「아주 특별한
우리형」이라는 책을 읽고 감동을 받아 지금까지 계속
읽고 있다.

이야기는 여태동안 자신이 외동인줄 알았던 종민이에게
장애인 형 종현이가 나타났다. 처음에는 종현이를 쳐다보지도
않고 부모께 반항도 하지만 나중에는 형을 아주 아끼고 진심으로
사랑하고 또, 형이 노력하다고 생각하게 된다.

가장 감동적인 부분은 종민이가 종현이의 휠체어가 언덕으로
떨어지는걸 보자 자신의 몸을 날려 종현이 대신 종민이가 다친
게 너무 인상적이고 감동적이었다. 왜 나하면 나는 꼭 장
애인이 아닌 그냥 친동생에게도 못 그럴 것 같았기 때문이다.
난 이책을 읽고 장애인을 이상하게 보면 안된다는걸
다시한번 느끼게 되었고 나보다 어린 종민이가 장애인을
이해 하는 걸 보고 너무 기특 하고 종민이처럼 장애인
을 이해하지 못하는 내 자신이 부끄러

|학기때 나도 친구들과 같이 하교하는 도중에 어떤
할아버지가 장님인 자신의 아들(?)의 수발을 드는 것
을 보았다. 나와 친구들은 그 장님과 할아버지를
이상한 눈으로 쳐다보았다. 그 할아버지는 무자하게 화가
났을 거라는 것을 이책을 본 뒤에 느꼈다. 이 책은
내가 여태동안 장애인에게 대했던 행동을 다시한
번 돌아보게 하는 책인 것 같다. 앞으로는 그러지 않도
록 노력할 것이다. 그리고 (평생) 장애인은 우리다 똑
같은 사람이라는 것을 마음속에 새겨놓을 것이다.

독서록 쓰기를 배운 후 5학년

◈ 독서감상문 ◈			
책 이 름	잘난척 하는 놈 전학보내기		
지 은 이		얼마나 재미있었나요?	★★★★★

♣ 책을 읽게 된 동기, 가장 인상 깊은 장면, 나오는 인물에 대한 나의 생각, 새롭게 알게된점, 본받을점, 비판할점 등을 생각하여 독서감상문을 써보세요.

제목 : 잘난척하는놈 전학보내기를 읽고

나는 제목이 재미있었다. 특히 제목의 잘난척 하는 놈을 전학보낸다는 뜻이 재미있었다.

이책은 봉구와, 달민이,수로가 한 팀이 되서 잘난척 하는 놈인 이일수를 공격 하는 내용이다.

이 책은 주인공 봉구가 '하늘 쪽 고속열차'를 타고 울고 바지에 쉬 쌌는데 참는 장면이 제미있었다.

내가 만약에 지은이있으면 이일수가 아파서 못나오게 아니라 부끄러서 못나온 길로 했다.

독서록 쓰기를 배운 후 3학년

다. 독서록 예시에서는 『아주 특별한 우리 형』을 읽고 나서 나의 1학기 경험을 떠올려보고 그것이 어떤 의미였는지 책을 읽은 후에 느꼈다는 것, 장애인에 관한 내 생각이 어떻게 바뀌었는지에 대해 적었습니다.

이 방법에 맞추어 독서록 쓰는 연습을 하다 보면 아이들도 제법 자기 생각을 잘 정리해서 적습니다. 이전의 경험과 이 책의 내용을 연결해 보기도 하고 처지 바꾸어 책 속 인물이 되어 생각해 보기도 잘합니다. 독서록 쓰기가 어렵다면 이 방법으로 시작해 보세요.

독서 교육 종합지원시스템_독서 이력 관리

요즘 중·고등학교는 생활기록부에서 학생들의 독서 이력을 관리하고 있다는 사실을 알고 계시나요? 아이들은 한 학기에 한 번 읽은 책을 포트폴리오로 만들어 학교에 제출하고, 학교는 이를 바탕으로 생활기록부에 적어줍니다(초등학교에서는 생활기록부에 이러한 기록을 하지 않습니다). 독서 증빙자료로 독서기록장, 독서 포트폴리오, 독서 교육 종합지원시스템을 사용하는데 위에서 설명한 것과 같이 꾸준히 독서록을 작성하는 것 외에도 독서 교육 종합지원시스템을 이용하여 독서록을 쓰는 것도 가능함을 안내하려고 합니다.

독서 교육 종합지원시스템은 교육부가 구축하여 운영하고 있으며 초·중·고등학생이 책을 읽고 온라인상에서 다양한 독후 활동을 할 수 있도록 구성된 컴퓨터 기반 독서 활동 온라인 지원 서비스입니다. 즉, 초등학생도 책을 읽고 자신의 독서 포트폴리오를 이 사이트에 누적하여 자유롭게 기록할 수 있습니다.

요즘 아이들은 공책에 연필로 글을 쓰는 것보다 자판을 쳐서 글을 쓰는 것을 훨씬 편하게 생각하기 때문에 좀 더 접근하기 쉽습니다. 그리고 사이트 안에서 우수 독후 활동 사례를 통해 독서록 쓰는 방법을 배울 수도 있고 독서 골든벨, 독서 캠프와 같은 활동들도 이루어집니다. 아이가 다니는 학교 도서관 안에 있는 책을 검색

훈령

제15조의3(독서활동상황)

① 중·고등학교의 개인별·교과별 독서활동상황은 독서활동에 특기할 만한 사항이 있는 학생을 대상으로 학기단위로 입력한다.

② '독서활동상황'란에 학생이 읽은 책의 제목과 저자를 교과 담당교사 또는 담임교사가 입력한다.

📢 유의사항

○ 독서활동상황은 독서기록장, 독서 포트폴리오, 독서교육종합지원시스템의 증빙자료를 근거로 입력함.

○ 전체 학년 동안 동일한 책을 '독서활동상황'란에 중복하여 입력하지 않도록 함.

○ 단순 독후활동(감상문 작성 등) 외 교육활동을 전개하였다면, 도서명을 포함하여 그 내용을 다른 영역(교과세특, 창의적 체험활동, 자유학기 등)에 입력할 수 있음.

○ 원서와 한국어 번역본을 모두 읽은 경우 중복하여 입력하지 않음.

출처: 2021 학교생활기록부 기재요령(중고등학교), 교육부

독서 교육 종합지원시스템 홈페이지

할 수 있고 선생님과 다른 학생들이 추천한 다양한 책도 볼 수 있습니다.

독서기록장과 비교하여 가장 큰 장점 중 하나는 독서록은 1학기 말에 혹시 제출하지 못했거나 누락된 내용이 있다면 추가 기록이 어렵지만, 독서 교육 종합지원시스템에 입력한 독서 이력은 기간이 지난 이후에도 생활기록부 입력이 가능한데 아이가 홈페이지에서 글을 쓴 시간이 저장되어 기록되기 때문입니다.

현재 초등학교 5학년 아이에게 중·고등학교 독서 이력은 아직 머나먼 이야기 같지만, 지금부터 좋은 책을 꾸준히 읽고 독서 이력을 관리하는 작업이 필요합니다. 그러니 부모님께서는 아이에게 가장 편하고 좋은 방법을 찾아보시기를 바랍니다.

초등학교 5학년이 열광하는 추천 도서 30

아이들과 읽어보고 반응이 좋았던 책들을 중심으로 추천합니다. 읽어본 후 반응이 좋은 책은 같은 작가의 다른 작품들도 확장하여 읽어보세요.

번호	책 제목	지은이	출판사	추천 포인트
1	3.1운동, 그 가족에게 생긴 일	고수산나	내일을 여는 책	3.1운동 100년을 기념하며 민중들의 독립운동 이야기를 담은 책으로 5학년 1학기 『국어』 2단원 유관순 이야기를 배울 때 함께 읽어도 좋다.
2	5학년 5반 아이들	윤숙희	푸른책들	5학년 아이 7명의 이야기를 담은 책으로 아이들의 학교생활과 그들만의 고민이 잘 드러나 있어 아이들의 공감을 얻기 쉽다.
3	고려보고의 비밀	김일환	책내음	고려 보물을 찾아가는 어린이 추리소설이다.
4	최훈 선생님이 들려주는 과학자처럼 생각하기	최훈	우리학교	어린이 과학 크로스 인문학 세트(6권) 중 한 권으로, 흥미 있는 이야기 주제를 통해 과학적으로 생각하는 방법을 제시한 책이다.
5	괭이부리말 아이들	김중미	창비	5학년 숙회와 숙자 쌍둥이 자매를 중심으로 가난한 달동네의 이야기를 그린 책이다.
6	나의 린드그렌 선생님	유은실	창비	『내 이름은 삐삐롱스타킹』을 쓴 린드그렌 작가를 좋아하는 한 여자아이의 이야기를 담은 책이다.
7	남북 어린이가 함께 읽는 백범일지	이강하	국민출판	이 책을 읽고 백범 김구 기념관에 방문하여 해설을 듣는 것으로 연계해 볼 수 있다.
8	마당을 나온 암탉	황선미	사계절	책을 읽고 애니메이션도 찾아 함께 보면 더 좋다. 따뜻한 이야기와 토론 논제를 찾기 좋은 책이다.
9	몽실 언니	권정생	창비	해방과 6.25 전쟁 이후 가난하고 피폐한 삶 속에서 몽실이가 겪는 삶을 그려낸 동화이다.

10	무기 팔지 마세요!	위기철	현북스	보미가 비비탄 총에 맞은 걸 계기로 '평화모임'을 만들어 활동하며 무기와 전쟁'에 관한 생각을 하고 행동하는 내용을 담은 책이다.
11	비상! 바이러스의 습격	박상곤	다림	바이러스의 모든 것을 쉽게 담고 있는 책으로 요즘 시기에 읽어보면 좋다.
12	불량한 자전거 여행 1,2	김남중	창비	6학년 호진이가 부모님의 이혼 결정에 화가 나 삼촌과 함께 여름에 11박 12일 동안 1,100km 자전거 여행하면서 성장하는 모습을 담고 있는 책이다.
13	사금파리 한 조각 1,2	린다 수 박	서울 문화사	동양인 최초로 뉴베리상을 수상한 책이다. 고려청자 이야기에 담긴 아름다움과 장인 정신을 엿볼 수 있다.
14	사라, 버스를 타다	윌리엄 밀러	사계절	30쪽의 그림책이지만 5학년 『사회』 교과의 '인권' 관련 내용과 『국어』 교과의 '주장하는 글쓰기'와 관련하여 자주 등장하는 책으로 더 깊게 생각하고 토론할 주제가 많은 책이다.
15	샬롯의 거미줄	E.B. 화이트	시공 주니어	아기 돼지 월버와 거미 샬롯의 우정을 그린 이야기로 재미있는 이야기 전개와 편견을 깨는 상상력을 볼 수 있다.
16	서찰을 전하는 아이	한윤섭	푸른숲 주니어	푸른숲 출판사 '역사동화 시리즈' 중 한 권으로 시리즈 13권을 모두 읽어볼 것을 추천한다. 이 책은 그중 동학농민운동과 관련된 이야기로 조선 후기 사회 모습을 그리고 있다.
17	선생님이 사라지는 학교	박현숙	꿈터	『수상한 아파트』 등 수상한 시리즈를 쓴 작가의 다른 작품으로, 이야기책을 좋아하는 아이라면 모두 잘 읽는다. 그중 학교와 선생님에 관한 이야기를 담은 책으로 『아이들이 사라지는 학교』도 같이 읽어보기를 추천한다.
18	소리 질러, 운동장	진형민	창비	진형민 작가의 꼴뚜기를 좋아하는 아이들이라면 꼭 읽어봐야 할 책으로 운동장에서 야구하며 노는 아이들의 모습 속에서 다양한 가치를 느낄 수 있다.
19	악당의 무게	이현	휴먼 어린이	주인공 5학년 수용이가 길에서 '들개 악당'을 만나 변화하는 모습을 담았다.

20	알고 보니 내 생활이 다 과학!	김해보 정원선	예림당	제목 그대로 생활 속에서 만나는 과학이야기로 과학에 관심 없는 아이도 쉽게 읽을 수 있는 생활 밀착 과학이다.
21	엄마는 파업 중	김희숙	푸른책들	돼지 책의 고학년 버전으로 5월 어버이날 즈음 읽거나 성역할 관련 이야기를 할 때 자주 이용하는 책이다.
22	엄마의 마흔 번째 생일	최나미	사계절	사춘기를 맞이하는 자녀에게 권하는 책으로 엄마의 자아 찾기를 바라보는 아이의 생각 변화를 볼 수 있다.
23	역사 한 그릇 뚝딱	남상욱	상상의집	밥 한 그릇에 담긴 우리나라 역사 이야기로 비슷한 책으로 『식탁 위의 세계사』도 추천한다.
24	오월의 달리기	김해원	푸른숲 주니어	푸른숲 출판사 '역사동화 시리즈' 중 5.18 관련 이야기가 담겨 있다.
25	일수의 탄생	유은실	비룡소	평범한 아이 일수가 나를 찾아 떠나는 여행으로 부모의 기대와 달리 평범한 아이의 자아 찾아 나서기가 좋다.
26	잔소리 없는 날	안네마리 노르덴	보물창고	아이들이 가장 폭발적인 반응을 보이는 책으로 책을 읽고 직접 잔소리 없는 날을 정해본다면 더욱 반응이 좋다.
27	책과 노니는 집	이영서	문학동네 어린이	조선 후기 천주교 박해와 관련된 이야기로 탄탄한 스토리, 역사적인 내용과 더불어 삽화가 예뻐 더욱 추천한다.
28	초정리 편지	배유안	창비	석수장이가 꿈인 장운과 토끼눈 할아버지의 이야기로 세종대왕의 한글 창제 비밀과 의의가 담겨 있다.
29	푸른 사자 와니니 1, 2, 3	이현	창비	무리에서 쫓겨나고 주류가 아닌 동물들의 협력을 통해 성장하는 모습을 담은 이야기이다.
30	해리엇	한윤섭	문학동네	175년동안 바다를 품고 살았던 갈라파고스 거북 이야기로 최근 같은 내용을 극의 형식으로 각색하여 어린이 희곡 〈해리엇〉으로 나오기도 했다.

Chapter

5

복잡하고 어려워지는
초등학교 5학년
친구 관계

아이의 사회성, 5학년의 친구 관계

"선생님, 저는 다른 건 바라지 않아요. 아이가 그저 친구들과 사이좋게 잘 어울리며 즐겁게 학교생활을 했으면 좋겠어요."

학부모 상담 기간에 제가 가장 많이 듣는 말입니다. '교우 관계'는 학부모 상담에서 빠지지 않고 등장하는 단골 메뉴인 만큼 부모님들이 아이의 초등학교 생활에서 가장 신경 쓰는 부분 중 하나입니다. 초등학교는 아이의 첫 사회화 기관이므로 아이가 또래 친구들과 잘 지내는지는 부모님들의 큰 관심사이자 중요한 문제입니다. 하지만 '친구들과 사이좋게 잘 어울리며 즐겁게 학교생활을 하는 것'은 생각보다 어렵고 힘든 문제입니다. 그래서 학부모님들이 말씀하시는 '유일한 바람'은 사실 굉장히 어려운 경우가 많습니다.

초등학교 교실에서는 날마다 크고 작은 다툼이 끊임없이 일어납니다. 교사가 하루 중 가장 많이 하는 일도 아이 두 명을 불러 어떤 일이 있었는지 묻고 사과하고 화해하게 하는 일일 것입니다. 초등학교 저학년은 둘이 아옹다옹 싸우다가도 "미안해"라고 한 친구가 먼저 사과하고 다른 친구가 "괜찮아"라고 대답하면 이들의 싸움은 끝이 납니다. 하지만 초등학교 고학년은 친구의 "미안해"라는 말 속에 진심이 느껴지지 않는다며 쉽게 "괜찮아"지지 않기도 합니다.

이런 아기자기한 다툼은 그나마 귀엽습니다. 교실에서 짝을 정할 때, 모둠 활동을 할 때, 체육 시간에 팀을 정할 때와 같은 상황에서는 친구들 사이에서 항상 환영받는 누군가와 환영받지 못하는 누군가가 존재합니다. 초등학교 교실 안에서도 관계는 항상 어렵습니다.

그렇지만 우리는 이렇게 힘든 관계 속에서 가장 큰 행복을 얻습니다. 누군가에게 인정받고 서로 마음을 나눌 수 있으며 좋아하는 것을 공유할 수 있는 관계는 사람이 느낄 수 있는 가장 큰 행복 중 하나입니다. 그래서 아이들은 힘들고 어려워도 끊임없이 친구 관계에서 기쁨을 얻기 위해 노력하고 관계 맺기를 원합니다. 학부모님뿐만 아니라 아이들에게도 친구 관계를 잘 맺는 것은 아주 중요한 일이고 가장 많이 신경 쓰는 일입니다.

친구 관계를 잘 맺고 유지하는 일은 아이의 사회성社會性과 관련이 있습니다. 어떤 아이에게는 새로운 친구를 사귀고 친구와 좋은 관계를 유지하는 일이 어렵지 않지만 어떤 아이에게는 참 힘든 일입니다. 친구들이 자기를 싫어한다고 생각하거나 친구들과 잘 지내기 위해 한 행동에 오히려 더 상처받기도 합니다. 아이들과 잘 지내고 싶은데 어떻게 해야 할지 몰라 자꾸 어긋나는 경우가 생깁니다. 그런 아이를 보고 있자면 부모로서 어떻게 도와주어야 할지 난감하기만 합니다.

사회성이 있으려면 높은 도덕성, 조절 능력, 안정된 애착 관계, 상대의 마음과 상황을 이해하는 정서 능력, 높은 자존감을 수반하여야 합니다. 『아이의 사회성』(이영애 | 지식채널 | 2012.07.23.)이라는 책에서는 이런 이유로 사회성을 '인간 인성의 종합 발달 세트'라고 말합니다. 다양한 기능이 모두 함께 발달하여야만 만들어지는 것이 사회성 발달이라는 뜻입니다. 다행히 한 가지 희망적인 것은 사회성은 형성되었다고 계속 고정되어 있지 않고 다시 학습할 수도 있고 좀 더 발달도 가능하다는 점입니다.

또래 집단의 유형

학급 내 또래 관계의 유형을 살펴보면 매해 비슷한 현상이 나타납니다. 예를 들어, 20명으로 구성된 학급이라고 했을 때 인기 있고 공부 잘하고 운동도 잘하는 아이가 5~6명 정도 있습니다. 이 아이들은 학급의 분위기를 주도하는 '주도형' 스타일입니다.

그리고 3~4명이 한 무리로 이루어진 그룹이 2~3개 더 있는데 이 아이들이 반에서 가장 많은 '일반형' 스타일입니다. 그들끼리 다툼도 가장 많이 일어나고 모였다가 흩어지기를 반복하며 가장 유동적인 형태를 보입니다. 남은 아이 중 2~3명의 아이는 친구들과 함께 지내는 데 별로 적극적이지 않고 온종일 혼자 있거나 친구들 주변을 배회합니다.

마지막으로 '혼합형' 스타일의 아이가 2~3명 있는데, 이들은 어떤 아이들에게는 굉장히 인기 있지만 다른 아이들은 싫어하는 아이입니다. 이런 아이들은 보통 남자아이 중 거친 말과 행동을 하는 아이인 경우가 많습니다.

내 아이가 반에서 주도형 스타일의 아이라면 학부모님도 아이도 교우 관계에 관해 크게 걱정하지 않습니다. 이 아이들은 친구 관계에도 학업에도 큰 어려움을 느끼지 않는 경우가 많으며 혹시 어떤 문제가 생겼다 할지라도 상황을 잘 파악하여 문제를 금방 해결하고 회복합니다.

하지만 앞서 말했듯 이런 아이들은 한 반에 겨우 5~6명 정도입니다. 이 이외의 아이들은 크든 작든 교우 관계에서 어려움을 겪고 있습니다. 심한 경우 아이들이 나를 따돌리거나 싫어한다고 느껴 학교에 가고 싶지 않다든지 혹은 정말로 그런 문제들이 발생하기도 합니다.

올해는 주도형 스타일이었던 아이들도 학년이 바뀌어 다른 친구들을 만났을 때는 또 어떤 무리를 짓게 될지는 모르는 일이고, 새로운 무리 속에서 다툼과 갈등이 생길 수도 있는 일입니다. 인간관계는 같은 아이라도 매해 어떤 관계 속에서 새로운 누군가와 만나 어떻게 지낼지 모르기 때문에 더 어렵고 힘든 문제입니다. 이러한 특징 외에도 아이들이 다른 아이들과 친구 관계를 맺는 일은 아이들이 초등학교 고학년이 되어가면서 이전과는 다른 몇 가지 특징이 생깁니다.

초등학교 고학년 친구 관계의 특징

첫째, 부모가 만들어 준 친구 무리가 의미 없어지며 스스로 관계를 형성해 나갑니다. 초등학교 고학년 친구 관계의 가장 큰 특징은 '자발성'입니다. 초등학교에 막 입학했을 때 생긴 친구는 보통 부모가 만들어 준 친구일 경우가 많습니다. 초등학교 1학년 반 모임을 통해 부모는 내 아이와 성향이 잘 맞을 듯한 혹은 마음에 드는 아이와 내 아이가 친하게 지냈으면 하는 마음에 같이 놀 수 있는 자리를 자주 마련합니다. 즉, 부모님의 주도로 친구 집에 내 아이가 놀러 가기도 하고 우리 집에 친구를 초대하기도 합니다. 이런 모임에 소외되고 싶지 않고 아이의 원만한 학교생활을 위해 많은 워킹맘이 휴직을 결정하기도 합니다.

그러나 부모님에 의해 만들어진 친구 관계는 초등학교 고학년이 되면 더는 의미가 없습니다. 간혹 부모님 주도 모임을 지속하는 아이들끼리 같은 반이 되어 살펴보면 부모님들은 둘이 친하다고 이야기하는데, 실제로 교실에서는 각자 다른 친구들과 노는 모습을 자주 봅니다. 이제는 내가 좋아하는 아이, 나와 관심사가 맞는 아이를 스스로 선택해 친구 관계를 맺을 수 있으니 굳이 부모님이 만들어 준 친구와 놀 이유가 없습니다. 하지만 이는 반대로 이야기하면 아무에게도 선택되지 않으면 혼자 놀 수밖에 없는 상황이 생길 수도 있다는 뜻입니다.

둘째, 친구 관계에 큰 의미를 부여합니다. 이전까지는 부모에게 심리적으로 더 많이 의지했지만, 초등학교 고학년이 되면 부모보다 친구에게 더 많은 가치를 부여합니다. 부모님은 이해하지 못하는 이야기도 친구는 이해해 주리라고 생각해 나의 속마음을 털어놓기도 합니다. 이처럼 친구에게 심리적으로 의지하며 크게 가치를 부여하는 현상은 친구와 나를 동일시하는 현상, 즉 그 친구와 내가 늘 같은 것을 좋아해야 하고 같은 생각을 해야 한다는 여기는 현상으로 확대되기도 합니다. 특히 여자아이들에게서 자주 나타나는 현상입니다. 나와 친구의 다른 점과 차이점을 발견하고 인정할 만한 거리를 두지 않기 때문에 사소한 문제에 금방 금이 생기기도 하고 크게 상처받기도 합니다.

셋째, 성별에 따라 또래 관계를 맺는 데 차이가 납니다. 남자아이들의 교우 관계는 같이 운동하거나 게임을 하는 등 '같이 활동을 했을 때' 즐거운 아이들을 기준으로 맺어지는 경우가 많습니다. 정서적인 교류보다 신체적인 활동을 통해 이루어지기 때문에 모였을 때 하는 이야기도 그와 관련한 말이 대부분입니다. 그래서 함께 활동할 수 있는 새로운 친구가 생겼을 때 다른 친구 관계에 끼거나 혹은 기존의 친구 관계에서 빠지는 일이 좀 더 유연하고 개방적인 형태를 보입니다.

여자아이들의 교우 관계는 남자아이들보다 복잡하고 은밀합니다. 분명 어제는 같이 화장실도 다녀오는 등 종일 깔깔거리며 붙어 다니다가도 오늘은 서로 말도 하지 않고 심지어 서로 험담까지 합니다. 그런데 또 다음 날은 아무렇지 않게 다시 팔짱을 끼고 잘 지내기도 합니다. 왜냐하면 여자아이들은 남자아이들보다 '정서적인 교류와 친밀감'을 아주 중요하게 생각하기 때문입니다. 친구에게 높은 수준의 친밀감을 요구하기에 그로 인한 갈등과 질투도 많이 발생합니다. 또 여자아이들은 다수보다 2~4명 정도의 소규모 관계를 선호하며 그 관계에 들어가고 나오고가 남자아이들보다 훨씬 어려운 폐쇄적인 형태로 이루어집니다.

넷째, 인기 있는 아이의 무리에 끼기 위해 노력합니다. 청소년기의 친구 관계 속에서 '내가 친구들에게 어떻게 평가받는가'는 매우 중요한 일입니다. 새롭게 자아를 만들어 가는 이 시기에 친구들의 평가는 나의 존재나 가치를 만들어 주는 것과 같습니다. 따라서 초등학교 5학년쯤 되면 친구들로부터 좋은 평가를 받기 위해, 인기 있는 아이들의 무리에 끼기 위해 노력합니다.

그래서 아이들에게 인기 있는 아이들은 '인싸insider'라고 불리고 인싸가 되게 만들어 주는 '인싸템'이라는 단어도 생겼습니다. 이 아이템만 있으면 아이들 사이에서 인기 있는 아이가 될 수 있다고 하니 고가의 패딩, 고가의 신발 등 친구들 사이에서 유행하는 어떤 것이라면 이유를 따지지 않고 갖고 싶고 하고 싶은 것입니다. 무리나 분위기에 휩쓸리기 쉽고 무언의 동조 압박을 받는 것이지요.

이 단어만 보아도 아이들이 반에서 주도적이고 인기 있는 그룹에 들어가기 원한다는 것을 알 수 있습니다. 우리 아이가 어떻게 하면 친구들과 잘 어울리며 즐겁게 학교생활을 할 수 있을까요? 아이를 위해 부모가 도와주어야 할 일에는 어떤 것들이 있을까요?

친구 관계에서 겪는 여러 가지 어려움

요즘 초등학교에서는 아이들끼리 '놀이 시간'을 많이 가질 수 있게 운영되고 있습니다. 20~30분 정도 노는 시간을 통해 친구들과 충분히 놀이 활동을 할 수 있도록 다양한 보드게임과 교구를 교실에 비치해 놓고 있습니다. 교사에게는 이 시간이 반에서 아이들의 친구 관계를 확인하기 가장 좋은 시간입니다.

보통 보드게임을 하기 위해서는 3~4명의 아이가 필요한데, 이때 아이들이 누구와 어떻게 노는지 관찰할 수 있고 아이들의 친구 관계가 어떻게 움직이는지, 친구와의 사이에서 어떤 문제점들이 생기는지 확인할 수 있습니다. 친구 관계에서는 정말 다양한 문제가 생깁니다. 아이들이 겪는 다양한 관계의 문제 중 대표적인 몇 가지에 관해 이야기해 보도록 하겠습니다.

혼자 있는 게 좋다는 아이

은형이는 늘 혼자 있는 아이였습니다. 혼자서 그림 그리기를 좋아해 놀이 시간에도 늘 혼자 앉아 그림을 그리거나 책을 읽었습니다. 학부모님은 "은형이는 초등학교 1학년 첫날부터 학교에 가기 싫어했어요" "여러 가지 책이나 매체 등을 통해 학교를 부정적으로 인식하고 있었던 것 같아요" "친구를 집으로 초대해 놀라고 하면 또 잘 놀아요"라고 말씀하셨습니다.

그런데 담임인 제가 은형이와 대화하면 은형이는 자꾸 '가상의 친구 23명'에 관해 이야기합니다. 은형이의 상상 속에서 만들어 낸 23명 각각에게 이름을 지어 그 친구들과 이야기하며 노는 것입니다. 가끔 놀이 시간에 은형이에게 다가가 "친구들이랑도 같이 놀아볼까?"라고 이야기하면 다른 아이들이 노는 곳을 쭉 돌아다니다가 다시 자리에 앉아 그림을 그리고는 했습니다.

정현이 역시 은형이처럼 혼자 앉아 그림 그리기를 좋아하는 조용하고 말 없는 아이였습니다. 움직임이 적고 혼자 있는 시간을 즐기는 아이였지요. 혼자 있는 것을 좋아하는 아이는 '내성적인 스타일의 아이'와 '사회적인 기술이 부족한 아이'로 나눌 수 있습니다. 은형이는 사회적인 기술이 부족한 아이였고 정현이는 내성적인 스타일의 아이였습니다.

정적인 활동을 좋아하고 혼자 있는 것을 좋아하는 기질의 아이라면 부모는 아이의 성향 그대로를 인정해야 합니다. 모든 아이가 친구들과 두루 잘 어울리는 성격일 수는 없습니다. 그런 친구들은 극히 소수입니다. 성향에는 좋고 나쁨이 없는데 우리나라에서는 유독 두루두루 친구를 잘 사귀고 무리에서 앞으로 나서는 외향적인 아이를 '리더십이 있는 아이' '사회성이 뛰어난 아이'라고 칭하며 더 좋은 평가를 받고 있습니다.

이렇게 내성적인 아이는 정작 당사자보다 부모님이 더 걱정하는 경우가 많습니다. 친구도 별로 없는 듯하고 밖에 나가 노는 것도 하지 않는다고 걱정하지 않으셔도 됩니다. 아이는 지금 그대로도 편안하고 행복하다고 느낄 수 있습니다. 어떤 아이이든 기질이나 상황에 따라 혼자 있는 상황이 편할 수도 있기에, 부모님들은 그 자체를 크게 걱정하거나 내 아이가 외톨이가 아닐까 염려하지 않으셔도 괜찮습니다. 위에서 말한 정현이도 혼자 조용히 그림을 그리고 있으면 정현이와 비슷한 성향의 아이들이 다가와 그림을 보기도 하고 함께 그리기도 합니다. 조용한 친구 관계가 형성되는 것이지요.

하지만 사회적인 기술이 부족해 친구들과 잘 지내고 싶어도 지내지 못해 혼자 있는 아이라면 도움이 필요합니다. 그렇다면 우리 아이가 타고난 기질상 혼자 있는 것을 좋아하는 아이인지, 사회적인 기술이 부족하여 혼자 있게 된 아이인지는 어떻게 구별할 수 있을까요? 은형이 역시 늘 부모님에게는 "나는 혼자 있는 게 더 마음이 편해. 혼자서 그림 그리고 상상하는 것이 더 좋아"라고 이야기했기 때문에 부모님은 그저 은형이를 조용하고 내성적인 아이로만 생각하고 계셨습니다.

가장 구별하기 좋은 방법은 아이를 잘 관찰하는 것입니다. 사회적 기술이 부족한 아이는 다른 관계에서도 문제가 드러납니다. 학교생활에서는 '교사와의 관계 맺기'를, 학원이나 다른 곳에서는 '부모님 외의 어른들과 관계 맺기'를 어려워합니다. 은형이도 집으로 방문하는 학습지 선생님에게 너무 예의 없게 행동하거나 학교생활에서는 교사와 자꾸 갈등 관계가 생겼습니다.

학년 초 여러 장의 가정통신문을 나눠주고 확인하라고 하니 "이렇게 많은 걸 한꺼번에 줘서 왜 헷갈리게 하는 거냐!"라고 따져 묻기도 했고 본인이 싫어하는 선생님에게는 굉장히 무례하게 행동하기도 하여 갈등이 생기기도 했습니다. 이렇듯 비단 친구 관계뿐 아니라 다른 사람과의 관계에서도 갈등 상황이 생긴다면 부모님들은 아이가 사회적 기술이 부족해서 그런 것은 아닌지 생각해 보시기 바랍니다.

관계에서 자꾸 좌절하는 경험을 하게 되면 어느 순간 스스로 관계 맺기를 포기하게 됩니다. 노력해 보아도 아이들이 늘 나에게 긍정적으로 반응하지 않는다는 것을 본인도 알기 때문입니다. 은형이와 래포Rapport(상호 간에 신뢰하며 친근한 감정을 느끼는 인간관계)가 형성되고 방과 후에 대화를 나누어 보니 은형이는 "아이들이 나를 싫어하는 걸 나는 알고 있어요. 그래서 아이들과 어울리기 힘들어요. 어떨 땐 너무 외로워서 학교도 싫어요"라고 말했습니다. 이제 5년밖에 하지 않은 학교생활 속에서 수많은 좌절을 경험한 은형이가 저도 무척 안타까웠습니다.

자주 화내고 다툼이 잦은 아이

민수는 친구들과 함께 지낼 때 유독 화를 자주 내는 아이입니다. 교실 내에서 같은 상황이 벌어졌을 때 민수는 좀 더 크게 받아들입니다. 예를 들어, 살짝 스치는 상황이었는데 민수는 그 친구가 나를 때렸거나 밀쳤다고 생각합니다. 이럴 때 아이들과의 관계에서 민수는 민수대로 화가 쌓이고 친구들은 친구들대로 억울하다고 합니다. 그런데 반대로 민수가 친구들에게 장난을 칠 때는 과도하게 장난치거나 놀리기도 합니다. 상대방이 싫어하는 표정을 짓거나 선생님에게 말하면 나는 장난을 쳤을 뿐인데 선생님이 나에게만 뭐라고 한다고 억울해하기도 합니다.

이런 아이들은 보통 예민하고 불안감이 높은 아이인 경우가 많습니다. 갑자기 화를 내고 짜증을 내는 것은 자신에게 익숙하지 않은 상태에 관한 불안감입니다. 내가 생각한 대로 진행되지 않는 데서 오는 당혹감과 불안이 짜증으로 나타나는 것이지요.

그런데 이런 아이들에게는 보통 예민하긴 하지만 상대방의 감정을 파악하는 데는 서툰 경향도 있습니다. 나의 불안에 에너지가 더 집중되어 있어 바깥 상황과 다른 사람에게는 관심을 기울이지 못하는 것입니다. 상대방이 이렇게 행동했을 때의 감정과 의도를 잘 파악하지 못하기 때문에 오해하는 일이 자주 생기고 본인 또한 상대방을 대할 때 적절한 행동 범위를 잘 파악하지 못합니다. 친구가 불편한 감정을 드러내면 자신을 거부했다고 판단하고 이 상황을 어떻게 헤쳐 나

가야 할지 모른다는 불안감과 합쳐져 부르르 화가 나는 것입니다. 불안과 감정 이해의 부족, 그리고 그때 내가 행동해야 하는 올바른 방법을 잘 알지 못하기 때문입니다.

또한 이런 아이는 관계에서 오는 좌절이나 스트레스에도 굉장히 민감해 내 뜻대로 되지 않는 상황에 관한 스트레스를 공격적인 게임으로 푸는 경우도 많습니다.

교실에서는 이런 친구들과의 대화가 가장 조심스럽습니다. 왜냐하면 위와 같은 상황에 교사가 개입할 때 담임 선생님 또한 나를 오해하고 싫어한다고 생각하기 때문입니다. 그래서 이런 경우 저는 아이가 흥분한 상황이 조금 가라앉은 다음 따로 불러 상황에 관해 다시 설명해줍니다. 즉, 본인에게 아이들의 부정적인 관심이 집중되는 불안한 상황이 지나가고 마음이 안정되었을 때 아이가 해야 할 말과 행동을 구체적으로 알려주는 것입니다.

친구에게 휘둘리는 아이

학교에 가끔 간식을 가지고 와서 친구들에게 돌린다든지 혹은 방과 후 함께 하교하는 친구들에게 맛있는 음식을 자주 사주는 아이들이 있습니다. 친구들이 좋아할 만한 물건을 가지고 와서 친구들의 순간적인 관심과 집중을 받으려는 아이들도 있습니다. 그럼 순식간에 아이들이 나에게 모여들기도 하고 반짝 나에게 관심을 두고 고맙다고 이야기하기도 합니다.

아이들은 이런 순간적인 관심이 관계라고 생각하지만, 사실 이는 진정한 관계 맺기가 아니기 때문에 친구들의 관심은 금방 사그라들 수밖에 없습니다. 가은이도 그런 아이였습니다. 가은이 입장에서는 아이들이 자신이 주는 간식을 먹을 때만 친한 척하고 다른 때는 나랑 놀아주지도 않고 나 몰라라 한다며 억울해하며 친구 관계에 허무함을 느끼기도 합니다. 가은이가 원하는 건 순간적인 관심이 아니라 오랫동안 마음을 나누고 서로 이야기를 나눌 수 있는 친구 관계이기 때문입니다.

이런 아이들은 친구와 제대로 관계를 맺는 방법을 몰라 잘못된 방법으로 친구 관계를 맺으려고 합니다. 하지만 뜻대로 잘되지 않지요. 가은이 같은 아이들은 친구의 뜻에 무조건 맞추어야 친구와의 관계가 유지된다고 생각합니다. 그래서 내가 원하지 않더라도 친구가 원한다면 먼저 맞추려고 노력하지요.

언뜻 보면 배려심 많고 양보도 잘하는 아이라고 생각할 수 있지만, 사실은 자신이 원하는 것이 무엇인지는 알지 못한 채 잘못된 친구 관계를 맺고 있는 것입니다. 그리고 이런 현상을 지속하다 보면 초등학교 고학년쯤에는 이 상황을 이용하려는 아이들도 생깁니다. '그 아이는 거절하지 않고 무조건 내 요구를 잘 들어주는 아이니까'라고 생각해 무리한 부탁도 서슴없이 하고 더 심해지면 학교폭력의 피해자가 되기도 합니다. 상대방의 환심을 얻어야 친구가 생길 것이라는 생각에서 시작된 잘못된 관계가 어느 순간부터는 거부 의사를 밝힐 수도 없는 종속적인 관계가 되어 버린 것입니다.

친구 관계 속에서 내 아이만 유독 배려하고 양보한다면 아이의 마음속에는 이렇게 해야만 친구들이 나를 좋아할 것이라는 '낮은 자존감'이 자리 잡고 있을 것입니다. 혹은 상대방의 입장을 다 맞추어 주어야 한다고 생각하는 아이는 평소 부모님의 엄격한 훈육으로 안 되는 것이나 거절당하는 상황을 많이 경험한 아이일 수도 있습니다.

관계에서 거절당하지 않기 위해 내 감정과 내 욕구를 정확하게 표현할 만한 기회가 없었기에 상대방의 요구에 맞추는 상황을 선택하는 것이지요. 좋은 친구 관계를 형성하기 위해서는 먼저 내 욕구는 무엇인지 제대로 파악하고 친구와의 관계에서 내가 원하지 않는 행동은 거절할 수도 있어야 합니다.

질투와 뒷담화를 하는 아이

초등학교 고학년 친구 관계에서 아이들이 가장 많이 힘들어하는 것 중 하나는 그들끼리의 질투와 뒷담화입니다. 분명 같이 잘 지내는 단짝 친구들이었는데, 어느 순간 서로를 뒷담화하기도 합니다. 이런 성향의 친구들은 '무리에서 내가 제일 관심 받아야 하고, 내가 제일 사랑 받아야 하고, 내가 제일 잘나야 한다!'라고 생각하는 경우가 많습니다.

사람들이 오직 나에게만 관심을 두고 나 역시 나에게만 관심을 두어야 하는 나르시시스트인데, 이런 아이들의 마음속 깊은 곳에는 자신에 관한 불만족이 자리 잡고 있는 경우도 많습니다.

사실 초등학교 5학년 아이들은 아직 자기 중심성에서 벗어나지 못한 시기라 이런 문제가 더 크게 드러나 보일 뿐입니다. 내가 친구 무리 중에서 제일 잘났다고 생각할 때는 우월감을 느끼지만, 그렇지 않을 때는 마음속 깊이 본인에 관한 불만족과 불편한 감정이 끌어 올라오기 때문에 친구를 끌어내려야 합니다. 그래서 친구가 잘되었을 때 진심으로 축하하기보다 "그게 뭐 별거야?" 하는 식의 김빠진 이야기를 하거나 "부모님이 해줬대"와 같은 허위 소문 등을 퍼뜨려 별것 아닌 일로 만들려고 합니다.

또한 친구 관계를 교묘하게 조정하려는 모습도 보입니다. 예를 들어, A라는 아이 앞에서는 B의 험담을 늘어놓습니다. A는 자신과 친하지 않은 B이지만 B의 험담을 지속해서 듣다 보면 어느 순간 A 또한 B가 나쁜 아이처럼 느껴집니다. 하지만 나에게는 험담해놓고 정작 본인은 B와 잘 지내는 경우도 많아 A를 당황스럽게 하기도 합니다.

아이가 이런 친구 관계 때문에 힘들어한다면 우선은 거리를 두게 하고 친구의 험담에 동조하지 않도록 부모님께서 알려주실 필요가 있습니다. 이런 관계 또한 마음을 나누고 위로받을 수 있는 좋은 친구 관계가 될 수 없기 때문에 아이가 점점 더 지치고 더 많이 상처받을 수 있습니다. 내가 비밀스럽게 털어놓은 이야기를 다른 아이들에게 퍼트리고 다니기도 하고 힘든 상황이거나 기쁜 상황에서 나와 마음을 나눌 수 있는 사람이 아니라 자꾸 나와 경쟁하려고 하고 나를 이기려는 사람이 될 것이기 때문입니다.

친구 관계에서 부모님이 도와주는 방법

큰아이가 처음 초등학교에 입학했을 때 일입니다. 같은 유치원에 다녔던 여자아이가 같은 반에 배정되었습니다. 평소 잘 어울려 지내던 아이들이라 초등학교 생활이 낯설지 않을 것 같아 다행이라고 여겼습니다. 그러던 5월 어느 날, 여자아이의 엄마에게 한 통의 전화를 받았습니다. 내 아이 때문에 여자아이가 힘들어하는 것 같다고 말했습니다. 아이에게 어찌 된 일인지 물었지만, 상황을 구체적으로 잘 묘사하지 못하고 기억이 나지 않는다고만 말합니다. 저도 교사지만 그 순간이 참 당황스럽기도 하고 어떻게 해야 할지 모르겠더라고요.

다른 한편으로는 '학교에 가니 내가 모르는 아이의 모습이 있었던 걸까?' '그동안 내가 아이를 잘 모르고 있었나?' 싶은 마음도 들었습니다. 그 사건은 결국 큰아이와 여자아이의 담임 선생님이 상황에 대한 오해를 풀어주셔서 제 아이의 잘못이 아닌 것으로 해결되었습니다. 그러나 저는 그때 여자아이 엄마의 행동에 마음의 상처를 받기도 했고 제대로 내 아이에게 대응하지 못하는 저의 모습에 놀라기도 했습니다. 아이의 친구 관계에서 부모님은 어떤 태도를 보여야 할까요? 도와주는 방법은 없을까요?

첫째, 친구 문제에 일희일비하지 않기

우선, 아이의 친구 문제에 일희일비하지 않는 태도가 필요합니다. 아이가 친구와의 갈등으로 힘들어해도, 혹은 친구와 잘 어울리지 못해 힘들어해도 '어떻게 그럴 수가 있어?' 하고 생각하기보다 '그럴 수도 있지, 지내다 보면 갈등이 생길 수도 있어'라고 생각하는 여유를 가지시기 바랍니다. 그리고 너무 당황하거나 놀라는 모습을 아이에게 보여주지 않으셨으면 합니다.

친구 문제가 아이에게 중요한 문제이긴 하지만 부모님들이 그 필요보다 더 많이 고민하고 계시는 문제이기도 합니다. "교실에서 누구랑 제일 친해?"라고 아이에게 물었는데 아이가 "친한 친구 없는데?"라고 대답하거나 "그냥 다 친해"라고 한다면 부모의 머릿속에는 비상등이 켜집니다. '혼자 외롭게 교실에 있는 거 아냐?' '우리 아이가 성격이 이상한가…' '계속 이러면 나중에 커서 사회생활 하기 힘들 텐데' 등등 아이의 대답 한마디에 걱정의 연결고리가 끊이지 않습니다. 정말 아이에게 단짝이 없어도 고민이 되고, 단짝하고만 놀아도 고민이 됩니다.

아이는 자라면서 정말 여러 번 바뀝니다. 아이가 성장하면서 달라질 수도 있고 환경에 따라 달라질 수도 있습니다. 만약 아이의 사회성이나 친구 관계에 어려운 점이 보였다면 아이의 담임 선생님이 부모님에게 따로 연락해주셨을 것입니다. 그런 연락을 받지 않으셨다면 아이의 친구 문제에 너무 크게 반응하지 않으셔야 합니다. 아이의 대답에 눈을 크게 뜨며 "오늘 학교에서 혼자 놀았다고?" 하며 놀라는 부모님의 모습을 보면 아이는 혼자 노는 것은 나쁜 것이라고 느낍니다. 그러면 내가 무언가를 잘못하고 있다는 생각에 마음과 행동이 위축될 수 있습니다.

둘째, 갈등은 자신의 힘으로 해결하기

아이에게 친구 관계에서 갈등이 생겼을 때 자기 스스로 해결하는 힘을 길러주어야 합니다. 스스로 공부하는 방법을 익히기 위해 많은 시행착오 끝에 나에게 가장 잘 맞는 방법을 찾게 되듯 아이도 친구와 다양한 갈등을 겪고 해결하는 과정을 통해 아프기도 하고 상처받기도 할 것입니다. 그렇지만 이를 통해 다른 사람과 관계를 맺고 유지하는 방법도 배우게 될 것입니다.

간혹 아이가 친구와 갈등이 생겼을 때 부모님이 즉각 해결해주려고 하시는 경우가 있습니다. 아이의 친구 부모에게 연락해 상황을 알리고 사과를 요청하거나 혹은 담임 선생님에게 알려 대신 사과를 하게 하기도 합니다. 상황의 심각성에 따라 당연히 교사가 알아야만 하는 상황도 있지만, 그런 경우가 아니라면 우선 참견하지 말고 두고 봐주세요. 아이가 제힘으로 해결할 수 있도록 기회를 주시는 것도 필요합니다.

만약 친구와 갈등이 생겼을 때 부모에게 말하면 즉각 해결됨을 아이가 학습하게 되면 다음번 갈등에서도 아이는 그렇게 문제를 해결하려고 합니다. 하지만 아이가 커갈수록 친구 관계에서 발생한 갈등을 부모님이 중간에서 해결해 줄 수 있는 경우는 많지 않습니다. 그제야 아이는 직접 문제를 해결해보려고 하지만 어떻게 해야 하는지 방법을 알지 못해 힘들어할 것입니다.

셋째, 소통하고 공감하는 연습 꾸준히 하기

자녀와 끊임없이 소통하고 자녀의 마음과 감정에 공감하는 연습을 해주세요. 아이가 제힘으로 갈등을 해결할 수 있도록 한다고 해도 부모님이 아이의 친구 관계에 아예 개입할 수 없는 것은 아닙니다. 부모님은 문제를 해결하는 과정을 아이와 함께 논의하고 조언할 수 있습니다. 그러기 위해서는 아이가 어려운 문제에 부딪혔을 때 부모님이 나를 도와줄 수 있는 사람이라는 믿음을 가지고 있어야 하고, 부모님과 끊임없이 소통하는 관계가 유지되어야 합니다.

아이가 세상에 태어나 처음 맺는 관계는 부모와의 관계입니다. 이 경험을 바탕으로 아이는 다른 사람과 관계를 맺고 유지하며 자신의 관계 영역을 확장해 나갑니다. 그러므로 아이가 부모와 긍정적인 애착 관계를 형성하고 신뢰 관계를 쌓는 과정은 아이가 다른 사람들과의 관계도 발전시키기 위한 연습 단계라고 할 수 있습니다.

그러니 아이와 끊임없이 '소통'하고 '공감'하는 연습을 해주세요. "숙제는 다 했니?" "오늘 학원에서 뭐 배웠어?"와 같은 대화만 하는 부모와 아이 관계라면 '감정'을 이야기하는 대화가 어려울 수밖에 없습니다.

아이와 가장 쉽게 소통하는 방법으로 '수다'를 추천합니다. 특히 아이가 아직 부모님과 대화하는 데 거부감이 없다면 자기 전에 소소한 일상을 나누는 대화를 해보시면 좋겠습니다. 그리고 대화하는 동안에는 아이의 이야기를 쭉 들어주시기를 바랍니다. 아이가 오늘 하루 생활했던 이야기를 꺼내면 그 순간의 감정을 표현할 수 있도록 도와주시면 좋습니다.

예를 들어, "그때 너는 어떤 느낌이 들었어?" "저런, 아주 속상했겠다…"와 같이 자신의 이야기로 상대와 소통하고 감정을 공감받는 경험을 부모님과 하게 해주세요. 이런 경험을 통해 아이는 다른 사람들과의 관계에서도 '잘 듣는 법' '친구의 마음을 잘 이해해 주는 법'에 관해 배우게 될 테니까요. 소통과 공감이야말로 관계에 있어 가장 중요하고도 핵심적인 요소인데, 이를 아이가 꾸준히 연습할 수 있게 부모님께서 도와주세요.

넷째, 절대 금지어 "그 아이와 놀지 마라"

반에서 가장 예쁘게 화장하고 방과 후에 항상 친구들과 모여 춤추기 바쁜 A라는 아이가 있습니다. 내 아이가 A와 어울려 지내더니 외모에 관심을 두기 시작하고 화장품을 사달라고도 합니다. 공부에 소홀해지고 멋을 부리기 시작하는 아이의 모습이 마음에 들지 않아 아이에게 "너 A랑 다니면서 물들었네. 그 아이랑 놀지 마라"라고 말했습니다.

이때 아이의 마음은 어떨까요? 초등학교 5학년의 친구 관계는 앞서 말씀드렸듯 본인의 선택으로 만들어 가는 경우가 많습니다. 자신과 어딘가 통하고 함께 있으면 즐거운 아이와 친구 관계를 맺습니다. 흥미나 관심사 등이 비슷하므로 그 아이와 함께 있으면 즐거워 같이 있고 싶은 것입니다. 그리고 자신이 선택한 친구를 부모님도 긍정적으로 생각해 주기를 원합니다.

그런데 부모님이 그 친구와 어울리지 말라고 이야기하면 아이는 자신의 선택이 부정당하거나 무시당했다고 생각해 부모님에게 반발심을 갖습니다. 어울리는 친구로 인해 아이의 행동 변화가 걱정되고 불안하시다면 아이와 함께 이야기하여 '행동의 한계'를 정하는 편이 좋습니다.

이때도 아이의 친구는 탓하지 않고 아이의 행동만 이야기해야 합니다. 예를 들어, "네가 A와 있어 즐겁다고 하니 너의 친구 관계를 존중할게. 그렇지만 학교에 갈 때는 짧은 치마를 입거나 화장은 하지 않도록 하자"라고 염려되는 행동에 관해서만 규제하는 편이 좋습니다.

다섯째, 문제가 생기면 아이의 행동 한 번 더 살펴보기

아이가 매해 친구 관계에서 어려움을 겪는다면 아이의 행동을 다시 한번 살펴주세요. 그러나 이때도 "네가 이렇게 행동하니까 애들이 싫어하지!"와 같이 아이를 비난하는 투로 말씀하시면 친구 관계 이전에 부모님에게 더 상처받을 것입니다. 초등학생의 경우 아이들은 지저분하다고 생각되는 행동을 하는 경우, 잘난 척한다고 생각하는 경우 친구들이 좋아하지 않습니다.

몇 해 전 담임을 맡았던 어느 아이는 계속 그러지는 않지만, 집중해서 책을 읽는다던가 긴장한 상황이 생기면 간혹 엄지손가락을 빠는 행동을 했었습니다. 아이들이 초등학교 저학년일 때는 서로 이해해 문제 되지 않았던 이런 행동들도 초등학교 고학년이 되면 아이들이 무척 싫어하는 행동이 됩니다. 아이가 무심결에 코를 판다든지, 밥을 먹을 때 유난히 소리 내어 먹거나 음식을 흘리는 행동을 하지 않는지 살펴보신 후 아이의 행동을 교정해 주시면 됩니다.

혹시 아이가 친구의 말을 듣는 도중에도 본인이 생각나는 이야기를 하고 싶어 해서 친구의 이야기를 끊고 본인이 하고 싶은 말을 한다면 또래로부터 잘난 척하는 인상을 주는 아이라고 생각할 수 있습니다. 그럴 때는 아이에게 '대화'는 서로 주고받는 것이니 친구의 이야기가 끝난 후 그와 관련한 자신의 이야기를 해야 한다는 간단한 팁을 주시면 됩니다.

분명 초등학교 저학년 때 같은 행동을 했을 때는 문제가 되지 않았던 일도 초등학교 고학년 때는 문제가 될 수 있습니다. 왜냐하면 사회성 발달 정도에 차이가 벌어지기 때문입니다. 모두 어릴 때는 대화에서 서로 자기 이야기만 해도 괜찮았던 것이, 밥을 먹을 때 여기저기 흘리고 묻히고 먹어도 괜찮았던 것이 이제는 괜찮지 않은 일임을 깨닫는 속도가 아이마다 차이가 생기는 것입니다.

왕따, 은따, 학교폭력, 언어폭력 대처 방법

친구와의 갈등은 자연스러운 현상입니다. 건강한 관계에서도 갈등은 언제나 생기기 마련이니 갈등이 생기는 것 자체에 관해서는 걱정하지 않아도 됩니다. 오히려 이러한 갈등을 해결해 나가면서 인간관계를 맺는 방법도 성장하고 관계 역시 더욱더 발달할 수 있습니다.

하지만 관계 속에서 일방적으로 한쪽만 상처받는 관계는 건강한 관계가 아닙니다. 더군다나 어제까지는 친하게 지내던 친구가 오늘은 나를 따돌린다거나 나에 관한 이상한 소문을 내고 다니는 등의 행동을 한다면 친구 관계에서 일어나는 갈등이 아니라 괴롭힘과 폭력임을 명확하게 인지하셔야 합니다. 그리고 아이의 친구 관계가 따돌림의 문제로 변했다면 부모님이 즉각 개입하여 대응하셔야 합니다.

그동안 친구 관계라고 생각했기에 나를 힘들게 하고 상처를 주는 상대방에게 그러지 말라고 단호히 대처하지 못하고 어떻게든 관계를 다시 잇기 위해 노력하는 아이도 있습니다. 하지만 어른들의 관계도 마찬가지이듯 한 번 깨진 관계를 다시 연결하기란 참 어렵습니다. 건강한 관계는 상호 동등한 입장에서 맺어져야 하는데 아이들은 괴롭힘과 피해를 보면서도 그 관계에 집착해 동등하지 못한 관계를 맺기도 합니다.

매년 4월과 9월이면 초등학교 4학년부터 고등학교 3학년까지 학생을 대상으로 학교에서는 '학교폭력 실태조사'를 실시합니다. 2019년 이루어진 1차(4월) 실태조사와 2차(9월) 실태조사 결과 학교폭력 유형 중 언어폭력이 약 40%로 가장 큰 비중을 차지했고 그다음으로 집단 따돌림이 20% 정도로 일어났습니다. 신체적인 폭력이 약 8% 비율임을 보았을 때 실제로 일어나는 학교폭력은 신체적인 폭력보다 언어폭력과 따돌림과 같은 정서적인 폭력이 훨씬 더 큰 비중을 차지함을 알 수 있습니다.

학교폭력 실태조사 결과에 따르면 가해자의 48.7%가 피해자와 같은 학교 같은 반 학생입니다. 학교폭력을 저지른 이유를 물어보면 '재미있어서' '다른 아이들도 다 하니까'와 같은 대답이 돌아옵니다. 내가 별 생각 없이 하는 말과 행동이 피해

학교급별 피해 유형 비중(19년 1차 조사)

구분	언어 폭력	집단 따돌림	스토킹	신체 폭행	사이버 괴롭힘	금품 갈취	성추행 성폭행	강제 심부름
전체(%)	35.6	23..2	8.7	8.6	8.9	6.3	3.9	4.9
초	35.1	23.8	8.8	9.2	7.3	6.5	3.9	5.3
중	35.8	21.9	8.9	6.7	13.5	5.6	3.6	4.0
고	39.4	20.6	7.4	6.3	13.4	5.0	4.0	3.9

학교급별 피해 유형 비중(19년 2차 조사)

피해 유형	언어 폭력	집단 따돌림	스토킹	사이버 괴롭힘	신체 폭행	강제 심부름	성추행 성폭행	금품 갈취
전체(%)	39.0	19.5	10.6	8.2	7.7	4.8	5.7	4.5
초	39.5	20.3	10.3	7.7	7.7	4.9	5.2	4.3
중	38.3	17.0	11.6	9.7	8.4	4.2	5.7	5.1
고	35.0	19.7	9.7	8.2	3.9	7.3	12.5	3.7

출처 : 2019년 학교 폭력실태조사 교육부 보도자료

학생에게 얼마나 상처가 될지 전혀 생각하지 않습니다. 상대방의 마음과 감정 상태를 이해하거나 공감하지 못하는 것으로, 이 아이들도 친구들과 건강한 관계를 맺지 못하는 아이들입니다.

2020년 1월 교육부에서는 '제4차 학교폭력 예방 및 대책 기본계획'을 발표한 후 모든 초등학교에서 학교폭력 예방 교육인 '어울림 프로그램'을 운영하도록 하고 있는데, 학교에서 진행하는 교육 외에 가정에서도 부모님이 아이에게 다음과 같이 교육하시길 권해드립니다.

첫째, 친구들의 다양성에 관해 알려주기

교실도 하나의 사회와 같습니다. 다양한 색깔을 가진 다양한 아이들이 있습니다. 그중 나랑 잘 맞는 아이도 있고 유독 싫고 지내기 힘든 아이도 있을 수 있습니다. 아이들의 다양성과 개성에 관해 이해하고 나와 다른 생각과 특성을 가질 수 있음을 이해할 필요가 있습니다. 당연한 일이지만 아이들에게는 아직 어려운 일이기도 합니다. 아직은 자기중심적인 생각으로 세상을 이해하는 경향이 더 강하기 때문입니다.

친구를 괴롭히거나 따돌리는 이유도 내 기준에서는 그 아이가 이상한 아이이고 싫은 아이이기 때문입니다. 이럴 때 부모님께서 아이마다 특성이 다르니 모든 아이와 잘 지낼 필요는 없다고, 같은 반이라고 해서 다 친구가 되지는 않는다는 사실을 알려주시면 좋습니다. 즉, 같은 반 아이들과 잘 지내고 싶고 잘 지내야 한다는 압박에서 아이를 자유롭게 해줄 필요가 있습니다. 나와 다르다고 해서 틀린 것은 아니라는 사실을 아이에게도 꾸준히 알려주시기를 바랍니다. 대신 아이에게 다음과 같은 말은 꼭 해주시길 부탁드립니다. 싫은 감정은 존중하지만, 행동에서는 지켜야 할 선이 있음을 알려주세요.

"모든 아이는 서로 달라. 그래서 너와 맞지 않을 수도 있고, 그 친구도 네가 별로 좋지 않을 수도 있어. 너의 감정도, 그 친구의 감정도 아빠 엄마는 충분히 존중해. 하지만 싫어하는 감정을 어떠한 방법으로든 표현하는 것은 상대방의 감정을 상하게 할 수 있으며, 하나의 폭력이 될 수 있음을 잊지 말아야 해."

둘째, 나를 괴롭히는 아이에게 이유 물어보기

나를 놀리거나 따돌리는 아이에게 왜 그러냐고 이유를 물어보도록 합니다. 왕따를 당한 경험이 있는 친구들은 같은 반 아이들이 나를 싫어한다는 것에 대해 굉장히 상처받고 힘들어하지만, 정작 왜 그러는지 그 이유를 잘 모르는 경우가 많습니다. '왜 나를 싫어하지?' '왜 나를 끼워주지 않을까?'라고 혼자 계속 고민하지만 실제로 상대에게 그 이유는 묻지는 못합니다. 혹시 어떤 아이가 나를 따돌리거나 나에게 심한 말을 했을 때 그 아이에게 가서 "너는 왜 나에게 그렇게 이야기했어?" "왜 그렇게 행동했어?"라고 이유를 물어보아야 합니다.

나를 싫어한다고 생각하는 사람에게 가서 나를 싫어하는 이유를 물어보는 행동에는 용기가 필요합니다. 그 용기가 나지 않아 그냥 괴롭힘을 피하기만 했을 수도 있습니다. 하지만 나를 괴롭히는 아이에게 가서 왜 그러느냐고 물어보는 것만으로도 가해자는 당황할 수 있습니다. 가해자는 피해자가 자신의 괴롭힘에 더 당황하고 숨고 싫어하는 반응을 보이면 자신이 상대방보다 더 강자라고 생각하며 쾌감을 느끼는데, 약자라고 생각했던 피해자가 괴롭힘에도 오히려 더 당당한 태도를 보이면 놀랄 것입니다.

셋째, 자신의 생각을 정확하게 알려주기

"너는 나를 그렇게 생각하는구나. 하지만 그러한 이야기를 들었을 때 나는 상처받아.
네가 하는 행동이 나를 기분 나쁘게 한다고."

가해자에게 자신의 감정을 정확하게 알려줍니다. 나에게 상처 주는 행동을 멈추어달라고 가해자에게 당당하고 단호하게 경고하는 것입니다. 이때, 나를 괴롭히거나 따돌리는 아이의 행동에 흥분하거나 감정적으로 대응하지 않고 당당하면서도 담담한 태도를 보여야 합니다.

세상에는 많은 사람이 있고 그들이 나를 모두 좋아할 수는 없다는 사실을 꼭 기억하세요. 가해자가 생각하는 나는 진짜 내가 아닙니다. 그러니 '내가 무얼 잘못한걸까…' 하고 생각하며 자학하거나 위축되지 않아야 합니다. 나를 싫어하는 사람보다 나를 사랑하고 좋아하는 사람이 더 많음을 깨달을 수 있도록 해주세요.

넷째, 괴롭힘을 지속하면 즉시 부모와 교사에게 알리기

가해자에게 너의 행동이 나에게 상처가 된다고 말했는데도 괴롭힘을 지속한다면 빨리 이 상황을 교사와 학부모에게 알려야 합니다. 사실, 나를 따돌리는 아이에게 하지 말라고 당당히 경고한다고 해서 "응, 미안해. 안 할게"라고 말하며 정말 그러지 않는 경우는 잘 없습니다.

그래도 내 생각을 전달하고 경고하는 과정은 필요합니다. 따돌림을 당하는 아이가 더욱더 소극적으로 행동하면 다른 아이들도 '저 아이는 그래도 되는 아이인가보다'라고 만만하게 생각해 따돌림에 동조하도록 만듭니다. 그러니 따돌리지 말라고 말한 후에도 따돌림을 지속한다면 곧바로 어른들에게 알릴 필요가 있습니다. 시간이 지나면 괜찮아질 거로 안일하게 생각하면 상황은 더 악화할 것입니다.

다섯째, 공권력 이용하기

부모님과 교사에게 알리는 방법 이외에도 학교전담경찰관의 도움을 받거나 학교폭력 지원센터가 소속되어 있는 '안전Dream' 홈페이지를 통한 24시간 상담 및 조언을 받을 수도 있습니다.

각 학교에 학교전담경찰관SPO, School Police Officer이 배정되어 있으니 학교전담경찰관에게 상황을 알리거나 학교폭력 지원센터에 신고 및 상담도 가능합니다. 학교전담경찰관은 학교폭력에 관한 업무 및 청소년 선도 보호를 위해 전국 초·중·고 학

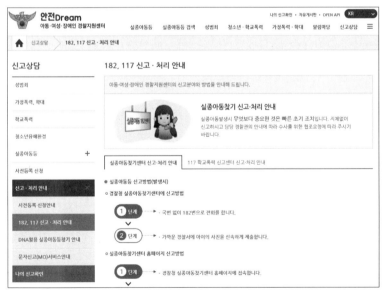

안전Dream (아동, 여성, 장애인 경찰 지원센터)

교에 배치된 경찰관으로 관내의 경찰서에 소속되어 인근 학교 10여 곳을 담당하고 있습니다. 담당하는 학교에서 학교폭력 예방 교육을 시행하고 학교폭력 자치위원회 위원으로 활동합니다. 관련한 상황을 많이 접하기 때문에 해결하기 위해 여러 가지 조언 및 상담을 받을 수 있습니다.

또한 아동이나 여성, 장애인 경찰지원센터인 안전Dream 홈페이지 게시판에서 실시간 1대 1 상담을 받거나 문자(#0117)를 통해 상담할 수도 있습니다.

사회성
기르는 방법

사회성은 낯선 것, 새로운 것과 관계를 맺는 능력을 말합니다. 어떤 아이는 어려서부터 잘 자고 잘 먹는 순둥이인데 어떤 아이는 유독 자거나 먹는 데 예민하기도 합니다. 유치원에 가기 싫다고 한없이 울다가 결국 유치원 입구에서 집으로 돌아오는 날도 많고 낯선 사람을 만나면 부모 뒤로 숨어 인사를 하지 않기도 합니다. 이런 아이는 조금 더 자라 초등학교에 진학해도 크게 변하지 않습니다.

어떤 아이에게는 쉬운 행동이 내 아이에게는 한없이 어려운 행동이 되기도 합니다. 선생님에게 말 한마디 하기도 어렵고 길을 걷다 같은 반 친구를 만나도 모른 척 지나가 상대방을 당황스럽게 하기도 합니다. 이런 아이들은 타고 난 기질이 예민하고 까다로운 경우로 낯선 상황에서 불안감을 많이 느끼고 새로운 곳에 적응하는 데 시간이 오래 걸리기도 합니다.

이렇듯 타고난 기질의 영향을 많이 받기는 하지만, 분명한 건 배우고 발달시킬 수도 있는 능력입니다. 새로운 사람들과 관계를 맺고 살아가도록 하는 사회성은 아이가 어른이 된 이후에도 꾸준히 아이의 생활에 영향을 미치는 것이기 때문에 아이가 사회성을 기를 수 있도록 도와주는 것이 필요합니다.

불안을 이길 용기_실수에 관대하기

새로운 환경과 관계에서 불안하여 움츠러드는 아이를 위해 그 불안을 스스로 이길 수 있는 용기를 심어주는 것이 필요합니다. 아이가 자라나는 과정에서 항상 성공하는 경험만 할 수 없습니다. 수없이 넘어지고 수없이 다칠 수도 있습니다. 그 넘어짐과 실패를 힘들어하지 않고 툭툭 털고 '별일 아니고만'이라고 생각할 수 있는 용기를 심어주는 것입니다. 이런 용기는 평소 부모님이 하는 사소한 말과 행동을 통해서도 심어줄 수 있습니다.

아이에게 늘 주문처럼 "실수해도 괜찮아, 누구나 실수해. 100번의 작은 실패들이 모여서 또 한 번의 성공을 하기도 해. 그래서 100번의 실패는 사실 실패가 아니라 작은 성공 경험을 모으는 거야"라고 격려하며 아이가 실패를 두려워하지 않도록 계속 칭찬해주세요. 아이가 어떤 행동을 시도할 때, 관계를 처음 시작하려고 할 때 계속 격려하고 칭찬하다 보면 아이의 용기도 무럭무럭 자라날 것입니다.

즉, '결과'가 아니라 '시도'하겠다는 용기 자체를 아이에게 꾸준히 넣어주세요. 이번에도 내 마음대로 되지 않고 실패한 아이에게 "괜찮아, 완벽할 필요가 없어. 너는 지금 노력하고 있고 그것만으로도 아주 멋져!"라고 칭찬하며 실패나 실수보다 지금 하는 노력 자체를 꾸준히 응원해주세요.

아이도 이런 부모의 말과 행동과 태도를 보고 '실수 자체는 큰일이 아니구나'라고 생각하고 낯선 관계 속에서 무엇인가를 시도해보려 노력하게 될 것입니다. 이런 양육 태도는 부모님이 아이를 보며 '쟤는 왜 그럴까?'라는 생각보다 '아이가 원래 가지고 있는 힘이 있지'라는 믿음에서 가능할 것입니다. 우리 아이가 가지고 있는 힘을 믿고 응원해 주시길 바랍니다.

스스로 나아갈 힘_아이에게 자율성 부여하기

아이가 다른 사람과의 관계에서 힘들어하고 문제가 있다면 이는 부모의 허용적인 양육 태도에서 비롯되는 경우가 많습니다. 관계란 자기중심적인 사고에서 벗어나 다른 사람의 감정과 태도에 관심을 두어야 발달할 수 있습니다.

그런데 내가 필요한 부분이나 내가 불편한 부분을 모두 해결해 주는 부모님의 양육 태도는 아이가 다른 사람에게 관심을 가질 필요를 느끼지 못하게 만듭니다. 아이가 불편함을 표현하기 전에 부모가 미리 알아서 해결해 주다 보면 본인 나이 대에서 표현해야 하는 것들을 배울 기회를 놓치게 됩니다.

학교는 부모와의 만남이 아니라 또래와의 만남입니다. 부모님이 모든 일을 대신 해주는 양육법은 아이가 또래 사이에서 다른 아이들에게 관심을 두지 않고 그 친구의 표정이나 행동을 통해 불편해하는지 좋아하는지에 대해서 잘 파악하지 못하게 만듭니다. 그러므로 아이가 스스로 낯선 관계와 낯선 공간에 들어가서 적응할 수 있는 자율성을 길러주어야 합니다.

자율성을 길러주는 것은 어렵지 않습니다. 아이가 자신의 생활 속에서 많은 부분을 스스로 행동하고 스스로 결정하며 그 일에 관한 책임도 스스로 지도록 하면 됩니다. 외출할 때 옷을 부모님이 골라 입혀주지 않고 아이 스스로 골라서 입는 것, 자기 책가방과 다음날 준비물을 스스로 챙기는 것, 가족의 일원으로 해야 할 일을 부여해 책임지고 하는 것, 하루 계획을 스스로 짜고 계획에 따라 행동하면 됩니다. 아이가 자신의 생활에 스스로 주인이 되어 결정하고 행동하고 결과에 책임을 지도록 하는 과정이 자율성을 키우는 것입니다.

내가 소중하니 남도 소중하다_자아 존중감 높이기

다른 사람과 관계를 잘 맺기 위해서는 가장 먼저 나 자신과 관계를 잘 맺어야 합니다. 나 자신과 관계를 잘 맺는다는 것은 내가 어떤 사람인지 잘 아는 것입니다. 내가 좋아하는 것과 싫어하는 것이 무엇인지 알고 어떨 때 행복하고 어떨 때 불편한지 알며 어떤 성향의 사람인지 아는 것입니다. 그리고 내가 불편할 때 어떻게 하면 다시 사람들과 편해지는지도 아는 것입니다.

나의 욕구와 감정에 관해 꾸준히 파악하는 경험은 다른 사람들과의 관계에서도 확대 적용이 가능합니다. '내가 이럴 때 불편하니까 친구도 내가 이렇게 행동하면 불편해하겠지?'라는 생각이 가능해지거든요. 즉, 자아 이해를 바탕으로 자신을 존중하고 사랑하는 마음인 '자아 존중감'을 높여야 합니다. '나는 소중하고 사랑받을 만한 가치가 있다'라는 생각을 통해 '다른 사람 또한 소중하고 사랑받을만한 사람이다'라는 점을 알게 되는 것입니다.

자아 존중감은 다른 사람에게 존중받아 본 경험을 통해 형성됩니다. 아이들에게 그 다른 사람은 부모여야 합니다. 아이가 어떤 행동을 했거나 어떤 것을 잘해서가 아니라, 아이의 존재 자체로 우리는 너를 존중하고 귀하게 생각하고 있음을 아이가 알게 해주세요. 부모님의 눈빛이나 말투, 행동을 통해 '내가 너를 존중하고 있다'는 것을 해주는 경험을 충분히 하게 해주세요.

내 감정 잘 표현하는 방법

느끼는 감정이 같더라도 표현하는 방법에 따라 받아들이는 사람의 기분이나 행동이 달라질 수도 있습니다. 예를 들어, "아, 진짜 짜증 나. 짜증 나, 짜증 나 죽겠어!"라

　　　　　　　　　　　　　　 ──평생 공부력은 초5에 결정된다

고 이야기하는 사람이 옆에 있다고 생각해봅시다. 그러면 '왜 짜증이 난 것일까?' '내가 어떻게 해 줘야 할까?' '나 때문에 불편한가?' 등 다양한 생각이 들 수 있습니다. 그리고 부정적인 감정을 자꾸 내뿜는 사람은 자연스레 멀리하고 싶은 마음이 듭니다. 옆에 있으면 나 또한 부정적인 감정에 전이될 것 같은 생각이 들거든요.

부모님들은 아이에게 자신의 감정을 잘 표현할 방법을 알려주어야 합니다. 사실, 그동안 우리는 감정을 표현하는 법에 관해 중요하게 생각하지 않았습니다. "감정을 얼굴에 티 내지 말아라" "네가 느끼는 감정을 다 말로 표현하지 말아라" 등 이러한 이야기들을 들으며 과묵하고 진중한 사람을 더 좋은 품성의 사람이라고 생각했는지도 모릅니다.

저도 그렇게 자랐는데, 어른이 되어 보니 어느 순간부터 저의 감정을 잘 표현하는 일이 참 어려웠습니다. 이것도 연습이 필요하다는 점도 깨닫게 되었습니다. 긍정적인 감정을 자제하는 건 좀 나은데 부정적인 감정은 어떻게 잘 표현해야 하는지 모르겠더라고요. 특히 부부싸움을 하는 과정에서는 더 어려웠습니다.

억눌렀던 감정을 한 번에 화산 폭발처럼 터뜨리면 나는 개운한데 상대방은 참 난감합니다. '저렇게까지 화날 일이었나?' 싶은 의아함과 더불어 오늘의 싸움 포인트에서 한참 벗어난 옛날이야기까지 끄집어내 하다 보니 이야기가 길어집니다.

그러니 감정을 자주 표현할 수 있도록 부모님이 아이들을 도와주셔야 합니다. 예를 들어, "그래서 너는 어떻게 생각했어?" "그럴 때 어떤 기분이 들었어?"라고 아이가 느끼는 것을 말로 표현할 수 있도록 하는 질문을 꾸준히 해주세요. 처음에는 자신이 느끼는 감정을 잘 표현하지 못하고 "좋았어" "싫었어" "그냥 그랬어" 정도의 세 가지 반응만 나오는데, 느끼는 것은 더 다양하고 많아도 말로 어떻게 표현할지 몰라 저 세 가지 반응만 나오는 것입니다.

그러니 부모님께서 아이의 감정에 이름을 붙여 알려주시는 편이 좋습니다. 예를 들어, "그때 너는 슬픈 감정을 느꼈겠구나?" "친구가 그렇게 말해서 서운했겠네" "그렇게 된 게 시원섭섭했겠네" 등 지금 아이가 느끼는 감정이 이런 단어로 표현될 수 있음을 알려주세요. 하지만 앞서 말씀드린 것처럼 어른인 우리 또한 감정을 표현하는 데 익숙하지 않기에 이런 단어를 사용하는 데도 한계를 느끼실 수 있습니다.

그런 부모님들을 위해 시중에는 어린이를 위한 다양한 감정 표현 책들이 나와 있습니다. 『아홉 살 마음 사전』(박성우 글 | 김효은 그림 | 창비 | 2017.03.10.)과 같은 책을 통해 아이와 함께 감정에 관한 이야기를 나눠보시기를 바랍니다. 아이가 감정의 이름을 알고 다양한 상황에서 자신의 감정을 말로 표현하도록 유도하는 방법을 익히는 것과 더불어 부모님께서도 아이에게 감정을 많이 표현해주세요.

말하지 않아도 알 것이라고, 표현하지 않아도 알 거로 생각하시면 안 됩니다. 어른인 나 역시 계속 사랑받고 싶어 하듯 아이도 부모님으로부터 충분히 넘치도록 사랑받고 말로 표현되어 듣기를 원합니다.

"엄마 나 사랑해?" "엄마 나 때문에 화났어?" 하며 계속 부모의 감정을 묻는 내 아이들을 볼 때마다 부모인 내가 먼저 아이들에게 충분히 감정을 표현해주어야겠다는 생각을 자주 합니다. 아이와 눈이 마주쳤을 때 따뜻한 시선으로 웃어주는 것도 하나의 감정 표현이 됩니다. 부모가 "네가 ~라고 이야기해 줘서 엄마는 참 고맙고 행복해"라고 아이에게 긍정적인 감정 표현을 자주 하면 아이도 자신의 감정을 표현하는 것을 어려워하지 않습니다.

쏙쏙 정보

초등학교 5학년, 진짜 친구 감별하기

『나는 왜 진짜친구가 없을까?』(뜨인돌 | 애니 폭스 | 2015.03.06.)에서 발췌한 내용입니다. '관계'의 문제는 항상 참 어렵고 힘듭니다. 그렇지만 사람은 관계 속에서 행복함을 느끼기 때문에 놓지 못하는 문제이기도 합니다. 많은 친구를 얻기보다 서로를 아끼는 '진짜 친구'를 가질 수 있기를 희망하며 저도 곱씹어 읽어봅니다.

1. 진짜 친구는 정직해.
친구가 하는 말이 늘 마음에 들거나 친구들의 의견에 늘 동의할 수는 없어. 하지만 진짜 친구라면 너에게 '진실'만을 말할 거야.

2. 진짜 친구들은 너를 걱정해.
네가 어떤 상황에 처하든 진짜 친구는 너를 도와주려고 할 거야. 할 수 있는 일이든, 어려운 일이든 상관없이. 그만큼 네가 그 아이들에게 중요하기 때문이야.

3. 진짜 친구는 너를 있는 그대로 받아들여 줘.
진짜 친구들과 함께 있을 때면 넌 어색하게 다른 사람인 척할 필요가 없어. 아무도 그렇게 하라고 부추기거나 압박하지 않거든.

4. 진짜 친구는 너를 존중해.
진짜 친구는 네가 하는 말을 언제나 주의 깊게 들어주고 네 생각이나 의견, 감정을 진지하게 받아들여.

5. 진짜 친구는 언제나 네 말을 이해하려고 노력해.
진짜 친구는 네가 어떤 아이인지 평소에 뭘 중요하게 여기는지 잘 알고 있어. 그래서 서로를 이해하는 데 긴말이나 설명이 필요 없어. 눈빛만 보면 끝.

6. 진짜 친구는 서로를 용서할 줄 알아.
세상에 완벽한 사람이 어디 있겠어? 누구나 실수를 해. 하지만 진짜 친구는 자신이 실수했을 때 용서를 구할 줄 알고, 네가 실수했을 때는 너그럽게 용서할 줄 알아.

스마트폰과 사랑에 빠진
초등학교 5학년
구하기

아이에게 스마트폰 사주기 전, 고려할 3가지

미국의 IT 기업 Apple(애플)의 창업자 스티브 잡스Steve Jobs는 아이패드iPad를 처음 출시한 2011년에 「뉴욕타임즈The New York Times, NYT」와의 인터뷰에서 당신의 아이들도 아이패드를 사용하느냐는 리포터의 질문에 "우리 아이들은 아이패드를 써 본 적이 없다. 내 집에서는 아이들이 IT 기술을 다루는 것을 철저하게 제한한다"라고 대답했습니다. 빌 게이츠 또한 자신의 세 자녀가 14살이 될 때까지 스마트폰 사용을 금지하고 특히 식탁에서는 스마트폰을 절대 사용할 수 없도록 한다는 일화가 여러 번 소개된 적이 있습니다.

트위터 공동창업자 에반 윌리엄스Evan Williams와 실리콘 밸리의 유명한 기업가들 역시 자신의 자녀가 컴퓨터, 스마트폰, 태블릿PC를 사용하는 것을 제한하고 있습니다. 왜 IT 기술의 최첨단에 서 있는 사람들이 오히려 자녀에게는 IT 기술을 사용하지 못하게 할까요? 그들은 이 기기들과 기술들이 가지고 올 '중독의 위험'과 '교육적이지 않다'라는 사실을 이미 알고 있었던 것 같습니다.

'2018년 아동 종합실태조사'에 따르면 청소년의 34%가 스마트폰이 손에 없으면 불안하고 일상생활을 하는 데 어려움을 겪는 상태라고 합니다. 이는 성인의 스마트폰 과의존 수준인 11.4%보다 3배 정도 높은 수치입니다. 저소득층 가정의 아이일수록 스마트폰에 의존할 가능성이 크며 여자아이들보다 남자아이들이 더 큰 비중으로 위험군에 속해 있다고 합니다.

이런 스마트폰 과의존 상태에 관한 이야기를 들을 때마다 부모님들 역시 더욱더 불안합니다. 하지만 이러한 상황일수록 부모님은 불완전한 선택을 해야 합니다. 아이가 스몸비(스마트폰+좀비)가 되는 상황을 원하지 않지만, 한편으로는 요즘 시대에 대부분 아이가 스마트폰을 가지고 있는데 우리 아이만 시대에 뒤처지는 것도 싫습니다. 불안하면서도 아직 겪어보지 않은 일이기 때문에 '일부 아이들의 이야기겠지. 우리 아이는 스마트폰에 중독되지 않을 거야'라는 막연한 희망을 품어봅니다.

어떤 선택이 옳은지 아직 확신이 서지 않는 부모님은 "초등학교 5학년은 반에 몇 명이나 스마트폰을 가지고 있나요?" "아이가 5학년이면 스마트폰을 사줘도 될까요?" 등 다른 부모님들은 어떻게 하고 있는지 상황을 물어봅니다.

'디지털 원주민'이라고 불리는 지금의 아이들에게 스마트폰은 언제까지나 안 사줄 수도 없는 상황의 물건입니다. 아이들과 스마트폰 전쟁을 시작하기 전에 부모님이 충분히 고려해야 할 사항에 관해 함께 생각해 보려고 합니다.

스마트폰, 아이가 몇 살 때 사줄 건가요?

"선생님, 아이에게 스마트폰을 사주기는 해야 할 것 같은데... 몇 살이 적당할까요?"

학부모 상담에서 학부모님들이 가장 많이 궁금해하시고 자주 하시는 질문입니다. 아이의 뇌 발달과 연계하여 이야기해보겠습니다. 8~12세는 뇌의 발달 단계에서 전체 뇌 기능의 96%까지 형성되는 중요한 시기입니다. 특히 측두엽과 두정엽의 발달이 성인과 같은 수준에 이르게 되는데요. 측두엽의 활성화로 언어 기능과 청각 기능이 강화되고 두정엽의 발달로 도형, 수학, 물리적인 사고를 가능하게 합니다.

뉴런의 스냅스 연결이 가장 활발하게 연결되며 완성되어 가는 것도 12세라고 합니다. 여러 뇌 과학자 역시 두뇌 성장의 결정적 시기로 12살을 이야기합니다. 그러니 스마트폰을 사주어야 한다면 되도록 늦게, 아이가 12세 이후인 초등학교 6학년이나 중학교에 올라갈 때 사주기를 추천합니다. 아이가 스마트폰을 접하는 시기가 어릴수록 뇌 발달에는 좋지 않다는 통계자료 및 실험 결과는 정말 많습니다.

MBC 예능 프로그램 〈공부가 머니?〉에 배우 김정태 씨가 출연해 자신의 아이에 관해 "우리가 낳았지만 유튜브가 키웠다"라고 말한 적이 있습니다. 이 말에 공감하시는 부모님이 많으리라 생각합니다.

심심하다고 보채는 아이에게 혹은 식당에서 자리에 앉아 조용히 밥을 먹게 하려고 아이에게 "눈 나빠지니 멀리서 봐"라고 하며 부모님의 스마트폰을 건네본 적 있으신가요? 아이가 몇 살 때 스마트폰을 사주겠다고 고민하시는 것도 중요하지만, 부모님들께서는 아이가 12세 이전까지 생활 속에서 스마트기기에 얼마나 익숙해져 있는지도 생각해보시길 바랍니다.

목적이 무엇인가요?

자녀에게 스마트폰을 사주려는 목적이 무엇인지 한번 생각해볼까요? 우선, 공부에 유용할 것이라든가 소프트웨어Software 교육을 위해서라는 등의 이유는 생각하지 마시길 바랍니다. 바꾸어 생각했을 때, 부모님은 본인의 스마트폰으로 가장 많이 하는 행동이 학습이나 공부 등 자기 계발과 관련된 것인가요? 아니시죠?

아직 자기 조절 능력이 부족한 아이들에게 스마트폰은 가장 재미있는 놀잇감일 뿐입니다. 즉, 아이에게 스마트폰을 사준다는 건 재미있는 장난감을 사주는 것과 같습니다. 간혹 아이가 스마트폰으로 유튜브를 보며 새로운 언어를 배웠고, 요즘은 다양하고 유익한 교육용 앱이 많이 개발되었다고 이야기하는 부모님도 계십니다.

물론 그것들을 통해 아이가 지식을 배우거나 습득할 수도 있습니다. 하지만 다른 방법으로도 충분히 배울 수 있습니다. 참고로 언어는 아이가 오감을 이용하여 배울 때, 그리고 상호작용하며 배울 때 가장 잘 습득한다고 합니다. 스마트폰은 시각과 청각에 민감한 매체이지 대면 상호작용을 하지 않습니다. 또한 부모님이 다양한 교육용 앱을 알고 있어 아이의 스마트폰에 다운받아 놓더라도 아이가 그 앱을 사용할지도 의문입니다.

앞으로 코딩 기술이며 다양한 소프트웨어 교육에 대비하기 위해서는 전자기기를 어느 정도 알고 있어야 하니 스마트폰을 사줘야겠다고 생각하는 부모님도 계실 것입니다. 하지만 그 생각 역시 아이에게는 좋은 생각이 아닙니다. 아이가 부모는 알지 못하는 스마트폰의 새로운 기능들을 익숙하게 사용하는 것을 보면 부모로서 뿌듯한 마음이 들 때도 있습니다. 어린아이가 아주 자연스럽게 스마트폰 암호 패턴을 푸는 모습을 보면 '역시 우리 세대와는 다르구나!' 하며 감탄하실 수도 있지요.

하지만 아이러니하게도 실리콘 밸리에 있는 학교에는 컴퓨터가 없습니다. 남녀 모두 직접 바느질해 양말을 만들거나 지도를 프린트하지 않고 손으로 그려서 만드는 커리큘럼을 배우고 있습니다. 위에서 말한 오감을 이용한 교육을 충실히 시행하고 있는 것입니다. 소프트웨어는 사용자가 사용하기 편리한 방향으로 더욱더 개발될 것입니다. 4차 혁명 시대가 원하는 인재는 기술을 잘 사용하는 사람Not Followers이 아닌, 새로운 기술을 만들어 내는 사람Leader 입니다.

아이에게 스마트폰을 사주는 목적이 무엇인지 부모님이 먼저 생각을 정리하셔야 아이와의 스마트폰 싸움에서 좀 더 편안해질 수 있습니다. 서로의 목적이 다른 동상이몽이라면 안 되겠지요? "저희는 부부 모두 맞벌이라 방과 후에 아이와 연락을 주고받아야 해서 아이에게 스마트폰이 필요해요"라고 하시는 부모님은 없으시죠? 연락은 스마트폰이 아니어도 충분히 가능합니다. 그리고 아이가 커갈수록 스마트폰이 있는 아이와 전화 통화를 한다는 게 매우 힘든 일임을 깨닫게 되실 것입니다. 부모님 전화를 점점 더 안 받을 테니까요.

"~하면 사줄게!"라고 아이에게 조건을 거시려고요?

친구 중에 나만 스마트폰이 없다며 계속 스마트폰을 사달라고 조르고 칭얼거리는 아이에게 "이번에 ~하면 사줄게"라고 조건을 걸지 않으셨으면 좋겠습니다. 그 조건 속에서 이미 스마트폰은 부모가 요구하고 내가 해내야 하는 그 어떤 것보다 상위 개념입니다.

아이에게 스마트폰을 '어떤 것의 보상으로 받을 수 있는 것'이라고 생각하도록 하지 마세요. 그럴수록 아이는 스마트폰에 더욱더 집착하게 됩니다. 아이가 할 일을 제대로 하는 것과 스마트폰을 갖는 것은 별개입니다.

아이가 할 일을 잘 해냈을 때 부모의 인정과 칭찬을 주는 것은 필요한 행동입니다. 하지만 "잘했으니 게임 1시간 더!"라는 형태로 칭찬한다면 이것은 또 다른 1시간, 또 한 번 더 1시간을 불러올 것입니다. 또한 아이도 어떤 행동을 할 때마다 이런 조건들을 역으로 부모에게 내걸 것이고, 어느 순간 아이가 스마트폰으로 되려 부모를 조종한다고 느끼실 수 있습니다. "나 이번 시험 점수 잘 받으면 스마트폰 최신형으로 바꿔줘!" "나 시험공부 열심히 할 테니 시험 끝나고 나면 온종일 스마트폰 쓸 수 있게 해줘!" 같은 아이의 제안을 모두 받아들일 준비가 되셨나요?

스마트폰은 아이와 원만하게 협의가 이뤄진 시기에 사시면 됩니다만, 그 시기를 늦출 수 있다면 가능한 한 늦추시길 권합니다. 미국의 아동 심리학자이자 UCLA

교수인 얄다 T. 울스_{Yalda T. Uhls}는 자신의 책 『아이와 싸우지 않는 디지털 습관 적기교육』(김고명 역 | Korea.com | 2016.8.1.)에서 '부모와 아이의 스마트폰 사용계약서'를 소개했는데요. 저는 재미있게 읽으면서도 한 번은 생각해볼 내용이었습니다. 이 책을 읽는 학부모님들도 참고하시면 좋겠습니다.

저는 이 사용계약서를 보고 아이의 인권과 자율을 중요하게 생각할 것 같은 외국에서 오히려 아이의 스마트폰 사용과 관련해서는 부모가 굉장히 많이 관여하고 있음을 알 수 있었습니다. 부모님에게 스마트폰의 비밀번호도 알려줘야 하고 평일 반납 시간도 아직 초저녁인 오후 7시 30분입니다.

우리나라에서 아이에게 이런 계약서를 작성하자고 하면 아이들이 어떻게 반응할지 생각해보았습니다. 아마도 질색하며 차라리 스마트폰을 가지지 않겠다고 말할 수도 있을 것 같습니다.

하지만 위의 사용계약서 내용은 정말로 아이들이 스마트폰을 사용할 때 모두 알고 있어야 하는 것을 구체적으로 적어놓은 것입니다. 우리도 '간섭'이 아니라 새로운 디지털 세계에 입문하는 아이들에게 구체적인 '가이드라인'을 제공할 필요가 있습니다.

과제, 학교 수업에 스마트폰 활용하는 경우

"스마트폰은 초등학교 1~2학년만 되어도 다 가지고 있는 거 아닌가요?"

"초등학교 5학년이나 되었는데 아직도 스마트폰을 쓰지 않는 아이도 있나요?"

이렇게 의아해하실 부모님도 있으실 듯합니다. 제가 담임을 맡았던 초등학교 5학년 학급을 기준으로 살펴보면 20명의 학생 중 핸드폰이 없는 학생이 3명, 핸드폰을 가지고 있는 아이 중에서도 스마트폰이 아닌 아이가 4~5명 정도 되니, 한 반에 대략 30~40%의 아이들은 아직 스마트폰을 가지고 있지 않은 셈입니다.

주변에 이미 아이에게 스마트폰을 사준 부모들의 '최대한 늦게'라는 진심 어린 조언과 본인의 교육적인 신념으로 아이가 초등학교 5학년까지는 어찌어찌 스마트폰 구매를 미뤄 왔다가도, 이런 신념을 흔들리게 하는 것이 있습니다. 바로 학교 수업에서 스마트폰을 활용하는 때도 있다는 것이지요.

스마트폰은 이미 학교 수업 시간에 꼭 필요한 준비물처럼 되어 있는데, 나만 지나치게 아이에게 스마트폰 사용을 금지하는 것은 아닐까 싶은 혼란이 생깁니다. 게다가 아이까지 과제 때문에 친구들과 소통해야 하는데 자신만 스마트폰이 없어 채팅방에 끼지 못해 소외되는 듯하다고 이야기하면 어찌해야 하나 싶어 부모님은 갈등이 생깁니다.

우선, 초등학교 5학년 교육 과정에 스마트폰이 필요한 때가 있는지 살펴보겠습니다. 5학년 교육 과정에서 스마트폰을 사용할 법한 학습 주제를 찾아 다음과 같이 표로 정리해 보았습니다. 5학년 2학기 국어 교육 과정 속에는 '매체'에 관한 이야기가 자주 등장합니다. 다양한 매체가 있음을 알고, 매체를 활용하여 글도 써 보고, 누리 소통망에서 대화할 때 예절을 지켜야 한다는 등의 활동 내용입니다.

초등학교 5학년 교육 과정 중 스마트폰 활용이 가능한 제재

과목	단원(학기-단원)	활동 내용
국어	2-1. 마음을 나누며 대화해요.	예절을 지키며 누리 소통망 대화하기
	2-4. 겪은 일을 써요.	매체를 활용해 겪은 일이 드러나는 글쓰기 우리 반 글 모음집 만들기
	2-5. 여러 가지 매체 자료	알리고 싶은 인물 소개하기
도덕	4. 밝고 건전한 사이버 생활	사이버 예절, 함께 지켜요
미술 (동아)	11. 찰칵 나도 사진작가	순간의 느낌을 담은 사진 이야기가 있는 사진

그런데 생각해 볼 점은 여기서 말하는 매체는 '스마트폰'에 한정되어 있지 않다는 것입니다. 영상 매체, 인쇄 매체, 인터넷 매체의 특징을 비교하는 활동을 하고 그중 특히 인터넷 매체를 사용할 때 갖추어야 할 예절에 관해 강조하는 부분이 많이 등장합니다. 그래서 학교에서도 매체를 활용하여 글쓰기를 하거나 학생들이 쓴 글에 예의를 갖추어 댓글을 다는 활동 등은 스마트폰이 아니라 학교 컴퓨터실에서 컴퓨터로 합니다.

저 역시 홈페이지에 글쓰기 활동을 할 때면 학교 내 컴퓨터실에 가서 학급 소통망으로 이용 중인 클래스팅에 아이들을 가입시키고 그곳에 선생님과 학생들이 공

개로 글을 써서 올리거나 자료를 조사하여 올리는 활동으로 진행하였습니다.

또한 초등학교 5학년 미술 교육 과정 중 사진과 관련된 이야기가 있는데, 보통 모둠별로 주제를 정해 사진을 찍어오는 활동을 진행합니다. 이럴 때는 학교에 마련된 스마트패드를 모둠별로 한 대 정도 대여하여 사용하였습니다.

제가 말씀드리고자 하는 내용은 초등학교 5학년 교육 과정 중 꼭 개인용 스마트폰이 있어야만 수업 진행이 가능한 일은 없다는 점입니다. 혹시 자료 조사 때문에 필요하거나 사진을 찍어야 할 때도 학교에 있는 컴퓨터나 스마트패드를 충분히 활용할 수 있습니다. 그러니 흔들리실 필요 없습니다.

그런데 만에 하나, 수업 준비물에 '개인 휴대전화(있는 사람만)'가 있는 경우가 생길 수도 있습니다. 위의 표에서 제시한 교육 과정 이외에도 초등학교 5학년 아이들의 『사회』나 『과학』 수업 등에서 조사 수업을 해야 하는 경우가 많기 때문입니다. 즉, 비슷한 시기에 다른 학급과 수업 내용이 겹쳐 학교에서 컴퓨터실이나 스마트패드를 사용하기 어려운 상황이라면 이렇게 요청하는 때도 종종 있습니다.

혹은 수업 준비 외에도 휴대전화가 필요한 때가 있습니다. 예를 들면, 체험학습에 갔을 때 모두 함께 움직이지 않고 흩어져서 관람하거나 활동이 끝난 후 모이는 장소나 시간을 정해줄 경우인데 보통 박물관이나 놀이동산, 잡월드 같은 넓은 공간에서 움직일 때를 말합니다.

이럴 경우에는 아이들끼리 모둠을 짜서 움직이게 하는데, 담임 선생님과 언제든 연락을 취할 수 있도록 모둠에서 한 명 정도는 개인 휴대전화를 준비하게 합니다. 담임인 저와 연락하기 위함이니 스마트폰일 필요는 없습니다. 모둠 중 한 명이 꼭 우리 아이가 되어야만 하는 건 아니니 걱정하지 않으셔도 됩니다.

최근에는 온라인을 통한 쌍방향 수업을 한다고 하니, 이제는 정말 아이에게 스마트폰을 사줘야 하나 많은 부모님이 고민하십니다. 하지만 학교에서 필요한 스마트기기는 모두 대여할 수 있게 되어 있습니다. 그러니 학교에 먼저 문의하시기 바랍니다.

온라인 수업을 진행하다 보면 아무리 담임선생님이 독려하고 이야기해도 수업 참여가 잘되지 않는 학생들이 있습니다. 수업 진행이 안 된 아이들에게는 등교일에 학교에서 스마트기기를 대여하여 듣지 못한(않은) 부분의 수업을 마저 듣고 가라고 하였습니다. 교실 안에 여러 명이 있으니 서로 방해되지 않게 이어폰으로 수업을 들었지요. 수업을 다 듣고 아이들이 반납한 스마트기기를 살펴보니, 그사이 게임 앱이 3개나 깔려 있습니다. 학교라는 공간에서 수업을 듣는 그 짧은 사이에도 이렇게 자제가 되지 않는 건가 싶어 쓸쓸한 생각이 들었습니다. 계속 강조하지만, '수업' 때문에 필요해서 스마트폰을 사실 필요는 정말 없습니다.

"학교에서 모둠끼리 토의하는 수업이 있어요. 꼭 모여서 의견을 나누어야 해요. 아이들끼리는 채팅방에서 미리 이야기해 모임 시간을 정하는데, 나만 빠져서 이야기를 듣지 못한다고요!"

위와 같이 아이가 이야기하면 학교 수업과 관련한 활동을 부모가 방해하고 있는 듯한 생각이 들어 괜히 아이에게 미안해질 수도 있습니다. 하지만 아이의 말을 다시 한번 정확히 살펴보시기를 바랍니다. 교사로서 저도 좀 억울한 부분이 있거든요. 꼭 아이들끼리 모여 숙제해야 한다고 할 만한 일이 있을까요? 요즘 아이들은 방과 후 서로 시간 맞추기도 어려운데, 학교에서 토의하지 못한 부분을 서로의 집을 방문해가며 해야 하는 급한 경우는 거의 없습니다.

아이들을 의심하라는 말이 아닙니다. 부모님께서는 학교 수업 상황이 정확하게 어떻게 진행되는지 모르는 상태로 아이들에게 이야기만 전달받으니 판단이 어려울 수 있다는 뜻입니다. 아이가 자꾸 "친구 집에서 모여 과제 해도 돼요?"라고 간곡하게 요청하는 일도 있습니다만, 반드시 그래야만 하는 때는 없다고 보셔도 됩니다.

학교도 스마트해지기 위해 계속 노력하고 있습니다. 무료 와이파이를 구축하고, 디지털 교과서를 확대하려 하고, 교실 환경 혁신으로 스마트 교실을 만들려고 노력하기도 합니다. 온라인 수업을 진행하는 지금은 더욱더 그러한 환경을 만들려고 노력합니다. 그렇지만 이러한 학교의 변화가 아이들의 스마트폰 보유 여부와 전자기기 활용 능력의 향상을 요구하는 것은 아닙니다.

초등학교 5학년 담임을 자주 맡는 제가 팁을 드리면, 아이의 스마트폰 소유 여부보다 컴퓨터 활용 능력을 높이는 편이 학교 수업에 훨씬 도움이 많이 됩니다. 5학년 수업 과정 중에는 보고서 작성에 필요한 자료 조사와 검색, 글쓰기 등의 활동을 위해 컴퓨터를 활용할 일이 많습니다.

컴퓨터를 거의 사용하지 않는 친구들은 본체에 전원 켜는 행동도 낯설어합니다. 기본적인 타자 연습, 검색하여 필요한 사진을 저장하는 방법, 파일 이름을 바꾸는 방법, 내 문서를 외장 메모리인 USB에 저장하는 방법 그리고 간단한 PPT 정도는 만들어 발표 등에 활용할 수 있다면 자료 제작과 발표 수업을 위해 아이에게 훨씬 많은 도움이 될 것입니다.

스마트폰 게임, 유튜브 시청 원칙 세우기

아이에게 스마트폰을 사줄지 말지 고민하는 것보다 더 중요한 문제는 아이가 스마트폰을 언제, 어떻게, 얼마나 사용하게 하느냐를 정하는 것입니다. 가장 좋은 방법은 아이에게 스마트폰이 생겼을 때 부모와 아이가 함께 협의하여 '디지털기기 사용 원칙'을 정하는 것입니다.

만약 원칙을 정하지 않고 아이가 스마트폰을 사용하고 있다면 지금이라도 원칙을 만드는 편이 좋습니다. 부모와 아이 모두 합의하여 결정한 정확한 사용 원칙이 있어야 부모가 스마트폰을 지나치게 사용하는 아이의 행동에 어느 순간 폭발하여 스마트폰을 뺏거나, 부모에게 스마트폰을 뺏긴 아이가 공격적인 행동을 보이는 경우를 줄일 수 있습니다.

그런데 이러한 원칙이 정말 효과가 있으려면 가족이 함께 의논해 원칙을 정한 다음 모두 지키려고 노력해야 합니다. 아이만 지켜야 하는 원칙이라고 하며 부모님은 어른이니 스마트폰을 마음대로 사용해도 괜찮다고 하면 이 원칙은 지켜지기 어렵습니다. 그리고 부모님의 명확한 가치관도 필요합니다. 내 아이와 의논하여 원칙을 정했는데, 아이가 다른 아이들은 스마트폰 게임 시간이 얼마나 되고 누구네 부모님은 이런 규칙도 정하지 않는데 우리는 왜 그러냐는 등과 같은 불평을 늘어놓으면 부모님은 내가 너무했나 싶어 슬그머니 아이의 말을 들어주시기도 하는데요. 그러면 이 원칙은 지켜지기 어렵습니다. 가족 중 누구에게나 언제든 일관성 있는 원칙이어야만 지켜질 수 있음을 명심해주세요.

초등학교 5학년 담임 시 학부모 상담 중에 한 학부모님이 "저희 아이에게는 하루에 1시간 정도 스마트폰 게임을 할 수 있게 해주는데, 이게 적당한 시간인지 궁금해요"라는 질문을 하셨습니다. '적당한 시간'이라는 말이 참 모호하지요?

여성가족부가 2020년 4월 말에 발표한 [2020 청소년 통계-여가 부문]을 보면 초등학교 4~6학년 아이들의 여가 시간은 1~3시간 사이가 가장 큰 비중을 차지합니다. 그리고 정보 통신 정책 연구원에서 조사한 [초등학생의 평균 스마트폰 사용 시간에 관한 통계]를 보면 초등학교 고학년(4~6학년)은 스마트폰 사용 시간에 하루에 1시간 45분 정도라고 합니다. 하루 여가의 대부분을 스마트폰 사용으로 보내는 것이지요.

[스마트폰 이용량 추이 통계]를 더 자세히 살펴보면 초등학교 저학년의 하루 평균 스마트폰 사용 시간이 45분인 것과 비교해 초등학교 고학년은 저학년보다 약 2.5배 더 많은 사용량을 보인다는 점도 알 수 있습니다. 아이들은 집과 학원을 오가는 차 안에서 보통 게임을 하고 친구를 기다리는 짧은 시간에 게임을 합니다. 하루 중 아이들이 보내는 여가가 생각보다 많지 않다는 사실에 놀랐고 그 시간의 대부분을 스마트폰 사용으로 보낸다는 것도 놀랍습니다.

그런데 재미있는 점은 위에서 이야기한 [2020 청소년 통계] 중 '향후 하고 싶은 여가 활동은 무엇입니까?'라는 질문에 관한 아이들의 답입니다. 1순위가 관광 활동이고 2순위는 취미와 자기 계발 활동이라고 대답했습니다. 아이들이 열광하는 스마트폰 게임은 4순위였습니다. 아이들에게 시간이 주어진다면 스마트폰 게임만 내내 할 것 같은데, 의외의 대답입니다.

아이들에게는 제대로 된 쉼과 놀이 활동이 필요합니다. 하지만 그러지 못하고 할 상황이 되지 않아 대체 활동으로 아이들이 스마트폰을 찾는 것은 아닐까요? 혹시 부모님께서 아이랑 보내는 시간이 힘들어 아이들이 스마트폰으로 게임을 하거나 유튜브 보는 것을 묵인하고 계신 것은 아닐까요? 통계에서 보듯 아이들은 스마트폰 게임보다 부모님과 여행을 가고 싶어 했습니다. 스마트폰 원칙을 정하기 이전에 아이들과 시간을 내어 더 많이 놀고, 주말이면 가족 모두 가까운 공원에 가서 산

출처 : 통계청, '2020 청소년 통계', 2020.4.

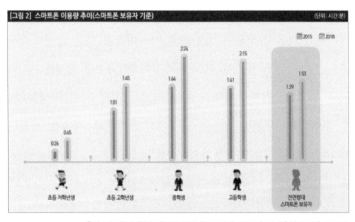

출처 : 정보통신정책연구원, '어린이와 청소년의 휴대폰 보유 및 이용행태 분석', 2019.10.

책하는 등의 취미를 가지며, 평소에 아이에게 더 많은 관심을 두는 일이 선행되어야 합니다. 그 후 부모와 아이와 함께 스마트폰 사용 원칙을 잘 정하는 방법을 알려드리겠습니다.

스마트폰 총 사용 시간과 사용 장소 정하기

하루 중 아이가 스마트폰을 사용할 수 있는 총 사용 시간을 정해주세요. 스마트폰 사용 시간을 처음 정할 때는 되도록 최소한의 시간으로 시작하시길 바랍니다. 초등학생이라면 하루에 아무리 많아도 사용 시간이 1시간을 넘기지 않도록 정하는 편이 좋습니다. 늘리는 것은 쉽지만 늘린 시간을 다시 줄이기는 어려우니까요.

사용하는 시간대를 정하는 것도 좋습니다. 예를 들어, 집에서는 오후 8시에서 오후 8시 30분까지 혹은 오후 8시에서 오후 9시까지 이런 식으로 구체적으로 사용 시간을 정하는 편이 좋습니다. 학교에서나 대중교통으로 이동 중에는 스마트폰을 사용하지 않도록 해주세요. 자투리 시간에 스마트폰이나 휴대전화를 사용하는 것은 사실 필요에 의한 사용이라고 보기 어렵습니다. 이러한 자투리 시간에도 아이가 스마트폰과 멀어져 있을 필요가 있습니다. 아무 의미 없이 무의식적으로 스마트폰을 만지거나 무언가를 검색하는 행동은 좋은 스마트폰 사용 습관이 아닙니다.

교내에도 스마트폰 사용으로 인한 문제점이 많습니다. 학생들의 인권을 침해하는 행위라고 하여 이제는 학교에서 수업 전이나 시험 전에 학생들의 스마트폰을 수거할 수 없습니다. 아이들 스스로 교내에서 스마트폰 사용을 조절하면 좋을 텐데, 안타깝게도 그렇지 않은 경우가 더 많이 발생합니다. 그러니 아이가 직접 스마트폰 사용을 조절할 수 있도록 부모님께서 스마트폰 사용 가능 공간과 그렇지 않은 곳을 구별해 줄 필요가 있습니다.

잠자리에는 스마트폰을 가지고 가지 않기

앞쪽 '사용 장소 정하기'와 연결되는 부분입니다. 부모님들은 아이들이 잠자는 공간에 스마트폰을 가지고 들어가지 않도록 해주세요. 침대에 누워 잠들기 전까지 스마트폰을 만지작거리지 않도록 합니다. 어두운 곳에서의 스마트폰 사용은 시력도 나빠질뿐더러 깊은 수면에 들 수 없게 방해하는데, 이렇게 누워서 사용하는 스마트폰 시간이 굉장히 깁니다. 그러니 가족 모두 자러 가기 전에 거실에 각자의 스마트폰을 함께 두고 자신의 잠자리에 들어가도록 해주세요.

가족과 함께 하는 시간에는 스마트폰 사용 금지하기

미국의 소프트웨어 및 프로그래밍 기업인 마이크로소프트_{Microsoft Corporation}의 창업자 빌 게이츠_{Bill Gates}는 자신의 집에서는 식사 시간에 아이들이 절대 스마트폰을 가지고 있지 못하도록 규칙을 정했다고 합니다. 자신의 원칙대로 14세 이후에 스마트폰을 사주긴 했지만 식사 시간만큼은 아이들이 그 어떤 나이더라도 스마트폰을 가지고 올 수 없고 관련한 이야기도 할 수 없다고 합니다. 저 역시 가족과 함께 하는 시간에는 아이들이 스마트폰을 가지고 오지 않도록 합니다. 예를 들면, 식사 시간 혹은 여행지에서 부모님과 함께 이야기하는 상황에서는 아이들의 스마트폰 사용을 금지합니다.

식당에서 밥을 먹다 보면 아이들이 부모님보다 먼저 밥 먹기를 끝내고 스마트폰으로 SNS나 메신저를 하거나 게임을 하는 모습을 자주 봅니다. 가족과 즐거운 추억을 쌓기 위해 간 여행지에서도 부모님의 바람과는 별개로 아이들은 계속 스마트폰을 사용하고 있습니다. 주변 경치를 보거나 박물관 유물 등에는 관심도 없습니다. 이럴 때마다 부모님은 아이와 함께 있지만 소외되는 느낌을 받습니다. 한창 까칠할 때라 "스마트폰 하지 마라!"라고 말하는 것 이외에는 아이들에게 뭐라고 말하기에도 눈치가 보여 더 강한 반응을 하지 못하는 경우도 많습니다. 하지만 이건 자녀의 눈치를 볼 일이 아닙니다. 꼭 지켜야 하는 스마트폰 사용 예의입니다. 처음부터 이런 경우에는 아이들이 스마트폰을 사용하지 않도록 약속을 정해주세요.

사용자 연령을 지키며 콘텐츠 관리하기

위의 원칙들이 아이가 스마트폰을 사용할 수 있는 시간과 공간에 관한 규칙이었다면, 이번에 설명할 원칙은 콘텐츠에 관한 이야기입니다. 아이가 스마트폰을 너무

게임 등급 및 심의 요소

출처 : 게임물관리위원회 홈페이지

── 평생 공부력은 초5에 결정된다

오랜 시간 동안 사용하는 것도 걱정이 되지만, 요즘 같은 정보의 바다에서 아이가 우연이라도 나쁜 콘텐츠나 음란물을 만나게 될까 걱정하는 부모님이 많으실 듯합니다. 저 역시 이러한 걱정을 많이 합니다.

여자아이의 스마트폰 사용은 대부분 메신저와 SNS 등에 치중되어 있습니다. 남자아이의 경우 폭력적인 게임에 중독되는 경우가 많습니다. 앞서 통계에서도 스마트폰 과의존 학생의 비율이 남자아이가 높음이 드러났는데, 이는 대부분 스마트폰 게임 때문입니다. 그러니 아이가 스마트폰에 게임을 내려받을 때 아이가 플레이할 수 있는 연령층의 게임인지 파악한 후 내려받도록 지도해야 합니다.

위 그림은 스마트폰에 게임을 내려받을 때 나오는 게임 등급 및 심의 요소입니다. 부모님은 위의 그림을 숙지하신 후 아이가 내려받을 게임에 폭력성과 선정성, 사행성 같은 요소가 있는지 확인하고 아이가 할 수 있도록 지도해주는 편이 좋습니다. 하나 더, 같은 게임이라도 플레이할 때 12세와 15세로 나누어 설정할 수 있으니 이 점도 잘 살펴보시기를 바랍니다.

'구글 패밀리 링크Google Family Link'는 대표적인 콘텐츠 관리 애플리케이션입니다. 이 애플리케이션을 사용하면 아이가 자신의 스마트폰에 애플리케이션을 설치할 때마다 부모가 먼저 살펴본 후 승인 여부를 결정할 수 있는데, 특히 유료 콘텐츠를 구매할 때마다 부모의 승인을 받도록 설정할 수 있습니다.

그 외에도 특정 애플리케이션을 내려받지 못하게 하거나 아이의 취침 시간을 설정하여 그 시간 이후에는 스마트폰을 사용할 수 없도록 설정할 수도 있습니다. 만 14세 미만의 자녀가 구글 계정을 생성했을 때 이용할 수 있고 14세 이후에는 자녀의 동의를 묻는 메일을 통해 연장하거나 해지할 수 있습니다. '구글 패밀리 링크' 외에 몇 가지 스마트폰 관리용 애플리케이션을 챕터 뒤 [쏙쏙 정보] 부분에 정리해 두었습니다. 꼼꼼히 비교하며 살펴보신 후 필요에 따라 사용하시기 바랍니다.

새로운 SNS 플랫폼을 사용하기 시작하면 부모에게 알리기

남자아이들에게 발생하는 스마트폰 문제가 게임과 음란물로부터 아이를 얼마나 지킬 수 있는지가 관건이라면 여자아이들에게는 SNS로 인한 문제가 많이 발생합니다. 만 14세 이상이 되기 전에는 가입되지 않는 플랫폼에 부모님의 개인정보를 이용하여 가입해 사용하는 일도 정말 많습니다. 부모님이 바라본 아이와 너무 다른, 온라인상에서 보이는 아이의 말투와 태도에 충격받은 학부모님을 학부모 상담 주간에 정말 많이 볼 수 있습니다.

요즘 학교폭력 문제와 연결되는 일 대부분이 SNS에서 발생합니다. 그러니 아이가 새로운 SNS를 시작할 때 부모님이 언제든지 살펴볼 수 있음을 아이게 알도록 하는 것이 필요합니다. 부모님이 어느 선까지 관여할 것인지도 아이와 미리 이야기하여 정하는 편이 좋습니다.

부모가 아이의 사생활에 너무 깊이 간섭한다고 생각하시나요? 오히려 저는 우리나라 부모님들이 아이들의 스마트폰 사용에 너무 관대한 편은 아닌가 하는 생각이 듭니다. 매일 아이의 SNS를 검열하고 지켜보고 있다는 댓글을 달라는 말이 아닙니다. 그렇지만 부모가 자녀의 SNS를 볼 수도 있고, 부모님에게 보여주기 어려운 글과 사진은 공개된 곳에도 올리지 않는 것이 좋다는 지침은 꼭 필요합니다.

단체 카톡방에 빠진 내 아이 구하는 방법

"선생님, 자고 일어났더니 아이 스마트폰에 메시지가 530개나 와 있었어요. 아침에 확인하고 무슨 일이 일어난 줄 알고 깜짝 놀랐어요. 학교에서 단체 채팅방에 관한 지도를 해주셨으면 합니다."

학부모 상담 중에 어느 학부모님께서 저에게 요청한 내용입니다. 이런 이유로 초등학교 5학년 교육 과정 중 『국어』『도덕』 과목에서 사이버 예절 및 누리 소통망 예절에 관한 내용이 많이 등장합니다. 스마트폰을 가지고 있는 아이도 많고 또래 친구들과의 관계에 영향을 많이 받는 시기이기 때문입니다. 이 시기의 아이들은 또래끼리의 단체 채팅방을 통해 소속감과 친밀감을 느낍니다. 그만큼 여기에 소속되지 못하는 아이들의 소외감도 커집니다.

저에게 아이들의 단체 채팅방 사용 지도를 요청하신 학부모님은 아이와 의논하여 잠자리에 들기 전에 가족 모두의 스마트폰을 식탁 위에 올려두는 규칙을 정하셨다고 합니다. 그러던 중 아침 일찍 아이의 스마트폰에 온 메시지 수를 보게 되어 놀라셨던 것입니다. 아이에게 스마트폰을 사준 후 이와 같은 문제로 아이와 갈등을 겪는 학부모님이 많습니다. 놀란 마음에 부모님께서 아이에게 "그 단체 채팅방에서 당장 나와!"라고 한다면 아이는 친구 관계에서 단절되고 소외되는 듯한 느낌을 받을까 봐 두려워하기도 합니다.

그런데 아이들끼리 주고받는 메신저 내용을 살펴보면 이모티콘과 짧은 단어 중심으로 자기감정을 표현하는 말이나 게임 이야기가 대부분입니다. 그리고 이러한 말이나 이야기 역시 아이들끼리의 대화라기보다는 각자 자기 할 말을 하고 있습니다. 예를 들어, "나 어제 106동 앞 놀이터에서 경도(경찰과 도둑 역할의 술래잡기 놀이)했는데…" "어제 뷔페 가서 맛있는 거 먹었다!" "내일 시간표 뭐야?"와 같은 형태의 말들입니다.

이는 동시다발적으로 이루어지는 단체 채팅방의 특성 때문이기도 하지만, 아이가 자신의 이야기를 또래 친구들에게 표현하고자 하는 욕구 또한 강하게 작용하기 때문이기도 합니다. 그래서 이러한 단체 채팅방에서 나간다고 하더라도 나만 못 듣는 또래의 어떤 이야기가 있는 것은 아닙니다. 그렇지만 한 번 단체 채팅방에 소속되었던 아이들에게 그 채팅방을 나오기란 쉽지 않은 일입니다. 소속 욕구는 인간의 보편적인 욕구이고 아이들은 스마트폰을 통한 단체 채팅방에서 이 욕구를 충족시키고 있기 때문입니다.

과거 부모님들의 학창 시절에는 가족 여행을 가거나 개인적인 활동을 하는 상황 등 친구들과 신체적으로 함께 있지 않을 때면 친구 관계에서도 분리되어 있을 수 있었습니다. 그러나 요즘 아이들은 스마트폰으로 인해 24시간 내내 친구 관계에 속해 있을 수 있고 이를 관리하기도 해야 하니 아이들 입장에서는 오히려 더 힘들고 어려울 수 있습니다. 부모님에게는 걱정되고 답답한, 아이들에게는 불편하고 불안한 이 단체 채팅방, 어떻게 지도해야 할까요?

가정에서 충분한 사랑과 인정 욕구 느끼게 하기

유독 SNS에 중독되거나 카카오톡을 통해 끊임없이 이야기하려고 하는 아이들의 경우 자신이 느껴야 할 사랑과 인정 욕구가 결여되어 있기 때문인 경우가 많습니다. 내가 받아야 하는 인정과 사랑을 부모에게 충분히 받지 못하면 친구 관계에 더 집착하고 더욱더 인정받고 싶어 하는 경향이 나타납니다. 앞서 말한 530개의 카카오톡 메시지도 2~3명의 대화이고, 나머지 아이는 그 대화에 참여하지 않았습니다.

제가 운영하는 학급소통방에 대한 아이들의 참여도를 보아도 그렇습니다. 몇 명의 아이가 친구들의 답과 반응에 많은 기쁨을 느끼고 자신의 예상만큼 관심을 받지 못하면 돌변하여 화를 내기도 합니다. 반면에 부모와의 관계가 건강하고 아이들로부터도 충분히 인기 있고 인정받는 아이들은 SNS나 카카오톡 대화 등에 큰 관심이 없습니다. 대화 중간에 친구들이 물어보면 "어" 하는 정도의 시크함을 보이죠. 자녀가 혹시 또래 아이들과의 카카오톡 메시지, SNS에 너무 몰입해 있다면 한 번 더 안아주고 한 번 더 쓰다듬으며 격려해 주시기 바랍니다. 온라인상에서 받고자 하는 관심과 사랑을 먼저 충분히 주시면 됩니다.

꼭 필요한 이야기는 필요한 친구와만 대화하기

상대방이 현재 나와 같은 상황에 있지 않다는 것을 알려주세요. 온라인상의 대화는 눈으로 볼 수 없으니 내가 대화하고 싶거나 묻고 싶은 것이 있어도 상대방은 지금 학원에 있을 수도 있고 가족과 함께 있는 상황일 수도 있음을 알려주는 것입니다.

아이들도 물론 알고 있습니다. 그렇지만 실제로 채팅을 하는 와중에는 그 사실을 잊는 경우가 많습니다. 상대의 상황에 대한 고려보다 '나의 표현'과 '나에게로의 관심'이 우선이기 때문입니다. 그래서 자신의 말에 빨리빨리 답해주고 반응해주기를 바라고 즉각적인 관심을 보이기를 원합니다. 그렇게 재촉하고 관심을 요구하는 아이들이 단체 채팅방의 메시지를 주도하면 뒤늦게 합류한 아이들도 그 분위기에 휩쓸리게 됩니다. 그런 분위기 속에서는 친구들에게 받는 관심이 권력이 되고, 아이들은 그 채팅방 속에서 받고 누리는 관심과 권력을 위해 더욱 집중하게 됩니다.

저는 기본적으로 아이들이 온라인 속 대화를 통해 충족하고 싶어 하는 소속감, 친밀감, 그리고 나를 표현하고자 하는 욕구를 모두 존중하고 인정해야 한다고 생각합니다. 기본적인 욕구이고 강력한 욕구이며 아이들에게는 포기할 수 없는 욕구이기 때문입니다.

다만 그 속에서 어떻게 하는 것이 바른 방법인지 아이들에게 구체적인 지침을 주어야 합니다. 그중 온라인 대화가 대면으로 이루어지는 대화와 여러 가지 차이가 있음을 구체적으로 설명해주는 것입니다. '네가 대화를 원할 때, 네 친구는 그럴 상황이 아닐 수도 있다' '정말 급하고 궁금한 이야기는 꼭 필요한 친구하고만 나누면 되는 것이지 모든 아이와 다 공유할 필요는 없다'라는 점을 알려주는 것입니다.

이렇게 꾸준히 알려주다 보면 아이는 단체 카카오톡 메시지를 잘못 사용하고 있는 경우를 구별할 힘이 생길 것입니다. 앞선 사례에서도 부모가 깜짝 놀라서 당황하기보다 "그 아이가 대화하고 싶은 시간에 다른 아이들은 잠을 자거나 부모님과 있어서 대화할 수 없는 상황인 경우가 많다는 것을 몰랐나 보다. 온라인 대화의 특성이 그렇다. 상대방을 배려하며 대화하여야 하고 특히 단체 카카오톡과 같이 여러 명이 함께하는 대화의 경우 더 그렇다"라고 말을 해주는 것이 아이에게 훨씬 도움이 될 것입니다. 부모가 모든 상황을 다 통제하고 알아차릴 수 없으니 아이 스스로 휩쓸리지 않고 판단하는 힘을 길러주어야 합니다.

디지털 기록은 항상 남음을 기억하게 하기

SNS나 카카오톡 메신저는 정말 학교 폭력의 온상입니다. 특히 초등학교 고학년에서 발생하는 학교 폭력은 이런 카카오톡 메시지로 시작하는 경우가 많습니다. 나 혼자 '그 아이의 이런 행동이 별로 맘에 안 들어!'라고 생각하면 문제가 되지 않지만, 단체 채팅방 속에서 이야기가 되면 단체 따돌림이 됩니다. 그러므로 아이의 단체 채팅방을 지도할 때 아이가 하는 모든 말이 기록으로 남음을 여러 번 알려주셔야 합니다.

말도 한 번 하면 주워 담을 수 없지만, 온라인상에서 내뱉은 말은 주워 담을 수 없을뿐더러 확대 재생산도 빠르다는 것을 아이들이 알아야 합니다. 나 혼자 한 생각인 줄 알았는데 내가 이야기를 꺼내는 순간 동조하는 몇 명의 아이에 의해 모든 아이가 그 아이를 싫어하는 것이 기정사실처럼 변해버립니다. 그리고 많은 아이의 생각이기 때문에 잘못이 아니라고 생각합니다. 참 무섭지만, 단체 카카오톡 메시지를 통해 다수의 폭력을 저지르고 있는 것입니다.

아이에게 단체 카카오톡 사용법을 지도할 때 가장 신경 쓰고 유념하셔야 할 내용이 '그 친구 앞에서 할 수 없는 말은 보이지 않는 곳에서도 하면 안 된다는 것' '네가 하는 모든 것을 단체 채팅방에 있는 사람들이 함께 지켜보고 있는 감시자이기도 하다'라는 것을 알게 해주세요. 아래는 제가 매해 아이들에게 읽고 외우게 하는 우리의 다짐입니다. 아이들의 단체 카카오톡 사용을 지도할 때에도 응용하여 사용해 보시기 바랍니다.

우리의 다짐

1. 나는 능력 있다.

2 나는 꼭 필요한 사람이고 타인에게 의미 있는 도움을 준다.

3 나의 결정은 나와 학급에 일어나는 문제에 긍정적인 영향을 미친다.

4. 나는 원칙이 있고 자기 조절력이 있다.

5. 나는 다른 삶을 존중하고 행동한다.

6. 나는 내 행동이 다른 사람에게 영향을 미친다는 것을 안다.

7. 나는 지혜와 판단력을 기르기 위해 꾸준히 연습한다.

출처 : 『학급긍정훈육법』(제인 넬슨, 린 로트, 스티브 글렌 저 | 에듀니티 | 2014.09.01)

FOMO(Fear Of Missing Out), 소외되는 두려움

아이들이 단체 채팅에 많은 에너지를 쏟는 이유는 교우 관계가 온라인에서도 연결되어 있다고 생각하기 때문입니다. 채팅방에서 별로 이야기하지 않더라도 아이들과 함께 그 공간에 있을 때 묘한 안정감을 가지게 되고, 그렇지 못한 경우 나만 소외될까 두려움을 갖게 됩니다. 오프라인에서 아이들과의 관계가 원활하지 못한 아이들일수록 이런 두려움은 크게 나타납니다. 이런 아이들이 부모님에게 스마트폰을 사달라고 조르는 이유는 다른 아이들의 무리에 함께 하고 싶은 욕구 때문이고, 그렇지 않았을 때 오는 두려움 때문입니다.

학부모님도 아이에게 스마트폰을 사주어야 하나 고민하는 이유 또한 내 아이가 또래 아이들로부터 소외되지 않을까 하는 걱정 때문이기도 합니다. '다른 아이들은 다 아는 이야기를 우리 아이만 모르는 것은 아닐까?' '대화에 끼기 어려운 게 아닐까?'라는 걱정이지요. 이런 소외되는 것에 대한 두려움을 '포모FOMO, Fear Of Missing Out 증후군'이라고 합니다.

우리는 아이를 키우는 것에 관해서는 유독 '다른 사람처럼' '다른 사람만큼만'을 기준으로 삼게 됩니다. 내가 결정하고 행동해야 하는 일인데 다른 사람이 기준이

—— 평생 공부력은 초5에 결정된다

되다 보니 그 기준은 항상 흔들리고 변해 나를 더 혼란스럽게 만듭니다.

단체 채팅방에 초대되는 것이 아이들 사이에서 인기의 척도이거나 스마트폰이 없는 아이는 가장 인기가 없는 아이가 아닙니다. 아이들이 그 속에서 소속감을 느끼고 안정감을 느끼는 것과 실제로 사회성이 높고 친구들로부터 인기 있는 아이는 별개인 경우가 많습니다.

어른들의 관계도 생각해보세요. 카카오톡으로 이야기하는 친구와 만나서 얼굴 보고 밥 먹으며 이야기하고 웃는 친구 중 서로 더 깊은 관계를 형성했다고 느끼는 경우는 어느 쪽인가요? 사람과의 관계는 생각보다 복잡하고 다양한 변인이 작용합니다. 단지 스마트폰을 가지고 있어서, 단체 채팅을 같이 한다고 해서 확장되는 것은 아닙니다. 이제는 포모증후군에서 벗어나 JOMO Joy Of Missing Out, 즉 소외되는 것을 즐겨야 합니다.

SNS에서 시작되는 학교폭력, 기억해야 할 점

초등학교 5학년 아이들과 함께 체험학습을 갔을 때 교감 선생님에게 갑자기 연락이 왔습니다. 우리 반 아이인 민지의 아버님께서 학교로 찾아와 학교폭력자치위원회를 열어 달라고 강력히 요청하셨다며 담임인 저에게 알리셨습니다. 갑작스러운 상황에 당황하였습니다. 학교로 돌아와 아이와 이야기를 해 보니 어제 저녁에 아이에게 온 이상한 메시지가 발단이었습니다. 학원에서 얼굴만 알고 지내는 6학년 남자아이(A)가 "너랑 키스하고 싶어"라고 민지에게 보낸 것입니다. 아이는 이 메시지가 좀 이상하다고 생각하여 부모님에게 보여주었고 깜짝 놀란 부모님은 이를 어떻게 처리할까 고민하다 다음 날 급히 학교로 오신 것이었습니다.

사건을 처리하는 과정에서 알아보니 A라는 아이가 민지에게 직접 메시지를 보낸 것도 아니었습니다. A의 집에서 함께 모둠 숙제를 하는 과정에서 B라는 아이가 A의 스마트폰 속 카카오톡 채팅방을 살펴보다 A가 초등학교 5학년 여자아이와 간단한 안부를 묻는 채팅창이 있는 것을 보고 "이 아이랑 사귀냐?" 하며 짓궂게 물었답니다. A는 아니라고 계속 이야기했지만, B는 계속 놀리며 사실대로 말하라고 그렇지 않으면 위와 같이 쓴 메시지를 민지에게 보내겠다고 서로 실랑이하는 와중에

전송 버튼이 눌린 것입니다. A나 B는 모두 "장난이었어요"라고 말했지만, 민지와 민지 부모님이 받은 놀람과 상처는 장난이 아니었습니다.

이런 메시지 한 문장으로도 학교 폭력자치위원회가 열리는 게 가능합니다. 예전의 학교폭력은 물리적 폭력이나 따돌림을 의미했지만 최근의 학교폭력은 학생들의 스마트폰 사용 증가와 더불어 사이버 불링cyber bullying이라고 불리는 사이버 폭력이 빠른 속도로 증가하고 있습니다. 사이버 불링이란 메일, 메신저, SNS, 휴대전화, 인터넷 게시판 등에서 개인이나 집단이 특정인을 의도적이고 지속적으로 괴롭히는 행위로 이는 모두 '폭력'입니다(출처 : 교육부).

사이버 불링의 대표적인 유형으로는 SNS 혹은 메신저 채팅방에서 주로 발생하는 떼카(채팅방에서 단체로 욕을 퍼붓기), 카톡 방폭(피해 학생만 남기고 모두 채팅방에서 나가기), 카톡 감옥(피해 학생을 계속 채팅방으로 초대해 나가지 못하도록 하기), 와이파이 셔틀(피해 학생 스마트폰의 테더링 기능을 켜 공용 와이파이처럼 사용하기) 등이 있습니다.

이외에 p.254 '여러분은 사이버 폭력으로부터 안전하신가요?'에서도 볼 수 있듯 사이버 명예훼손, 신상정보 유출, 사이버 스토킹과 같이 다양한 유형의 사이버 폭력이 존재합니다. 사이버 폭력은 학교 안과 밖에서 피해자가 24시간 내내 계속 피해에 노출되어 있고 가해자가 다수가 될 수 있으므로 그 심각성이 더 큽니다.

학교폭력으로 자살하는 학생에 관한 이야기를 뉴스에서 보신 적 있으시죠? 피해 학생의 정신적 고통과 상처는 상상 이상입니다. 정신적인 피해로 외상 후 스트레스 장애, 우울증, 적응 장애, 공황장애 등의 질병을 앓거나 학교생활을 이어가지 못하는 경우도 많습니다. 위의 사례에서 나온 민지도 그 이후 주변의 수군거림(5학년과 6학년이 사귀다가 문제가 생겼다더라는 뒷말 혹은 누구인지 궁금해서 알고 싶어 하는 다른 5학년 여학생 등의 2차 가해) 등으로 전학을 고민하였습니다.

그런데 가해 아이들에게 왜 그랬느냐고 이유를 물어보면 "장난이었어요" "다른 아이들이 하길래 같이 따라했어요" "걔 행동이 좀 그래요"와 같이 대수롭지 않은 일

출처 : 교육부 홍보자료, 여러분은 사이버 폭력으로부터 안전하신가요? 2019.6.25

처럼 이야기하거나 혹은 피해자에게 탓을 돌리는 경향이 있습니다. 사회적으로 학교폭력 가해자에 대한 부정적인 인식이 높아졌지만, 정작 자신이 하는 행동이 학교폭력일 것이라는 민감성은 떨어집니다. 가해자와 피해자의 관점에서 알고 있어야 할 내용, 대응 방법을 살펴보도록 하겠습니다.

어느 날은 내가 가해자

Q1. 친구에게 받은 사진이나 영상을 공유하거나 유포하는 것도 학교 폭력이 될까요?

A1. 네, 됩니다. 친구에게 A학생이 찍힌 사진을 그림판으로 우습게 꾸민 사진 혹은 합성한 사진을 받았습니다. 보고 재미있다고 생각해 다른 친구에게 전달했다면 내가 만든 사진이 아니었어도 가해 학생이 됩니다.

Q2. 친구가 나를 카카오톡 채팅방에 초대하여 가보니 한 학생에 관한 험담을 하고 있었고 거기

에 'ㅋㅋ'라고 한마디 적었는데, 이것도 처벌 대상이 될까요?

A2. 방관에 관해서는 따로 규정은 없으나 학교에서는 방관자도 가해 학생에 준해 처벌하는 경우가 많습니다. 특히 'ㅋㅋ'라고 보낸 한 마디가 가해를 촉진한 행동으로 볼 수 있습니다. 그럼 내 의지와 상관없이 초대된 단체 채팅방에서는 어떻게 해야 할까요? 하지 말라고 말리는 이야기를 하거나 방을 즉시 나가야 합니다.

Q3. 그 친구의 이름, 다니는 학교, 사는 곳을 SNS에 올렸어요.

A3. 개인정보 유출도 사이버 폭력의 유형입니다.

학교의 풍경이 많이 바뀌었습니다. 아이들끼리 그럴 수 있다며 서로 사과하게 하거나 훈육의 개념으로 이야기했던 것들도 이제는 학교폭력 자치위원회(학폭위)가 열리는 경우가 많습니다. 교사도 학교에서 학교 폭력의 상황을 '인지'하는 순간 신고하게 되어 있습니다. 교사의 사랑의 매가 이제는 비교육적임을 모든 사람이 인지하듯이, 아이들의 장난이 피해자의 상황에서는 장난이 아니라 폭력임을 많은 사람이 인지하는 것입니다.

더욱이 SNS 사용 증가와 더불어 '처음부터 나쁜 마음으로' '의도적으로 아이를 괴롭히려고'가 아니어도 함께 놀리고 함께 괴롭히는 상황에 휩쓸리는 경우가 많습니다. 아이들은 옳고 그름을 판단하는 능력보다 또래에 합류하고 싶은 마음이 강하기도 하거든요.

그런데 우리 아이가 '가해 학생' 입장이 되면 학부모 대부분은 이 사실을 인정하지 않거나 아이에게 내려지는 벌이 과하다고 생각합니다. 혹은 피해 학생의 탓으로 돌려 피해 아이의 부모와 감정싸움으로 번지는 경우도 많습니다. "아이들은 싸우면서 자라는데 예민하게 군다" "학교가 아이를 범죄자 취급한다"라고 이야기하는 분도 많습니다.

하지만 어떤 경우에도 폭력이 정당화될 수는 없습니다. 그러니 이제는 사실관계를 정확하게 파악한 후에 진심으로 사과하고 인정하는 태도가 필요합니다. 또한 만약 내 아이가 가해 학생이 되었을 때 아이에게 실망하는 마음이 든다고 아이를 포기하지 말아주세요. 아이에게 잘못된 행동임을 정확하게 인지시키고 이정표 역할을 해줄 사람은 부모밖에 없습니다. 그 순간 더 단단하게 아이의 손을 잡아주세요. 새롭게 배우고 성장하는 기회가 될 것입니다.

학교폭력 자치위원회 결과 가해 학생에게 내려질 수 있는 처벌은 총 9호까지입니다. 2019년 '학교폭력예방 및 대책에 관한 법률' 개정으로 1~3호에 해당하는 조치를 받았는데 성실하게 이행한다면 1회에 한하여 생활기록부 기재를 유보할 수 있습니다. 다만, 2회 이상 1~3호 조치를 받으면 이전 조치를 포함해 학생부에 모두 기재되고 재발하는 경우 가중 처벌도 가능해졌습니다. 1, 2, 3, 7호는 졸업과 동시에 생활기록부에서 자동 삭제되고 4, 5, 6, 8호는 결정 통보일로부터 6개월이 지난 후 자치위원회에서 심의 후 삭제가 가능합니다.

어느 날은 내가 피해자

교육부 홍보자료 '여러분은 사이버 폭력으로부터 안전하신가요?(2019.6.25.)'에 근거하여 내 아이가 사이버불링의 대상자가 되었을 때 어떻게 행동해야 하는지 이야기해 보도록 하겠습니다.

가해 상황이 반복된다면 처음에는 "싫다!" "거부한다!" "이렇게 하지 마라!"라는 의사를 정확하게 밝힙니다. 그런데도 멈추지 않거나 오히려 심해지면 '증거 확보'를 해야 합니다. 사이버 폭력 같은 경우 가해 학생이 증거를 지우면 처벌하기 어려운 경우도 생깁니다. 피해 학생이 싫다는 의사를 분명하게 밝힌 후에도 가해 학생

학교폭력예방법이 정한 가해 학생 징계 조치

1호	2호	3호	4호	5호	6호	7호	8호	9호
서면 사과	피해 학생 및 신고·고발 학생에 대한 접촉 및 협박의 금지	학교에서의 봉사	사회 봉사	전문가, 특별교육 이수 또는 심리치료	10일 이내의 출석정지	학급 교체	전학	퇴학

출처 : 학교폭력예방 및 대책에 관한 법률 제 17조 1항, 국가법령센터

이 계속 괴롭힌다면 증거를 확보하기 시작하세요. 채팅방에서 주고받은 대화 화면의 캡처나 녹음, 문자메시지, 상해 진단서 등을 통해 증거를 확보합니다.

그리고 부모님 또는 교사에게 즉시 알려야 합니다. 아이들이 더 괴롭힐까 걱정하는 것보다 중요한 건 '나 자신을 보호하는 것'입니다. 앞서 말했듯이 교사는 학생의 학교 폭력을 인지한 순간 48시간 이내에 지역청에 사건 접수를 해야 합니다. 사안 조사 후 이러한 폭력이 학교 내에서 종결될 사안이 될지 지역청까지 가서 학교폭력 대책심의위원회(학폭위)가 열릴지는 모를 일입니다. 그러니 아이가 괴롭힘이라고 느끼면 피해 사실을 은폐하거나 축소하지 말고 학교가 알게 해주세요.

만약 내가 피해 학생의 부모님이 되었다면, 가장 중요한 점은 아이를 탓하지 않는 것입니다. 학교 폭력은 아이의 잘못이 아닙니다. "네 잘못이 아니야"라고 넘치도록 이야기해 주세요. "네가 이렇게 행동했어야지!"라고 나무라면 아이는 더 움츠러들고 상처받습니다. 그리고 감정적으로 보복하거나 회피하지 않고 도움을 요청하셔야 합니다. 아이가 가해 학생과 계속 접촉하거나 보복당할까 무서워한다면 교문 앞에서 아이를 기다려주세요. 부모가 우리는 최선을 다해 너를 보호할 것이라는 믿음과 안정을 아이에게 심어주는 것이 중요합니다.

제가 담임을 맡았던 아이의 경우 학교폭력위원회가 열렸고 두 명의 아이가 1호 처분을 받았습니다. 가벼운 사안의 경우 대부분 1호 처분이 많습니다. 민지의 부모

님은 가해 아이가 고작 1호 처분을 받았다고 억울해하셨을까요? 민지 부모님의 바람은 가해 아이들을 혼내고 보복하려는 것이 아니었습니다. 아이들이 해도 되는 장난과 해서는 안 되는 장난을 명확하게 알게 해주고 싶으셨다고 말씀하셨습니다. 1차 가해자인 초등학교 6학년 남학생 2명뿐만이 아니라 2차 가해자인 다른 5~6학년 학생들에게도요. 이런 행동은 상처가 되는 행동이고 해서는 안 되는 행동임을 학교 차원에서도 다시 교육해주기를 원하셨습니다.

SNS라는 곳은 아이들에게 참 즐거운 놀이터가 되기도 하지만, 아이들이 가장 많이 상처받고 다치는 공간이기도 합니다. 우리는 아이들이 놀이터에서 놀다가 다치지 않게 하려고 정말 많은 주의 사항을 아이에게 이야기합니다. "빨리 뛰면 안 된다" "모래를 친구에게 던지면 안 된다" "미끄럼틀을 내려올 때 거꾸로 내려오지 마라" 등등 아이가 혹시 놀다가 크게 다칠까 봐 걱정하며 주의 사항을 이야기합니다. 아

*출처 : 교육부, '여러분은 사이버 폭력으로부터 안전하신가요?' 2019.6.25.

이가 그러한 환경에서는 어떻게 행동해야 안전한지 아직 잘 모르기 때문입니다. 하지만 부모의 이런 잔소리에도 아이들은 다칩니다만, 그래도 여러 번 듣다 보면 그리고 다쳐보니 안전하기 위해서는 어떻게 해야 하는지 알게 됩니다.

SNS도 아이들에게는 새로운 놀이터입니다. 이제 컸으니 알아서 하라고 하기에는 아이들은 아직 모르는 게 많습니다. 부모님에게 SNS를 사용할 때 지키고 알아야 할 안전 주의 사항에 관해 충분히, 구체적으로 들은 아이들은 새로운 환경에서 가야 할 기본적인 방향은 알고 있습니다. 항상 아이와 학교생활에 관한 이야기와 SNS를 사용할 때의 유의점에 대해 수시로, 꾸준히, "제발 그만해!"라고 말할 때까지 이야기해야 합니다.

아이들이 알아야 할 SNS 기본 원칙

1. 너의 개인정보를 사람들이 알지 않도록 해야 한다.

2. 온라인 공간에 글을 올릴 때는 100번 생각해 보고 올려야 한다.

3. 확신할 수 없는 자료는 공유하지 말아야 한다.

4. 문제가 생길 때는 꼭 부모님이나 선생님께 알려야 한다.

5. 온라인 공간에서는 친구를 놀리거나 험담하는 글을 쓰지도 않고 방관하지도 않는다.

'N번 방 사건'으로 어른들에 의해 아이들이 얼마나 상처받고 다칠 수 있는지 알게 되어 경악한 지 얼마 지나지 않았는데, 얼마 전 초등학교 5학년 아이들끼리 누군가의 초대로 오픈 채팅방에 들어가 이야기하는 놀이가 있다는 소식을 듣고 마음이 철렁했습니다. 제가 너무 걱정이 많은 교사일까요? 저는 이미 다친 다음에 아이의 상처를 보듬는 것보다 다치지 않도록 하는데 더 큰 노력을 기울이고 싶습니다. 마음에 받은 그 상처, 맞는 상처보다 깊기 때문입니다.

아이 스마트폰 관리용 앱 목록

전기통신사업법 제32조의 7(청소년 유해 매체물의 차단) ①「전파법」에 따라 할당받은 주파수를 사용하는 전기통신사업자는「청소년 보호법」에 따른 청소년과 전기 통신서비스 제공에 관한 계약을 체결하는 경우「청소년 보호법」제2조 제3호에 따른 청소년유해매체물 및「정보통신망 이용촉진 및 정보보호 등에 관한 법률」제44조의7에 1항 제1호에 따른 음란정보에 대한 차단 수단을 제공하여야 한다.

'전기통신사업법 제32조의 7항'과 '동법시행령 제37조의 9항'에 의해 통신사업자는 청소년 유해 매체 접속을 차단하는 수단 제공을 의무화하고 있고, 계약을 체결할 때 차단 수단의 종류와 내용을 알리게 되어 있습니다. 또한 차단 수단이 설치되어 있는지 확인하고 15일 이상 작동하지 않을 시 법정대리인에게 통보하게 되어 있습니다.

이런 이유로 SK텔레콤에서는 '젬(zem)' LG유플러스에서는 'U+자녀폰지킴이' KT에서는 '올레 자녀폰 안심 앱'을 제공하고 있습니다. 통신사에서 제공하는 앱과 별도로 가장 많이 사용하는 스마트폰 관리 앱 목록 4가지를 비교해 보았습니다. 다음 사항을 참조해 우리 가족에게 가장 잘 맞는 앱으로 선택해보세요.

- 부모의 휴대전화는 안드로이드, 자녀의 휴대전화는 아이폰일 때 자녀 계정으로 스크린 타임 설정은 가능하나 가족 공유가 되지 않아 원격 제어는 불가능합니다.
- 주요 기능은 비슷하고 스크린 타임을 제외하고는 자녀의 휴대전화가 안드로이드여야 설치 가능합니다.
- 아이와 협의하여 제한 방법 및 정도를 정하도록 하세요.

		패밀리 링크	모바일펜스	엑스키퍼	스크린타임
특징		구글에서 자녀 계정을 만들어 원격제어 가능	가장 강력하면서 아이도 가장 싫어하는 앱	너무 복잡하지 않으면서 기본적인 통제 가능	애플 자녀 계정 생성하여 원격제어 가능
이용 요금		무료	유료 1년 39,600원 (패밀리3기준)	유료 1년 46,800원	무료
주요 기능	위치 확인	가능	가능 이탈할 경우 알림	가능	안됨
	사용 시간 제한	앱별, 요일별 사용시간 확인 및 제한 가능. 시간이 지나면 통화를 제외한 모든 기능이 잠김	앱별, 일별 사용 현황 분석 및 시간 제한 가능	일정 시간 잠금 가능 하루 사용량 제한 가능	다운 타임 설정 앱별 시간 제한 가능 전화, 문자 차단 가능
	유료 앱	앱 설치나 유료 콘텐츠 구매 시 부모의 승인 필요	유료 앱 결제시 부모님 승인 필요	부모님이 동의하지 않은 유료 결제 할 수 없음.	구입 및 다운로드 차단 가능
	기타	유튜브앱 설치 제한, 유튜브 키즈만 가능	특정 단어 포함한 메시지 감시 카메라, WIFI, 전화 차단 보행 중 차단 가능	보행 중 핸드폰 사용금지 가능	
운영 체제		자녀 핸드폰이 안드로이드여야 가능	자녀 핸드폰이 안드로이드여야 가능	자녀 핸드폰이 안드로이드여야 가능	부모와 자녀 모두 아이폰이여야 가능
		만 14세 미만은 구글 계정 가입과 동시에 부모님 계정과 자동 연결.			IOS12 이상의 경우

초등학교 5학년
사춘기의 시작,
슬기롭게 함께하기

달라진 눈빛과 말투, 사춘기의 시작

수학 문제를 푸는 아이에게 "그게 아니라고 했잖아" 하며 머리를 콕 쥐어박으려는 순간, 내 손을 붙잡는 아이의 모습에 얼마나 놀랐는지 모릅니다. 아무 말 하지 않고 나를 바라보는 그 눈빛에 약간의 원망과 미움이 담겨 있는 것 같아 더 놀라고 당황했습니다. 내가 알던 아이가 아니었습니다. 순간 마음속에 '어쭈 이 녀석 봐라? 컸네'라고 생각했지만, 그날 온종일 마음이 불편했습니다.

어떤 불편함인지 곰곰이 생각해 보았습니다. 그동안 별생각 없이 했던 내 행동들이 아이에게는 폭력적이었음을 알아차린 부끄러움에서 오는 불편함인지, 아이의 모습이 순간 너무 다른 아이 같아 오는 당황스러움이었는지 생각해 보았습니다.

어느 순간이 있습니다. '아이가 또 컸구나' 느끼는 순간이요. 그런데 그럴 때마다 당황하여 어떻게 대처해야 할지 모른 채 불안한 마음만 커집니다. 방금 제가 그랬던 것처럼요. 그렇게 아이는 아이대로, 부모는 부모대로 어찌해야 할지 모르는 변화를 맞이하며 서로 조금씩 멀어집니다.

예전에는 제발 빨리 커서 "엄마~" 하고 부르는 것 좀 그만했으면 좋겠다고 생각한 적도 있었습니다. 하루 내내 들려오는 나를 찾는 소리에 지치고 힘들었을 때가 있었는데, 어느 순간 엄마를 찾지 않고 학교에서 있었던 일도 귀찮게 물어봐야 한두 마디 들을까 말까 하는 순간이 옵니다. 이것도 그렇게 좋지는 않습니다.

초등학교 5학년 2학기 후반쯤 되면 아이들에게 이와 같은 변화가 찾아옵니다. 1학기와는 또 다른 변화로 '사춘기의 절정'이라고 말하는 '중(학교)2(학년)'를 향해 출발하기 시작합니다.

한 반에 여자아이 4~5명 정도는 생리를 시작합니다. 남자아이들의 얼굴에도 뭔가 돋아나기 시작하고 목소리도 부쩍 두꺼워집니다. 아이에게 이런 변화가 일어나고 있음을 알아차리셨다면 부모님도 미리 준비하셔야 합니다. 선행학습은 아이들만 하는 것이 아닙니다. 사춘기 아이를 맞이하기 위해 학부모님의 예습도 꼭 필요합니다.

아이가 사춘기를 맞이한 것 같다면 딱 하나만 기억해 주세요. '아이는 원래 내 마음에 들 필요가 없다!'라는 사실을요. 아이는 내가 아니니까요. 하나부터 열까지 다 마음에 들지 않는 아이의 행동을 보며 '그래, 네가 내 마음에 들 필요는 없지. 너는 너니까'라고 생각할 수 있는 여유를 가지셔야 합니다. 부모의 마음에 드는 아이로 키우려고 생각하지 않으셔야 합니다.

아이가 어릴 때는 부모의 손이 가야 할 일이 많습니다. 사소한 것 하나까지 챙겨주어야 하고 아이도 부모가 그렇게 해주길 원합니다. 이런 보살핌을 수년간 지속하다 보면 부모님도 모르는 사이에 아이를 나의 분신으로 생각하게 됩니다. 아이는 나의 트로피가 아닌데도 아이를 사랑하는 마음으로 아이에게 많은 것을 요구하고 그게 당연하다고 생각합니다.

아이가 사춘기를 맞아 제2의 탄생을 시작하면 살짝 한 걸음 뒤로 물러나 아이의 변화하는 모습을 그대로 살펴봐 주세요. 저는 이 시기가 아이가 태어나 첫 걸음마를 하던 시기와 유사하다고 생각합니다. 분명 넘어질 텐데 아이는 고집스럽게 혼자 힘으로 걸으려고 합니다. 엄마 아빠의 손도 잡으려고 하지 않습니다. 뒤뚱거리며 위태롭게 한 걸음씩 내딛는 모습을 보면 대견하면서도 불안한 마음이 들어 부모는 손을 내밉니다. 그 도움을 받아들이는 것은 아이의 선택입니다. 너를 도와줄 사람이 옆에 늘 있음을 알게 하는 것만으로도 아이는 충분히 든든할 것입니다.

항상 품에 안겨 있다 이제 스스로 걸으려는 아이처럼, 사춘기 아이들에게도 심리적으로 혼자 걷고 싶은 독립의 시기가 온 것입니다.

아이가 넘어져 다칠 것을 두려워해 걷지 못하게 하며 부모가 계속 안고 갈 수는 없습니다. 아이가 사춘기를 겪을 때 부모의 역할은 옛날 첫 걸음마를 하던 아이를 지켜보던 마음으로 옆에서 아이를 그 모습 그대로 세심하게 관찰하는 것입니다. 그리고 아이에게 도움이 필요한 순간 언제든지 손을 내밀어 잡아줄 수 있는 위치에서 있는 것이 부모의 역할이라고 생각합니다.

익숙하지 않아 뒤뚱거리는 걸음걸이 속에서 아이는 분명 스스로 걷는 법을 배우게 될 것입니다. 그러니 아이에게 충분히 실패할 경험과 새롭게 도전할 경험을 주셔야 합니다. 이때 아이를 나와 분리하여 객관적으로 볼 필요가 있는데, 이는 무관심이 아니라 오히려 더욱더 세심한 관찰을 가능하게 할 것입니다.

저는 권영애 선생님의 『그 아이만의 단 한 사람』(아름다운사람들 | 2016.9.2.)이라는 책을 참 가슴 따뜻하게 읽었는데요. 책에서는 아이에게 나를 끝까지 믿고 지지해 줄 딱 한 사람만 있어도 아이는 어긋나지 않을 것이라고 말합니다. 내 아이만을 위한 단 한 사람이 바로 부모님이 되어주어야 하지 않을까요.

조금 멀리서 내 아이의 있는 모습 그대로 존중하며 바라볼 마음을 장착하셨으면 아이의 사춘기를 맞이할 마음의 준비는 마치셨습니다. 이제는 머리로 아이를 이해해보도록 합시다. 사춘기 아이는 왜 이런 것일까요?

아이의 뇌는 리모델링 중

실제로 이 시기 아이들의 뇌는 아주 바쁘게 움직이고 있습니다. 보통 사춘기 시기의 뇌는 '리모델링 중'이라고 표현합니다. 아이들의 머릿속은 날마다 어수선하고 혼란스럽습니다. 그러나 이 시기를 잘 보내면 더욱 크고 튼튼하며 훨씬 멋진 집이될 것입니다. 탄탄하게 잘 지어진 집에서는 성인이 된 이후에도 다른 상처나 실패에 훨씬 빠르게 회복할 수 있습니다.

Chapter 1. '공부할 준비가 되어 있는지 마음 들여다보기(p.39 참조)'에서 우리 뇌를 3층 집에 비유했지요. 뇌는 세 개의 층으로 되어 있는데, 각각 완성되는 시기가 다릅니다. 생명 유지를 담당하는 1층 '뇌간'은 이미 모체의 뱃속에서 완성되어 태어납니다. 감정을 담당하는 2층 '변연계'는 유아기와 청소년 시기에 완성이됩니다. 그리고 마지막으로 계획, 이성적인 판단, 감정 조절과 관련 있는 3층 대뇌피질, 그중에서도 전두엽은 빠르면 초등학교 5~6학년, 늦어도 중 1~2학년에 사춘기에 접어들며 리모델링을 시작합니다.

즉, 사춘기 시기 뇌의 리모델링은 3층의 전두엽과 관련이 있습니다. 아이에게 사춘기 증상이 나타나고 있음을 확인하셨다면 '우리 아이의 전두엽이 지금 발달하는 과정에 있구나' 생각하시면 됩니다. 이 리모델링은 여자는 보통 스물네 살, 남자는 서른 살이 되어야 완성된다고 하니 꽤 긴 기간의 공사입니다.

세 개의 층이 원활하게 소통해야 하는데 사춘기 기간에는 그렇지 못한 경우가 많습니다. 성인이 되어서는 2층 변연계가 3층 전두엽의 통제를 받게 되지만 전두엽이 성숙하지 못한 사춘기 시기에는 의사결정을 할 때 변연계의 영향을 더 많이받습니다. 2층 변연계 중 감정에 관여하는 편도체는 항상 3층 전두엽보다 빨리 움직이기 때문에 이성적으로 판단하기 전에 흥분을 먼저하고 감정의 기복이 크게 나타납니다. 또한 변연계에서 올라오는 다양한 감정을 컨트롤 할 수 있을 만큼 전두엽이 성숙하여 있지 않아 스트레스에 취약하기도 합니다.

이렇듯 사춘기 아이의 뇌는 지금 매우 많은 공사 중이기 때문에 충분한 영양 섭취와 수면이 필수적입니다. 우리 아이가 왜 저렇게 많이 자는 건지, 너무 게으른 건 아닌지 생각하시기 전에 지금 뇌에서 굉장한 공사가 이루어지고 있는 중이라고 생각해주세요.

사춘기로 인하여 뇌가 변화하고 있음을 알고 이해한다 해도 아이의 행동 중 어디까지 받아주고 어떤 것은 받아주면 안 되는지, 도대체 언제까지 견뎌줘야 하는 건지는 항상 판단하기 어렵습니다. 지금부터 아이를 친절하게 그리고 단호하게 훈육하는 방법을 알려드리도록 하겠습니다.

5학년을 위한 친절하고 단호한 훈육의 원칙

『긍정의 훈육 청소년 편』(제인 넬슨, 린 로트 저 | 김성환, 정유진 역 | 에듀니티 | 2018.6.22.)에서는 부모의 양육 방식을 '벽돌형' '양탄자형' '유령형' '피디형' 네 가지 유형으로 구분합니다.

'벽돌형'은 통제형 부모를 의미하는데, 자녀가 부모의 바람대로 자라지 않으면 부모의 역할을 제대로 하지 못했다고 생각합니다. '양탄자형'은 지나치게 허용적이고 과보호적인 양육 방식의 부모를 이야기하는데, 이런 양육 방식 아래에서 자란 아이들은 화나거나 실망했을 때 감정을 조절하는 방법을 배우지 못하게 됩니다. '유령형'은 자녀에게 무관심한 부모 유형입니다. '피디형'은 우리가 지향해야 할 유형으로 친절하지만 단호한 양육 방식을 가진 부모를 말하는데, 이러한 부모의 긍정 훈육 방법으로 아이를 양육해야 한다고 말합니다.

매년 학급에서 아이들을 만났을 때 유난히 친구 관계에 어려움을 느끼는 아이 중 많은 비율이 '양탄자형' 부모의 양육 방식으로 자라나는 아이들이었습니다. 예전에는 권위적이고 통제적인 부모와 자녀의 갈등이 많았는데, 요즘은 오히려 오냐오냐 귀하게 기르다 보니 아이가 사춘기가 왔을 때 호되게 갈등을 겪는 부모와 아이가 많습니다. 집에서는 부모가 아이에게 최대한 맞추고 존중하며 대했는데, 학교에서는 집에서처럼 아이의 의견을 항상 존중해주지 않고 아이의 마음대로 되지도 않습니다.

그럴 때마다 아이들은 쉽게 좌절하고 학교에서 내가 거부당한다고 생각해 단체 생활 적응에 어려움을 느끼는 경우도 많습니다. 누군가에게 내 의견이 받아들여지도록 설득하는 과정을 해 본 적이 없으니 친구 관계에서 문제가 생겼을 때도 해결하기 어려워해 그냥 포기하고 혼자 있으려는 경우도 많고요.

아이 키우기가 이렇게 어렵습니다. 자신이 아이와 친구처럼 지내는 민주적인 부모인지 알았는데, 오히려 아이가 너무 제멋대로라 사춘기가 되니 소통하기가 더욱더 어렵다고 호소하시는 학부모도 많습니다.

사랑한다면 사랑하는 방법을 배워야 합니다. 친절하고 단호한 훈육의 가장 기본적인 원칙은 아이가 느끼는 감정은 충분히 인정해주되 행동에는 제한을 두는 것입니다.

예를 들어볼까요? 부모와 이야기하다 아이가 짜증을 내며 방문을 쾅 닫고 들어갔을 때 "이게 뭐 하는 짓이야?" 하며 더 크게 소리 지르는 행동이나 아이가 기분이 좋지 않은 듯하니 지금은 혼자 두는 게 좋겠다며 그냥 두는 행동은 올바른 훈육이 아닙니다. "네가 지금 기분이 나쁘다는 사실은 인정하지만, 기분이 나쁘다고 방문을 세게 닫는 행동을 하는 것은 옳지 않다"라고 이야기해야 합니다.

그런데 아이와 대화하려고 시도하면 아이가 아예 거부하거나 짜증으로만 일관하여 제대로 대화조차 하기 어려운 경우도 많습니다. 물어보면 "몰라요" "아니요" "그냥요" 세 마디만으로 부모의 속을 뒤집어 놓는 순간이 많지요. 이 세 단어의 공통점은 '나는 지금 부모님과 이야기하고 싶지 않아요!'입니다. 아이와 잘 대화하기 위해서는 몇 가지만 기억하세요.

하나, 친절한 의사소통의 기술

첫째, 잘 듣는 경청의 기술이 필요합니다. 아이가 부모와 대화하고 싶지 않은 이유는 그것이 대화가 아니라고 생각하기 때문입니다. 부모의 일방적인 설교나 비난이라고 생각하기 때문에 점점 더 피하는 것입니다. 대화할 때 아이의 말을 잘 들어주시기만 해도 아이와 수월하게 대화할 수 있습니다. 아이가 말을 끝낼 때까지 절대 중간에 말을 끊지 않고 듣기만 하시면 됩니다. 먼저 말하거나 내 이야기는 하지 않고 그저 듣는 일은 생각보다 어렵습니다.

만약 위의 경우처럼 해도 "몰라요"라고 일관하는 아이라면 아이가 관심 있어 하는 사소한 일상 소재부터 대화 주제로 삼아 대화를 시도해보시기 바랍니다. 아이가 좋아하는 게임, 오늘 먹은 급식, 흥미 있는 연예인 이야기부터 시작해보세요. 내가 너에게 관심이 있고 이야기하고 싶다는 느낌이 들 수 있게 말입니다. 당연히 여기서는 공부, 학교, 학원, 시험 문제가 나오면 안 되겠지요? 아이들을 가장 방어하게 만드는 주제이니 충분히 대화가 잘 이루어진 후에 시도하기 바랍니다.

둘째, 아이의 이야기를 다 듣고 난 다음에는 짧게 정리하여 이야기를 돌려줍니다. 예를 들어, 아이와 함께 스마트폰 사용 시간에 관한 대화를 나누었다면 아이가 이야기를 다 끝날 때까지 듣고 난 후, "우리가 네 말을 잘 이해했는지 확인하고 싶어. 너는 친구들과 SNS로 대화하고 싶은데 우리가 정한 규칙 때문에 어려움이 있다고 이야기했는데, 맞니?"와 같이 아이의 이야기를 요약하여 돌려주는 것입니다. 그러면 아이는 자신의 말을 부모가 경청하고 있고 본인의 이야기를 존중하고 있다고 생각합니다.

이렇게 아이의 이야기를 정리해 돌려주어야겠다고 생각하면서 아이의 말을 듣다 보면 부모도 더욱 집중해서 아이의 이야기를 들으려고 노력하게 됩니다. 아이가 본인이 말하는 것은 그게 아니라며 다시 이야기한다면 부모와 아이가 서로 대화하는 주제의 포인트에서 벗어나지 않고 집중하며 계속 대화를 진행할 수 있습니다.

셋째, 공감의 단어를 많이 사용합니다. 즉, 아이의 이야기 속에서 아이의 감정을 읽고 반영해줍니다. "네가 열심히 했는데 아빠 엄마가 결과만 가지고 이야기해서 속상했겠구나"와 같이 아이의 말속에 담겨 있는 감정을 꺼내어 공감해주는 것입니다. 사춘기 시기의 아이들은 특히 내 마음을 알아주고 공감해주는 데 큰 안정을 느끼고 마음을 열게 됩니다. 혹은 아이가 느꼈을 감정에 관해 이야기할 수 있도록 유도하는 질문을 합니다. "친구가 그 이야기를 했을 때, 너는 어떤 생각이 들었니?"와 같은 질문을 통해 아이의 감정을 인정해주고 또 공감해주세요.

넷째, 언어적 의사소통 못지않게 비언어적 의사소통도 중요합니다. 사실 말로 전달되는 내용보다 말하는 사람의 말투, 눈빛, 목소리 등을 통해 전달되는 메시지가 더 많습니다. 아이와 이야기하는 도중에 눈을 마주하고 고개를 끄덕이며 편안한 목소리와 말투로 이야기를 이어 나가도록 합니다. 아이의 말을 조용히 경청하고는 있지만, 팔짱을 낀 채 눈빛으로는 '어디 뭐라고 말하나 한 번 들어나 보자!'라는 날카로운 눈빛으로 아이를 쳐다보면 아이와 대화를 이어 나가기 어렵겠지요? 아이와 포용하거나 아이의 머리 등을 쓰다듬는 스킨십을 통해서도 너를 늘 사랑한다는 메시지를 전달할 수 있습니다.

다섯째, 충조평판 하시면 안 됩니다. 정신건강의학과 의사 정혜신 박사의 책 『당신이 옳다』(해냄 | 2018.10.10.)에서 본 단어 '충조평판'은 '충고' '조언' '평가' '판단'을 의미합니다. 아이의 이야기를 듣다 보면 말해주고 싶은 게 참 많이 생깁니다. 하지만 '그건 그렇게 하면 안 되는데…' 싶은 이야기만 하는 아이를 보고도 꾹 참으셔야 합니다. 대화 중일 때 아이는 옆집에서 온 손님 정도로 생각해주세요. 그렇게 생각하더라도 그 생각을 입 밖으로 꺼내지 마세요. 나는 조언이라고 생각하지만 아이는 잔소리라고 생각합니다. 아이가 물어서 대답해주는 것은 조언, 아이가 묻기 전에 부모가 먼저 이야기하는 것은 잔소리임을 기억해주세요.

둘, 단호한 훈육

아이가 느끼는 감정에는 좋은 감정과 나쁜 감정이 없습니다. 아이가 느끼는 감정을 모두 다 수용해주셔야 합니다. 반면 행동에는 좋은 행동과 나쁜 행동이 분명하게 존재합니다. 하면 되는 행동과 해서는 안 되는 행동의 구분을 정확하게 알려주셔야 합니다. 그러한 기준을 줄 수 있는 사람은 부모님뿐입니다.

첫째, 아이가 할 수 있는 일은 대신 해주지 마세요. 집에 준비물을 놓고 오거나 과제를 가지고 오지 않았을 때 부모가 학교로 가져다주거나 혹은 담임 선생님에게 전화해 아이가 왜 못했는지 설명하지 마세요. 숙제하기, 준비물 챙기기는 아이가 해야 할 일입니다. 중간에 실수하거나 하지 못할 수도 있죠. 그런 상황에서 배울 수 있고 배워야 하는 점은 모두 아이의 몫입니다. 이때 대신 해준다면 아이가 세상 속에서 배워야 하는 것들에 부모님이 끼어들어 아이가 가져야 할 배움의 기회를 낚아채시는 것입니다. 긍정훈육 트레이너 제인 넬슨Jane Nelsen은 이런 훈육을 '아이를 무능력하게 만드는 훈육'이라고 말합니다.

이는 보통 부모님이 실수에 관한 두려움이나 걱정이 많거나 아이에 대한 믿음이 부족한 경우에 발생합니다. 아이가 사춘기일 때 부모가 아이에게 "너는 공부만 해, 나머지는 우리가 다 알아서 해줄게!" "누가 이런 거 하래? 너는 그냥 공부만 하면 돼!"라고 말하고 행동하는 게 아이를 무능력하게 만드는 훈육의 가장 대표적인 경우입니다. 아이에게 세상을 살아가는 데 공부가 제일 중요하고 나머지는 중요하지 않아 배울 필요가 없다고 알려주는 것과 같은데, 어디 그렇던가요? 아이가 세상과 부딪히고 실수하고 모험하고 배우는 것을 주저하지 않도록 해주세요. 아이의 삶입니다.

둘째, 바라는 행동을 구체적이고 정확하게 안내해주세요. 예를 들어, 아이에게 "게임 적당히 해"라고 했을 때 '적당히'는 어느 정도일까요? 부모가 생각하는 적당히는 30분, 아이가 생각하는 적당히는 3시간일 수 있습니다. 서로 생각하는 정도가 다른 것이지요. 행동을 제한하는 상황에서는 아이에게 구체적으로 안내해주셔야 합니다. '게임하는 것은 네가 할 일을 다 끝낸 후 하루 30분 허용'과 같이 상황과 시간을 구체적으로 정해주세요. 친구 집에서 놀고 '너무 늦지 않게' 와라가 아니라 '저녁 9시 이전'에는 돌아오라고 명확하게 정해주세요.

부모가 너무 빡빡하게 통제하는 거 아니냐고 생각하실 수 있지만, 아이들에게는 명확한 가이드라인이 오히려 혼란스럽지 않습니다. "저는 아이를 믿어요. 때가 되면 알아서 돌아오겠죠" "때가 되면 알아서 그만하겠죠"는 부모님의 희망 사항입니다. 아이를 믿지 말라는 말이 아닙니다. 그 '때가 되면'의 상황에 관해 부모와 아이의 생각이 전혀 다를 수 있다는 것입니다. 기다리다가 어느 순간 폭발하여 "도대체 얼마나 해야 그만할래?"라고 아이에게 물어보면 아이 또한 당황합니다. 한 번도 명확한 가이드라인을 준 적이 없으면서 나한테 왜 갑자기 화를 내는 건가 생각합니다. 그러니 구체적인 가이드라인을 정해주시고 그 안에서 아이를 믿어주시길 바랍니다.

셋째, 한 번에 하나씩, 단호하게 이야기합니다. 아이 방에 들어갔더니 책상은 어질러져 있고 바닥에는 옷가지가 널브러져 있습니다. 숙제는 물론 오늘 해야 할 공부도 되어 있지 않은, 총체적 난국입니다. 이런 경우 부모가 하루 날 잡고 아이의 행동을 교정해야겠다 싶어서 이것저것 지적하면 아이는 '오늘 화났나? 왜 이래 짜증 나게…'라고 반응합니다. 정리 정돈이면 정리 정돈, 스스로 할 일을 하지 않은 부분이면 그 부분 이렇게 한 번에 하나씩 이야기하는 것이 좋습니다. 그리고 자녀와 약속한 부분을 이야기할 때는 "~해주면 좋겠다" "~하는 게 어떨까?"와 같은 권유형 문장이 아니라 "자기 방은 자기가 치우는 거다" "우리가 온라인 수업을 마치기로 정한 시간은 오후 2시까지다"와 같이 단호하게 이야기하시는 것이 좋습니다.

넷째, 일관성 있고 꾸준한 내용의 훈육을 진행하셔야 합니다. 하루에 게임을 30

분만 하기로 정했는데 오늘은 친구가 놀러 온 날이니까, 오늘은 시험을 잘 봤으니까, 오늘은 부모님의 기분이 좋으니까 등의 이유로 게임하는 시간을 늘리면 이 규칙은 앞으로 잘 지켜지지 않을 것입니다. 아이의 습관 중 꼭 바로잡게 하고 싶은 습관이 있다면 부모님이 일관성 있게 꾸준히 진행하여야 아이의 행동에 변화가 일어납니다. 어제는 안 된다고 했는데 오늘은 된다고 하면 아이들은 혼란스러워하며 함께 결정한 가이드라인 자체를 중요하게 생각하지 않습니다. 일관성이 깨지는 순간 가이드라인이 갖는 힘도 함께 깨집니다. 그래서 아이는 오늘도 다양한 핑계를 대며 게임 시간을 연장하려고 합니다. 아이에게 바로잡고 싶은 습관, 꼭 갖추어야 할 습관이 있다면 부모님이 먼저 포기하지 않고 끝까지 규칙을 지키셔야 합니다.

다섯째, 행동과 감정을 연결하지 않습니다. 아이를 훈육하는 상황에서는 아이의 행동에 관해서만 이야기하셔야 합니다. "네가 그럴 줄 알았다" "넌 늘 그런 식이야"라고 아이 자체를 비난하시면 안 됩니다. 행동이 잘못된 것이지, 아이가 잘못된 것이 아닙니다. 아이의 실수로 아이의 존재를 깎아내리거나 비난한다면 아이 자신도 죄책감을 느끼며 자존감도 깎이게 되겠지요. 아이는 실수하면서 자랍니다. 실수에 관한 분노나 화의 감정을 표현하지 않고 아이의 행동에 초점을 맞추어 훈육하여야 합니다. 아이의 행동이 잘못되어 개선하고자 하는 것이지 여전히 나는 너를 믿고 존중한다는 것을 아이도 알게 해주십시오.

셋, 칭찬 vs 격려

몇 년 전 EBS 다큐프라임에서 〈칭찬의 역효과〉라는 프로그램을 방영한 적이 있습니다. 흔히 긍정적으로만 생각했던 칭찬이 주는 역효과를 다룬 프로그램이었는데, 참 신선했습니다. 우리가 아이들에게 '칭찬'을 하는 이유를 잘 생각해 볼까요? 아이가 무엇인가를 잘해서인 경우가 많지요. "잘했어!" "와~ 똑똑한데?" "대단하다!" "참 착하구나!"와 같은 칭찬의 단어를 살펴보면 '결과'에 대한 '칭찬하는 사람의 만족'을 표현하는 경우가 많음을 알 수 있습니다.

여기서 두 가지 오류가 발생합니다. 아이들은 '결과'로 칭찬을 받아야 하니 실패할 일에 도전하지 않으려고 합니다. 똑똑하다는 칭찬을 받은 아이는 내가 똑똑하다는 사실을 입증해야 하므로 더 어려운 수학 문제에 도전하지 않으려고 합니다. 혹시라도 실패하게 된다면 나는 똑똑한 사람이 아니게 되므로 상대방이 나에게 기대하는 것과 알고 있는 것을 지키려고 노력합니다.

그리고 또 하나, 칭찬은 '상대방의 평가'이기 때문에 결국은 아이가 칭찬하는 사람의 판단에 연연하게 만들고 타인의 인정을 받아야 능력 있다고 생각하게 됩니다. 아이가 해야 하는 당연한 일들을 칭찬할 필요는 없습니다. 책을 읽을 때마다 칭찬스티커와 같은 보상을 주며 칭찬한다면 칭찬스티커가 없을 때 아이는 책을 읽지 않습니다.

반면 '격려'는 아이가 성공했을 때나 실패했을 때도 할 수 있습니다. "이렇게 어려운데 많이 노력했구나!" "힘들었는데 끝까지 해냈구나!"와 같이 행위의 '과정'과 '태도'에 관한 격려는 아이의 실패, 성공과 관계없이 할 수 있습니다. 옆에서 아이를 격려하는 것은 아이가 자신의 내면에 집중하게 만들고 스스로 방향을 찾아 나설 힘을 줍니다. 격려를 뜻하는 단어 'Encourage'의 어원은 '용기courage'입니다. 즉, 아이가 자립할 수 있는 용기를 주는 것이 격려입니다. 이제는 부모님의 마음에 드는 아이를 만들기 위한 '칭찬'이 아니라 아이가 스스로 길을 찾아갈 수 있는 용기를 심어주는 '격려'를 해줄 때입니다.

외모에 대한 폭발적인 관심 조절하기

요즘 아이들에게 화장은 소위 몇몇 노는 아이의 전유물이 아닙니다. 초등학교 5학년쯤 되면 쉬는 시간에 화장품 파우치를 꺼내놓고 화장하는 아이들이 생겨납니다. 친구들끼리 생일 선물로 틴트를 선물하기도 하고 속눈썹이 참 예뻐 물어보면 아침마다 전동 뷰러로 올리고 온다고 합니다.

저도 학부모라 아침에 종종 녹색 어머니 조끼를 입고 횡단보도 앞에 서 있다 보면 인근 중학교에 다니는 중학생들을 만납니다. 등교 시간보다 늦은 게 분명한데도 앞 머리카락에는 핑크색 롤을 말고 횡단보도에서 대기하는 틈에 화장하고 있는 모습을 쉽게 발견할 수 있습니다. 화장에 관한 교칙은 없는 걸까 의아할 만큼 풀메이크업을 하고 바쁘게 등교하는 아이들의 모습을 보면 역시 예전 우리 모습과는 많이 다름을 느낍니다.

하루에도 몇 번씩 거울을 보고 작은 빗을 들고 다니며 수백 번 머리카락을 빗질하고 다이어트를 한다고 굶는 아이들. 아이들에게 지금 네 모습 그대로 예쁘다는 어른들의 말은 하나도 귀에 들어오지 않습니다.

하나, 후두엽의 발달로 인한 당연한 현상

아이들이 외모를 꾸미고 싶어 하는 것은 사춘기 시기의 당연한 발달 모습입니다. 왜냐하면 뇌에서 시각을 담당하는 후두엽이 발달하는 시기이기 때문입니다. 그래서 눈으로 보는 것에 예민해지지요. 더불어 전두엽도 함께 발달하여 나 자신에 관한 관심도 늘어나는 시기입니다. 즉, 2차 성징이 시작되면서 몸이 변화하고 있고 시각 중추도 발달하고 있으니 외모에 관심이 높아져 예쁘고 멋있어지고 싶어 하는 것입니다. 화려하고 멋진 연예인에게 열광하는 이유도 이런 후두엽의 발달과 관계가 있습니다.

이런 뇌 발달의 이유뿐만 아니라 또래 집단 아이들의 영향력도 커지다 보니 호기심으로 화장을 시작하기도 하고, 매체의 영향에 점점 더 노출되어 외모를 중요하게 여기는 사회의 분위기를 본격적으로 체득하기 시작했을 수도 있습니다. 이렇듯 다양한 이유로 아이들은 자신의 외모에 관심을 두기 시작합니다. 아이가 어느 날 갑자기 입술이 빨개져서 물어봤더니 "이건 단지 립밤이야. 입술이 건조해서 발랐는데 색깔이 약간 있는 것뿐이야"라고 대답했다면 불안해하시거나 미리 걱정하실 필요는 없습니다. 잘 크고 있습니다.

둘, 자존감 도둑 과도한 다이어트와 화장 잡기

그런데 문제는, 귀여운 발달 과정이라고 치부하기에는 그 정도가 너무 심한 경우들입니다. 제가 올해 초 다이어트를 하겠다며 다이어트 관련 카페의 글들을 읽다가 초·중학교 학생들의 다이어트 고민을 읽고 깜짝 놀랐습니다. 키가 160cm가 다 되어 가는데 몸무게는 37kg이 목표라 10kg 정도 감량해야 한다고 치밀한 식단표와 운동 계획표를 세워놓았습니다. 성공 후기라는 글에는 정말 불쌍할 정도로 빼빼 마른 다리 사진과 매순간 꼼꼼하게 기록한 다이어트 진행 과정을 볼 수 있었습니다. 아이는 거의 두 달 가까이 먹지 않았다는데, 어떻게 하면 급식을 먹지 않고 지낼 수 있는지에 관한 팁도 알차게 적었습니다. 아이의 열정과 실행력은 훌륭하지만, 무엇이 이 아이에게 아름다움의 기준을 저렇게 심어놓았을까 하는 마음이 들어 씁쓸했습니다.

그런데 이런 아이가 제법 많습니다. 화장도 예전처럼 하얗게만 분을 바른 얼굴에 새빨간 립스틱을 칠한 어색한 화장이 아닙니다. 요즘 아이들은 화장 유튜버들의 영상을 섭렵하여 보통 어른들보다 더 익숙한 손길로 화장을 합니다. 저는 수십 년 해도 잘 안 되는 화장을 어쩌나 빨리, 잘 배우던지 물어보고 싶었습니다. 지나가는 호기심이라고 하기에는 과한, 외모에 대한 이러한 집착은 아이의 자존감 문제와 연결하여 생각할 수 있습니다.

자존감이란 나를 사랑하고 가치 있는 사람으로 여기는 감정을 이야기합니다. 어릴 때부터 충분히 인정받고 사랑받으며 긍정적인 이야기를 듣고 자라는 아이들은 자신의 외모에 관해서도 긍정적으로 생각합니다. 다른 아이들이 나의 외모에 관해 말해도 크게 상처받지 않습니다. 스스로 그렇게 생각하지 않기 때문입니다.

그런데 이런 인정과 사랑, 존중을 받은 경험이 마음속에 많이 쌓여 있지 않은 아이들은 사춘기 시기 나에 관한 불만이 외모에 대한 집착으로 이어지기도 합니다. 외모를 조금 더 가꾸면 사람들에게 더 인정받고 존중받을 수 있다거나 또래 아이들이 나에게 더 관심을 두게 될 거라는 생각들이 이렇게 만드는 것입니다. 아이의 마음 통장이 텅 비어 있으니 아이는 어떻게 해서라도 그 통장을 채우고 싶어 노력하는 것이지요. 그게 가장 쉽고 대중화된 방법처럼 보이기 때문입니다. 몸무게가 38kg이라는 인형 같은 여자 아이돌에게는 모두 환호하고 부러워하잖아요? 그런 관심과 사랑을 나도 받고 싶은 것이지요.

이런 아이의 자존감을 채워줄 수 있는 사람도, 빼앗는 사람도 모두 부모님입니다. 지금부터라도 아이의 비어 있는 마음 통장을 두둑이 채워주시기 바랍니다. 아직 그 시기가 아니라면 지금부터 미리 저축해 두십시오. 지금 아이 모습 그대로를 진심으로 예뻐해 주시기 바랍니다. 조금 더 구체적인 해결 방법을 이야기해보겠습니다.

셋, 함께 해결해보기

첫째, 이유를 알아봅니다. 아이가 과도한 다이어트를 한다거나 외모에 관해 지나치게 예민한 상황이라면 아이에게 해결하지 못한 어떤 문제가 있음을 알아차리셔야 합니다. 그 문제가 무엇인지 아이와 함께 이야기 나눕니다. 친구들에게 어떤 이야기를 들었는지, 또래와 어울리는 데 문제가 있는지, 혹은 좋아하는 사람이 생겼는지 등 나의 모습이 마음에 들지 않는 이유가 무엇인지 함께 이야기 나누어야 합니다. 이때도 부모님은 조언이나 평가 등을 하지 않고 아이가 스스로 생각을 꺼낼 수 있도록 부드러운 태도와 도와주겠다는 마음으로 대화에 임하셔야 합니다.

둘째, 함께 관심을 두고 참여합니다. 아이가 다이어트 선언과 함께 그 이유에 관한 이야기도 했다면 부모도 함께 관심을 가지고 참여합니다. "그럼 저녁은 가볍게 준비해줄게. 간식은 되도록 기름지지 않은 것으로 준비할게. 너도 급식을 다 먹되 양을 좀 조절해 보면 어떨까?"와 같이 너의 고민을 충분히 이해하고 우리도 도움을 주겠다는 태도를 보이시면 됩니다. "네 모습 그대로 다 예뻐"라고 말하기보다 부모가 나의 고민을 진지하게 함께 고민해준다고 느낄 수 있게 해주세요. 화장품에 관심이 많은 아이에게는 화장품 성분 분석표를 보는 방법을 알려주거나 집에서 같이 천연화장품을 만들어 보는 것과 같은 방법으로 참여할 수도 있습니다.

셋째, 일정한 기준을 세웁니다. 이 행동에도 역시 명확한 가이드라인이 있어야 합니다. '화장하고 싶고 예쁘게 꾸미고 싶은 마음은 인정하나 학교의 교칙 범위 안에서 하기' '다이어트는 세 끼를 영양식으로 챙겨 먹고 하루 한 시간 운동하기'와 같이 명확한 가이드라인을 통해 건강한 방법으로 아이가 자신을 관리하고 가꿀 수 있도록 안내해줄 수 있습니다.

넷째, 잘못된 외모 지상주의에 관해 알려주어야 합니다. 대중매체의 영향으로 아이들은 잘못된 외모 지상주의를 여과 없이 받아들이기도 합니다. 사춘기 시기에는 자아가 형성되는 시기이기 때문에 잘못된 개념을 받아들이지 않도록 어른들이 말해줄 필요가 있습니다. '여자는 예쁘기만 하면 용서된다' '성형수술은 필수다' '몸무게는 몇 kg를 넘으면 안 된다'와 같은 생각이 왜 잘못되었는지, 보이는 것 이외에 중요한 것이 무엇이 있는지, 모든 사람이 같은 기준으로 살아갈 수는 없다는 것 등을 부모가 말해주는 것은 앞으로 성인이 되어 사회의 기준에 맞추어 흔들릴 아이들에게도 꼭 필요한 일입니다.

본격 성교육
시작하는 방법

초등학교 5학년이 되면 처음 배우는 교과 『실과』의 첫 단원은 '나의 성장과 발달'로 성(性)과 관련된 단원입니다. 2차 성징에 관한 이야기와 자기 몸을 관리하는 법에 관해 배우는데요. 이제 막 12살이 된 귀여운 아이들에게 생리와 몽정, 출산에 관한 이야기를 하면 적잖이 충격받는 아이들이 있습니다. 3월 중순 학부모 상담 때, 특히 아들을 둔 부모님께서 오셔서 어느 날 갑자기 아이가 "엄마도 생리해?"라고 물어봐 당황했다고 이야기하기도 하십니다.

어느 날 갑자기 아이가 부모님에게 "아이는 어떻게 생겨?"라고 질문해서 난자와 정자 이야기를 해주었습니다. 아이가 "그런 건 다 책에서 읽었는데, 어떻게 만난다는 건지 모르겠어"라고 이야기한다면 뭐라고 대답하실 수 있을까요? 어린이에서 여성과 남성이 되어 가는 나의 아이에게 성교육이 필요함을 충분히 알고는 있지만, 우리 사회에서는 아직도 이에 관해 부모와 아이가 자연스럽게 대화하기에는 뭔가 껄끄러운 주제입니다.

우선 아이가 이런 질문을 부모님에게 했음에 관해 교사로서 축하를 보냅니다. 사춘기 아이와 부모가 이런 대화를 나눌 수 있다는 것은 지금까지 부모님이 자녀와의 관계를 잘 맺어 오셨음을 의미합니다. 보통 아이들은 궁금해도 부모에게 묻기보다 친구들 혹은 매체로부터 잘못된 지식을 받아들이고는 합니다. 아이가 성에 관해 궁금한 부분이 생겼을 때 가장 먼저 물어볼 수 있는 사람이 부모라는 것은 아주 긍정적인 의미입니다.

하나, 적절한 성교육 시기

사실 성교육은 아이가 유아기일 때부터 꾸준히 이루어져야 합니다. 특히 오스트리아의 성신분석학자 지그문트 프로이트Sigmund Freud가 말한 '남근기(만 3-6세)'부터 성교육이 이루어져야 합니다. 이때 아동은 배변 훈련을 마치고 남자와 여자는 화장실을 따로 씀을 알게 되며 성 역할의 구분과 몸에 대한 탐색도 경험하는 시기입니다. 엄마 놀이, 아빠 놀이와 같은 활동을 하고 자위 현상이 일어나는 때이기도 합니다. 그리고 '잠복기(만 6-11세)'를 지나 마지막 '생식기(만 11세 이상)'가 되면 다시 성적 욕구와 호기심이 생기기 시작합니다. 아이가 호기심을 가지고 부모님에게 성에 관해 물어보는 시기가 성교육의 적기입니다.

아이가 성에 관해 물어볼 때 당황하여 "아빠한테 물어봐"라고 회피하거나 "뭘 벌써 그런 걸 물어보니?"라며 핀잔을 주시면 안 됩니다. 성교육은 서로 긍정적이고 개방적으로 받아들이고 이야기할 수 있는 것부터가 시작입니다. "궁금한 걸 물어봐 줘서 고마워. 엄마 아빠도 사실 너에게 설명하기 어려운 부분이 있는데, 함께 알아볼까?"라고 이야기하며 아이가 궁금해한 사실에 관해 긍정적으로 대답해주시기 바랍니다.

둘, 나의 탄생부터 시작하기

저는 초등학교 5학년 담임을 맡으면 『실과』 1단원 수업을 진행할 때마다 저의 출산기를 아이들에게 자세하게 말해줍니다. 처음 입덧했을 때 괴로웠던 것, 배 속 아이가 태동하는 게 신기했던 것, 만삭이 되면 숨도 쉬기 힘들고 허리가 너무 아프다는 것, 아이를 출산하고 나서 탯줄을 자르고 수유를 하는 것 등을 자세히 이야기합니다. 그 어느 때보다 눈을 반짝이며 아이들이 이야기를 듣습니다. 수업이 끝나는 종이 울려도 더 이야기해 달라고 조릅니다. 제가 특별한 이야기꾼이어서가 아니라, 아이들이 그만큼 관심 있고 알고 싶어 하는 이야기이기 때문입니다.

성교육은 생명 교육이라고도 합니다. 그러니 아이에게 성교육을 시작할 때 아이 자신의 탄생 이야기부터 아주 자세하게 해보세요. 배 속에 있을 때 사진이 있으면 더 좋겠죠. 그때의 이야기와 엄마 몸의 변화에 관해 이야기한 다음 아이 역시 이렇게 생명을 가질 수 있는 몸으로 점점 변화하게 되리라는 것을 알려줍니다.

네 몸이 어떤 변화를 거치게 될 것인지 알려주고 그런 변화가 왜 필요한지도 알려주세요. 아이가 앞으로 있을 나의 변화에 관해 두려워하거나 겁내는 것이 아니라, 긍정적으로 기대하며 기다릴 수 있도록 말이지요. 이렇게 접근하다 보면 아이가 자기 몸의 변화에 대해 걱정하거나 부끄러워하지 않고 자연스러운 일임을 알릴 수 있습니다.

셋, 미리 준비하기

사춘기 시기의 성교육은 단지 2차 성징에 따른 몸의 변화만을 이야기하지 않습니다. 성에 관한 존중과 성 역할에 관한 이야기 또한 포함되어야 합니다. 나의 몸이 소중하듯 다른 사람의 몸도 소중하기 때문에 함부로 만지거나 놀리는 대상으로 삼아서는 안 된다는 것, 타인을 존중하고 장난으로라도 다른 성을 비하하는 발언, 즉 "여자는…" "남자라면…"과 같은 이야기를 하면 안 된다는 말 또한 부모님이 해주셔야 합니다. 당연한 이야기지만, 실제로 아이들은 대중매체를 제외하고는 성 역할이나 타인을 존중하는 이야기 등을 들을 기회가 많지 않습니다.

여자아이들의 경우 생리를 시작하기 전에 구체적인 안내를 해주는 것이 필요합니다. 생리대를 구할 수 있는 곳은 어디인지, 학교에서 갑자기 생리가 시작되었을 때 어떻게 대처해야 하는지, 생리대를 팬티에 착용하는 방법과 생리대 사용 후 뒤처리는 어떻게 해야 하는지, 생리통이 생길 수 있고 생리 전의 몸의 변화는 어떻게 오는지와 같은 내용을 부모님이 미리 설명하면 아이는 처음 겪는 내 몸의 변화에도 당황하지 않고 잘 받아들일 수 있습니다. 가끔 부모님 중에 아이에게 "엄청 아픈데, 큰일이다"와 같이 이야기하는 분이 계신데, 그럼 아이가 겁을 먹을 수 있습니다.

아이가 생리나 몽정을 시작하면 생리 파티, 몽정 파티를 하기도 합니다. 아이가 여성과 남성이 되었음을 긍정적으로 받아들이고 축하받을 일이라고 알려주기 위함인데, 아이에 따라서는 이런 행사를 부끄러워하거나 부담스러워하기도 합니다. 꼭 파티하지 않더라도 아이가 지금의 변화 상황을 긍정적으로 받아들일 수 있도록 해주시는 것만으로도 충분하다고 생각합니다.

넷, 초등학교 5학년과 중학교 2학년 외부 교육

초등학교 5학년 아이들을 지도할 때 외부 교육기관(푸른 아우성)에 강의를 의뢰해 남자아이들과 여자아이들을 따로 모아 성교육을 한 적이 있습니다. 교육기관에 여쭤보니 보통 2차 성징이 시작되는 순간인 초등학교 5학년과 사춘기의 절정인 중학교

2학년 때 2번에 걸쳐 성교육을 받으면 좋다고 추천하셨습니다. 아이에게 직접 성교육을 하기가 어렵고 부담스러우시면 이런 외부 교육기관의 도움을 받는 것도 하나의 방법이라고 생각합니다.

저는 단체교육을 신청해 5~6학년 아이 80명이 함께 수업을 들었는데, 5명 정도의 그룹만 형성되어도 외부 강사가 파견되어 똑같이 강의를 진행해주십니다. 대신 단체 강의에서는 개인 피드백이 없지만, 소그룹 강의의 경우 아이마다 성에 관해 관심이 어느 정도 있고 어디까지 알고 있는지에 대한 피드백도 진행한다고 합니다. 온라인에 '소그룹 성교육'이라고 검색하여 외부 교육기관들을 비교하신 후 선택하실 수 있습니다.

최근 한 통계에 의하면 우리나라 아이들이 첫 성 경험을 하는 나이가 평균 13.6세라고 합니다. 조사 대상의 5.7%가 이미 성 경험이 있고, 그 아이들 중 성 경험 시기가 13.6세보다 더 이른 나이에 시작하는 아이들도 있다고 합니다. n번방 사건을 주도한 아이도 고등학생이었고 그곳의 피해자 중 16명이 미성년, 그중 최연소 아이는 11세 여자아이였습니다. 성을 처음 접하는 시기도 빨라지고 있고 잘못 접해 왜곡된 성 인식이 생기는 경우도 많아지고 있습니다. 딸을 키우면 키우는 대로, 아들을 키우면 또 아들 대로 어떻게 키워야 할지 요즘 부모님들은 혼란스럽고 걱정이 많습니다.

아이가 사춘기를 맞이해 성에 관심을 두기 시작할 때 성과 관련한 다양한 지식을 얻는 통로가 부모님이어야 하는 이유도 여기에 있습니다. 학교 교육과정 내에서도 연간 15시간의 성교육을 의무적으로 시행하도록 규정되어 있고 『실과』 교과 내에서도 별도의 수업을 진행하고 있습니다.

그러나 성교육은 단지 2차 성징에 대한 이야기, 성관계에 대한 이야기에 한정되어 있지 않습니다. 생명의 소중함과 책임, 양성평등, 성 감수성, 인권, 디지털 범죄 등 다양한 이야기 주제가 많습니다. 담임교사가 교과 안에서 교육하기에는 한계도 많고 학생 개개인의 차이도 큽니다. 그러니 가정에서, 생활 속에서 꾸준한 성교육이 이루어져야 합니다.

대중매체에 관련된 뉴스가 나올 때, 아이가 호기심을 가지고 부모님에게 물어볼 때 염려되고 조심해야 하는 부분은 먼저 말해주세요. 아이들의 호기심을 부모님이 먼저 채워주시기 바랍니다. '우리 아이는 아직 어려서'라고 생각하지 마세요. 초등학교 5학년이 되었다면 알려주어도 될 시기입니다.

특히 요즘에는 스마트폰 속 SNS 등을 통해 아이들이 자극적이고 잘못된 성 개념을 접하기가 정말 쉽습니다. 아이가 음란물을 검색해서 찾아보지 않더라도 여기저기 광고로 뜨는 팝업 중에도 선정성 있는 것, 성을 상품화시키고 있는 것을 많이 접할 수 있습니다. 지금, 아이와 함께 가볍게 그리고 정확하게 성에 관해 이야기 나누시기 바랍니다.

갱년기와
사춘기의 만남

"엄마, 엄마는 왜 일 안 해? 엄마도 일했으면 좋겠어."

학교 갔다 집에 온 아들의 뜬금없는 말 한마디에 엄마는 어안이 벙벙했습니다. 뭐라고 대꾸할만한 말을 찾기도 어렵고 대답을 들으려고 하는 질문도 아닌 것 같아 그대로 서 계셨답니다. 아이는 아마 생각 없이 툭 내뱉은 말이었을 것입니다. 아이들은 좀 크고 나면 나의 부모님이 하시는 일이 무엇인지 궁금해하기도 하고, 옆자리 아이랑 이야기하다 보니 그 아이의 엄마는 직장에 다니신다는 소리를 듣고 나서 그저 툭 내던진 말일 수도 있습니다.

그런데 이 말을 들은 엄마는 아마 마음이 시리고 아팠을 것입니다. 누구나 엄마가 꿈이 아니었던 시간이 있었습니다. 멋지게 옷을 차려입고 누구 엄마 대신 내 이름으로 불리며 내 영역과 성과가 있는 삶을 생각했었지요. 하지만 세상에서 제일 귀한 아이가 생기고 그 아이를 최선으로 두다 보니 나의 삶이 변한 것에 후회는 하지 않더라도 문득문득 꿈꾸던 그때가 그리울 것입니다.

그런데 그 귀한 아이 입에서 내가 다른 엄마들보다 능력 없는 엄마처럼 들리는 이야기를 들으면 어느 순간 억울하기도 하고 허무하기도 할 것입니다. 실제로 어느 학부모님이 상담 때 웃으시면서 "아이가 저에게 왜 엄마는 일 안 하냐고 물어봤는데 뭐라고 이야기해야 할지 모르겠더라고요. 아이 키우려고 그만둔 일인데…" 정도만 이야기하셨는데, 제가 들었을 때는 그 한마디가 참 아프게 느껴졌습니다. 하나부터 열까지 뭐 하라고만 하면 "엄마~ 이거 어딨어?"라고 물어보면서 엄마가 하는 일이 크게 느껴지지 않았나 봅니다.

"엄마는 맨날 바빴잖아, 해준 게 없잖아!"

위의 말은 직장맘 아이의 단골 대사입니다. 해준 게 없는데도 이렇게 자란 걸 보면, 이 녀석들은 자신이 물만 주면 자라는 화초인 줄 아나 봅니다. 지금까지 부모의 노고를 단 한마디로 무너뜨릴 수 있는 이런 말에 감정적으로 휘둘리면 안 됩니다. 매 순간 아이에게 최선을 다했음을 부모님들은 부인하거나 의심하지 마세요.

아이의 사춘기와 더불어 부모, 특히 엄마에게는 갱년기도 함께 찾아옵니다. 우스갯소리로 "사춘기와 갱년기가 만나면 누가 이길까?"라고 이야기하곤 합니다. 아이의 사춘기 즈음에 엄마들도 여성호르몬이 급감하면서 여러 가지 신체적·심리적 변화를 겪게 됩니다. 그래서 아이의 사춘기가 더 힘들게 느껴지고, 내가 지금까지 해 왔던 모든 노력이 하나도 빛을 발휘하지 못하는 것 같아 더 속상한 거겠지요.

'초등학교 5학년이 열광하는 추천 도서 30(p.185 참조)'에서도 추천한 『엄마의 마흔 번째 생일』(최나미 글, 정문주 그림 | 사계절 | 2012.1.25.)이라는 책이 있습니다. 부모님께서도 한번 읽어보시기 바랍니다. 저도 아이를 낳고 키우는지라, 이 책에 나와 있는 엄마의 마음이 너무나도 이해가 되었습니다.

이 책은 가정에서 여러 가지 역할을 하던 엄마가 마흔 번째 생일에 나의 적성을 찾아 그림을 그리겠다고 나서면서 겪는 이야기를 담았습니다. 처음에는 엄마가 왜 그러는지 모르겠다던 딸아이가 점점 여자로서의 엄마 인생을 이해하기 시작하는 변화가 더욱더 기쁘게 와 닿기도 하였습니다. 가족은 한 사람만의 희생으로 지탱되기에는 너무 버겁습니다. 그동안은 아이가 어리고 부모의 실질적인 도움이 많이 필요했기에 그 나름대로 최선을 다한 것입니다.

하지만 아이가 사춘기에 접어들었다는 것은 아이에게 제힘으로 자아를 찾아갈 만한 힘이 생겨나고 있다는 뜻입니다. 그러니 아이에게 사춘기가 시작되면 부모님도 아이에게서 독립하여 나를 찾는 시간을 가지시길 바랍니다.

친한 다른 학부모를 만나 아이의 학원 정보를 나누는 시간이 아니라 오로지 나 자신을 위한 시간을 갖기를 추천합니다. 내가 좋아하는 것이 무엇인지, 내가 하고 싶은 것이 무엇인지 곰곰이 생각하고 나를 찾아 나가는 시간을 갖는 것입니다. 새롭게 자라고 있는 사춘기 아이와 함께 부모님도 아이 양육으로 잠시 내려놓았던 나를 다시 찾아보세요.

"선생님 참 모르는 소리 하시네요. 그때부터 부모가 할 일이 얼마나 많은데요. 요즘 대학은 부모의 정보력으로 가는 거예요!"라고 하는 분도 있으실 것입니다. 그럼 아이가 대학에 입학한 이후에는 어떻게 하실 건가요? 취업도 부모의 정보력으로, 결혼도 부모의 정보력으로 할 수 있을까요?

'정보가 많은 부모' '아이에게 욕심이 많은 부모'는 좋은 부모가 아닙니다. 아이들은 부모에게 자율성과 존중을 요구합니다. 내가 혼자 할 수 있으니 간섭하지 말라고 이야기하지요. 아이가 자신만의 색깔을 스스로 찾아 빛나도록 옆에서 지켜보시기만 하면 됩니다.

Be yourself

혹시 '코코코코… 입!' 이 게임 아시나요? 똑같이 코에 손가락을 대고 있다가 한 사람이 입이라고 말하면서 손가락은 귀에 갖다 댑니다. 상대방은 손가락을 입에 갖다 대야 하는데, 순간 나도 모르게 똑같이 귀에 손가락이 가게 됩니다. 집중해서 잘 듣고 두 번 생각해야 말하는 것처럼 입에 손가락을 갖다 댈 수 있습니다.

우리는 듣는 것보다 보는 대로 따라서 행동하기가 더 쉽고 빠릅니다. 즉, 사람의 행동은 보면서 배우고 습득되는 것입니다. 그래서 주변에 유해환경이 없는 곳, 공부하는 아이들로 학업 분위기가 형성될 수 있는 곳을 좋은 학군이라고 선호하지요. 아이들은 특히 보면서 배우는 것이 가장 많으니까요.

하지만 이런 아이들이 가장 많이 사회적인 행동을 보고 배우는 대상은 바로 부모님입니다. 부모님이 어떤 말을 하는지, 어떤 생각을 하고 있는지, 어떻게 행동하는지를 보고 그대로 모델링합니다. 학교에서 아이들을 보아도 마찬가지입니다. 아이들을 보면 그들의 부모님이 쓰는 말과 행동, 그리고 생각이 그대로 드러납니다. 아이가 사춘기가 되어 부모로부터 심리적으로 멀어져 가기 시작하면 자연스럽게 손에 힘을 풀고 멀어져 가도록 두신 후, 부모인 나의 행동과 생각을 모델링하는 데 집중하시기 바랍니다. 나는 자녀가 볼 수 있는 가장 가까운 어른이므로 말보다 행동으로 아이가 볼 수 있게 해주는 것입니다.

그동안은 아이를 양육하느라 잠깐 내려놓았던 내 꿈도 슬며시 꺼내서 살펴보시고 꾸준히 운동하여 체력 키우기, 내가 좋아했던 그림을 그리거나 악기를 새로 배워보기, 좋아하는 일에 푹 빠져보고 최선을 다해 노력하기, 요리를 꾸준히 사진으로 찍고 기록해보기 등 다양한 분야에 새롭게 도전하고 노력하는 모습을 아이에게 보여주세요.

이런 활동들은 그동안 육아에 빠져 있던 나에게 새로운 활력을 주는 것이기도 하지만, 자녀에게도 '부모도 좋아하는 것을 찾아 꾸준히 노력하며 할 수 있다!'를 보여줄 좋은 교재가 되기도 합니다. 그런 모습 속에서 아이는 부모님을 더 존중하게 될 것이고 부모님의 말도 더 신뢰감 있게 다가올 것입니다.

아이의 사춘기 시기는 내 모든 관심과 시선이 아이에게 가 있던 것을 이제 나 자신에게 돌릴 시간임을 뜻하기도 합니다. 아이를 위해서도 그리고 갱년기를 준비하는 나를 위해서도 말입니다. "시간이 없어요. 집에 제가 해야 할 일이 아직 많아요"라고 말씀하실 수도 있지만, 아직 용기가 나지 않는 것일 수도 있습니다. 더 용기 내시기를 권합니다.

아이가 태어나 사춘기를 맞이하는 순간까지 아이를 위해 최선을 다하셨으니 그러셔도 됩니다. 내가 내 삶을 충분히 멋지게 살아가는 모습이 아이에게 줄 수 있는 최고의 유산입니다.

성교육 관련 영상 및 도서 추천

〈사이틴 시즌3 – 왔다! 사춘기〉(EBS 초등 창의체험, 총 26강)

강의당 8~10분의 짧은 영상이지만 아이들이 궁금해할 만한 다양한 이야기를 구체적으로 언급하고 있습니다. 모든 영상을 성교육 기본 영상으로 차례대로 보여주셔도 되고, 그중 특히 아이가 관심을 두는 영역의 영상부터 보고 대화하셔도 좋습니다. EBS 홈페이지(EBS 초등 – 창의체험 – 과학)에서 무료로 시청 및 다운로드 가능합니다.

강	강의명	키워드
1	도대체 사춘기가 뭐야?	테스토스테론, 에스트로겐, 도파민
2	야한 생각을 하면 몽정을 할까?	음경, 몽정, 발기, 테스토스테론
3	왜 여자만 가슴이 나와?	에스트로겐, 부신피질, 지방 세포
4	포경 수술, 꼭 해야 하나요?	음경, 인유두종바이러스
5	생리량이 많으면 빈혈 생겨?	생리, 월경, 배란, 자궁, 생리통
6	왜 아저씨 목소리가 날까?	변성기, 성대, 방패연골
7	여드름, 짜도 될까?	여드름, 피지, 안드로겐, 성호르몬
8	네 털 안에 냄새 있다.	아포크린 땀샘, 애크린 땀샘
9	나의 성은 어떻게 결정이 될까?	상염색체, 성염색체, DNA
10	뇌에도 사춘기가 온다고?	뇌, 미엘린, 도파민, 보상체계
11	왜 그 친구 생각만 하면 가슴이 두근거리지?	자율신경계, 교감신경, 부교감신경
12	우리는 왜 화장하면 안 돼?	화장품, 모공, 파라벤, 프탈레이트
13	성장통, 키가 자란다는 신호일까?	성장판, 성장통, 성장호르몬, 비타민D
14	살이 찌는 체질이 따로 있다고?	기초대사량, 다이어트
15	더 빨리 어른이 될 수도 있다고?	성조숙증, 렙틴, 환경호르몬, 성호르몬

16	잠을 잘 자야 공부를 잘한다고?	렘수면, 비렘수면, 장기기억, 멜라토닌
17	내 눈이 점점 나빠진다고?	안구건조증, 근시, 서클렌즈
18	A형이면 다 소심하냐?	혈액형, 성격, 항원, 항체
19	왜 야동 보면 안 돼?	야한 동영상, 뇌의 보상체계, 도파민
20	내 입에서 화장실 냄새가 난다고?	입냄새, 플라그, 백태
21	내 척추가 휠 수도 있다고?	척추측만증, 스트레칭
22	오줌, 어디까지 참아봤니?	오줌, 신장, 방광염
23	내가 변비라고?	변비, 대장, 직장, 치질, 식이섬유
24	방귀 참으면 트림 나와?	트림, 방귀, 소화, 유산균
25	에너지 음료, 마시면 힘이 날까?	에너지음료, 칼슘, 카페인, 골다공증
26	넌 어디가 아픈거니?	질환, 간질, 뇌전증, 뇌성마비

출처 : EBS 초등 홈페이지

도서 추천

번호	도서명	지은이	출판사	대상 독자
1	당황하지 않고 웃으면서 아들 성교육 하는 법	손경이	다산에듀	부모
2	움츠러들지 않고 용기있게 딸 성교육 하는 법	손경이	다산에듀	부모
3	세상 쉬운 우리 아이 성교육	이석원	라온북	부모
4	동의	레이첼브라이언	아울북	학생
5	생리를 시작한 너에게	멜리사 캉 유미 스타인스	다산어린이	학생
6	성교육 상식 사전	다카야나기미치고	길벗스쿨	학생
7	아홉 살 성교육 사전(남자아이 2권, 여자아이 2권)	손경이	다산에듀	학생

참고문헌

- 2015 개정 교육과정, 교육부(2015).
- 2015 개정 교육과정 교과용 도서 연수교재(초등5·6학년), 교육부(2018).
- 과정을 중시하는 수행평가 어떻게 할까요(초등), 교육부(2017).
- 초등학교 교사별 과정 중심평가 이렇게 하세요, 교육부(2018).
- 2019년 1차 학교폭력 실태조사 결과 발표, 교육부(2019).
- 제4차 학교폭력 예방 및 대책 기본계획 발표, 교육부(2020).
- 2021학년도 학교생활기록부 기재요령, 교육부(2021).
- 학생건강 체력 평가 내실화 방안, 서울특별시교육청(2019).
- 2019 학생건강 체력 평가(PAPS)에 따른 수시 평가 실시 유의사항 안내, 서울특별시교육청(2019).
- 초등 기초 학력 보장 운영 계획, 서울특별시교육청(2020).
- 2022학년도 영재교육 대상자 선발 세부 추진 계획, 서울특별시교육청(2021).
- 어린이와 청소년의 핸드폰 보유 및 이용행태 분석, 정보통신정책연구원(2019).
- 초등학교 5학년 실과 교과서, 동아 출판사
- 초등학교 5학년 수학 교과서, 교육부.
- 초등학교 5학년 영어 교과서, YBM 최희경.
- 2020 청소년 통계, 통계청(2020).
- 2019 초중고 사교육비 조사 결과, 통계청(2020).
- 한국교육개발원 교육여론조사(KEDI POLL 2018) 연구보고서, 한국교육개발원(2019).
- 『사춘기로 성장하는 아이 사춘기로 어긋나는 아이』, 강금주 저 | 루미너스 | 2018.10.30.
- 『그 아이만의 단 한 사람』, 권영애 저 | 아름다운사람들 | 2016.09.02.
- 『내 아이를 위한 최선』, 기맷 포르 저 | 이종은 외 1명 역 | 테크빌교육(즐거운학교) | 2016.11.20.
- 『엄마, 내 마음을 읽어줘』, 박순주, 김계순 저 | 아틀라스북스 | 2015.12.15.
- 『초등 공부, 독서로 시작해 글쓰기로 끝내라』, 김성효 저 | 해냄출판사 | 2019.08.08.
- 『초등 5학년 공부 사춘기』, 김지나 저 | 북하우스 | 2017.01.02.
- 『최고의 교육』, 로베르타 골린코프, 캐시 허시-파섹 저 | 김선아 역 | 예문아카이브 | 2018.01.22.

- 『방문을 닫는 아이 대화를 여는 아이』, 미셸 이카드 저 | 이주혜 역 | 시공사 | 2020.05.20.
- 『난독증 심리학』, Brock L. Eide, Fernette F. Eide 저 | 정재석 외 2명 역 | 시그마프레스 | 2013.11.25.
- 『초등 5학년 공부법』, 송재환 저 | 글담 | 2012.01.30.
- 『신의진의 아이 심리백과』 시리즈, 신의진 저 | 걷는나무
- 『아이와 싸우지 않는 디지털 습관 적기교육』, 얄다 T.울스 저 | 김고명 역 | Korea.com | 2016.08.01.
- 『나는 왜 진짜친구가 없을까?』, 애니 폭스 저 | 최설희 역 | 뜨인돌출판사 | 2015.03.06.
- 『5학년 5반 아이들』, 윤숙희 저 | 푸른책들 | 2013.01.10.
- 『잠수네 초등 5, 6학년 공부법』, 이신애 저 | 알에이치코리아 | 2017.10.24.
- 『아이의 사회성』, 이영애 저 | 지식채널 | 2012.07.23.
- 『영근 샘의 글쓰기 수업』, 이영근 저 | 에듀니티 | 2020.06.08.
- 『초등 6년이 아이의 인생을 결정한다』, 이은경, 도반장 외 1명 저 | 가나출판사 | 2019.02.22.
- 『초등 매일 공부의 힘』, 이은경 저 | 가나출판사 | 2019.12.03.
- 『부모의 사춘기 공부』, 이정림 저 | 미다스북스 | 2019.10.16.
- 『초등 사회성 수업』, 한국아동청소년심리센터, 이향숙 외 2명 저 | 메이트북스 | 2020.01.02.
- 『푸른 사자 와니니』 시리즈, 이현 저 | 창비
- 『초등 5, 6학년 공부법의 모든 것』, 차수진, 문주호 외 1명 저 | 꿈결 | 2017.12.20.
- 『공부머리 독서법』, 최승필(작가) 저 | 책구루 | 2018.05.03.
- 『부모와 아이 사이』, 하임 G. 기너트 저 | 양철북 | 2003.08.16.

〈 참고 기사 〉

- 유은혜, "코로나 19 사태 끝나더라도 원격수업 병행… 미래 교육 이달 발표", YTN, 2020.08.03.
- 중위권 학생 확 줄고 하위권 급증, 교직 생활 15년 만에 처음, 동아일보, 2020.07.21.
- 우리 아이 한글 해독 어려워하는데… 초등 저학년 단계서 치유하세요, 서울신문, 2020.7.8.
- "다른 일 못 해요." 청소년 34% 스마트폰 중독, 동아일보, 2019.9.16.
- 여러분은 사이버 폭력으로부터 안전하신가요?, 교육부, 2019.6.25.

〈 참고 사이트 〉

- 1388 청소년 사이버 상담센터 www.cyber1388.kr
- 한국가이던스 http://www.guidance.co.kr
- LCSI https://www.lcsi.co.kr

- 학교 알리미 www.schoolinfo.go.kr
- 학생평가 지원 포털 https://stas.moe.go.kr
- 영재교육 종합데이터베이스 https://ged.kedi.re.kr
- 배이스캠프 https://www.plasedu.org
- 꾸꾸 http://www.basics.re.kr
- 기초학력진단 보정시스템 https://s-basic.sen.go.kr
- 서울학습 도움센터 http://s-iam.sen.go.kr
- 국립중앙박물관 www.museum.go.kr
- 서울역사박물관 https://museum.seoul.go.kr
- 독서 교육 종합지원시스템 http://reading.ssem.or.kr
- 안전Dream http://www.safe182.go.kr
- 게임물관리위원회 https://www.grac.or.kr/

가장 사랑스러운 나이, 초등학교 5학년

가끔 육아 선배들과 이야기하다 보면 내 아이지만 믿고 키우기 힘들다는 푸념을 들을 때가 있습니다. 그럴 때마다 고개는 끄덕였지만, 사실 마음 한구석에는 의문이 있었습니다. '어떻게 내 아이가 미울 수가 있어? 그 아이가 유독 힘든가?' 하며 내 아이는 그럴 일이 없고 나도 아이가 미울 일이 없다는 약간의 오만함으로 선을 그었습니다.

마치 결혼을 앞두고 기혼자들에게 "결혼하면 후회한다" "남편(아내)이 변했다" 등의 푸념을 들을 때 속으로 '내 남자(여자)친구는 아닌데?'라며 선을 긋는 것과 비슷한 현상입니다. 하지만 결혼하고 몇 년 지났더니 나 또한 후배에게 같은 말을 하고 있었고 후배의 눈빛에서도 예전의 나와 같은 선 긋기가 느껴졌습니다.

올해 초등학교 5학년이 된 큰아이를 바라보며 저는 예전 그 선배의 어려움을 비로소 공감할 수 있게 되었습니다. 밥을 먹을 때마다 입 주변 가득 묻히고 먹고, 옷을 입다 보면 항상 양말이 바지를 먹는 상황이 반복되는 아이에게 똑같은 잔소리를 100만 번 합니다. 부모가 생각하는 12살 나이에 관한 기대치를 가지고 '12살이나 되었는데 이게 왜 아직도 안 될까?' 하며 걱정을 합니다. 그러다 아이가 조금 대차게 엄마의 이야기에 태클을 걸며 파고들기 시작하면 "쬐그마한 게 어디서 벌써…!"라는 말이 나오지요.

12살이라는 나이는 어떨 때는 "12살이나"가 되기도 하고 어떨 때는 "쬐그마한 게"가 되기도 하는 마법 같은 나이입니다. 그런데 실제 아이의 모습이 그렇습니다. 어떨 때는 사소한 장난감 하나에 열광하는 7세 아이 같다가도 또 어떨 때는 25살쯤 되는 성인을 보는 것 같습니다. 하루에도 열두 번 다양한 모습을 보여주는 내 아이의 모습 중 어느 장단에 맞추어야 할지 늘 헷갈립니다.

아이가 성장하고 있다는 사실은 행복한 일입니다. 누운 채 움직이지 못하던 아이가 기어 다니고, 또 걸음마를 배우고 걷기 시작할 때 얼마나 행복했는지를 기억하시기 바랍니다. 옹알거리다가 엄마나 아빠라는 말을 처음 내뱉었을 때, 문법에 맞지 않는 말들을 내뱉었을 때의 신기했던 느낌을 기억하시기 바랍니다.

여전히 아이는 그때 그 순간처럼 지금도 성장하고 있습니다. 내가 끌어주어야 하는 아이가 아니라 내 옆에서 나와 함께 나눌 수 있는 아이로 성장하고 있습니다. 그러니 정말 사랑스러운 나이이지요. 더는 기저귀를 갈아주지 않아도, 이유식을 하지 않아도 됩니다. 단지 옆에서 바라보고 이해해주고 공감해주기만 하면 됩니다. 이 순간을 즐기시기 바랍니다.

'너는 내가 아니다. 너는 너다'라는 생각으로 아이와 일정 거리 두기를 실천하신다면 아이가 크는 모습이 더욱 선명하게 보일 것입니다. 내 품에서 떠나는 듯한 아쉬움이 느껴질 수 있지만, 결국 아이가 가야 할 길을 잘 가고 있으니 대견한 일입니다. 지금도 온종일 들쑥날쑥 하는 아이의 모습에 깊은 호흡으로 들숨과 날숨을 쉬며 평정을 유지하려고 애쓰는 많은 12세 아이의 부모님에게 이 책이 조그마한 위로가 되셨기를 바랍니다.

바른 교육 시리즈 14

평생 공부력은 초5에 결정된다

초판 1쇄 발행 2021년 3월 29일
초판 6쇄 발행 2022년 2월 23일

지은이 박명선

대표 장선희 **총괄** 이영철
책임편집 이소정 **기획편집** 정시아, 한이슬, 현미나
디자인 김효숙, 최아영 **외주디자인** 이창욱
마케팅 최의범, 강주영, 김현진, 이동희
경영관리 문경국

펴낸곳 서사원 **출판등록** 제2021-000194호
주소 서울시 영등포구 당산로 54길 11 상가 301호
전화 02-898-8778 **팩스** 02-6008-1673
이메일 cr@seosawon.com
블로그 blog.naver.com/seosawon
페이스북 www.facebook.com/seosawon
인스타그램 www.instagram.com/seosawon

ⓒ박명선, 2021

ISBN 979-11-90179-71-3 13370

서사원은 독자 여러분의 책에 관한 아이디어와 원고 투고를 설레는 마음으로 기다리고 있습니다.
책으로 엮기를 원하는 아이디어가 있는 분은 이메일 cr@seosawon.com으로 간단한 개요와 취지, 연락처 등을 보내주세요.
고민을 멈추고 실행해보세요. 꿈이 이루어집니다.